本书的出版得到

国家重点文物保护专项补助经费资助

成都商业街船棺葬

成都文物考古研究所　编著

文物出版社

封面设计：周小玮

责任印制：陆　联

责任编辑：杨冠华

图书在版编目（CIP）数据

成都商业街船棺葬/成都文物考古研究所编著．—北京：文物出版社，2009.5

ISBN 978 - 7 - 5010 - 2616 - 6

Ⅰ．成…　Ⅱ．云…　Ⅲ．船棺葬－墓葬（考古）－发掘报告－成都市　Ⅳ．K878.85

中国版本图书馆 CIP 数据核字（2008）第 196614 号

成都商业街船棺葬

成都文物考古研究所　编著

*

文 物 出 版 社 出 版 发 行

（北京东直门内北小街 2 号楼）

http：//www.wenwu.com

E - mail：web@ wenwu.com

北京君升印刷有限公司印刷

新 华 书 店 经 销

889×1194　1/16　印张：19　插页：12

2009 年 5 月第 1 版　2009 年 5 月第 1 次印刷

ISBN 978 - 7 - 5010 - 2616 - 6　定价：320.00 元

The Shangyejie Boat-coffin Grave Site

(With An English Abstract)

by

Chengdu Municipal Institute of Cultural Relics and Archaeology

Cultural Relics Press

Beijing · 2009

目 录

序 言 ·· (1)

第一章 绪 论 ··· (1)

第一节 地理环境和历史沿革 ·· (1)
一 地理环境 ··· (1)
二 历史沿革 ··· (4)
第二节 船棺墓葬的发现及研究现状 ··· (5)
一 既往发现 ··· (6)
二 研究现状 ··· (9)
第三节 墓葬发掘和保护工作 ··· (13)
一 发掘经过 ··· (13)
二 保护工作 ··· (14)

第二章 墓葬概述 ··· (16)

第一节 地层堆积 ··· (16)
第二节 墓葬形制 ··· (19)
一 墓葬概况 ··· (19)
二 墓 坑 ··· (19)
三 墓上建筑 ··· (20)
四 葬具类型 ··· (21)

第三章 随葬器物类型概述 ·· (25)

第一节 陶 器 ··· (25)
第二节 铜 器 ··· (27)
第三节 漆木、竹器 ··· (29)
第四节 其 他 ··· (41)

第四章 葬具及随葬器物分述 ·· (42)

第一节 1号棺 ··· (42)

第二节　2 号棺 ……………………………………………………………………………………（60）

第三节　3 号棺 ……………………………………………………………………………………（97）

第四节　4 号棺 ……………………………………………………………………………………（98）

第五节　5 号棺 ……………………………………………………………………………………（99）

第六节　6 号棺 ……………………………………………………………………………………（101）

第七节　7 号棺 ……………………………………………………………………………………（101）

第八节　8 号棺 ……………………………………………………………………………………（101）

第九节　9 号棺 ……………………………………………………………………………………（106）

第一〇节　10 号棺 ………………………………………………………………………………（110）

第一一节　11 号棺 ………………………………………………………………………………（111）

第一二节　12 号棺 ………………………………………………………………………………（122）

第一三节　13 号棺 ………………………………………………………………………………（123）

第一四节　14 号棺 ………………………………………………………………………………（124）

第一五节　15 号棺 ………………………………………………………………………………（126）

第一六节　16 号棺 ………………………………………………………………………………（126）

第一七节　17 号棺 ………………………………………………………………………………（127）

第五章　年代与性质 ………………………………………………………………………………（129）

　　第一节　年　代 ………………………………………………………………………………（129）

　　第二节　性　质 ………………………………………………………………………………（130）

第六章　相关问题的认识 …………………………………………………………………………（132）

　　第一节　关于船棺墓葬的族属问题 …………………………………………………………（132）

　　第二节　关于墓葬出土漆器及其相关问题 …………………………………………………（133）

　　第三节　关于墓葬与古蜀开明时期成都城的问题 …………………………………………（134）

　　第四节　关于墓葬地面建筑与古代陵寝制度的起源问题 …………………………………（136）

附　录 ………………………………………………………………………………………………（138）

　　附录一　成都商业街船棺葬出土人骨研究 …………………………………………………（138）

　　附录二　成都商业街船棺葬出土人骨病理分析报告 ………………………………………（151）

　　附录三　成都商业街船棺葬主人食性分析研究报告 ………………………………………（154）

　　附录四　成都商业街船棺葬出土人骨及兽骨 ^{14}C 测试报告 ……………………………（155）

　　附录五　成都商业街船棺葬出土动物骨骼鉴定报告 ………………………………………（156）

　　附录六　成都商业街船棺葬出土植物残体鉴定报告 ………………………………………（168）

附录七　成都商业街船棺葬出土棺木及垫木树种检验报告 ……………………（170）

附录八　成都商业街船棺葬出土青铜器的初步检测分析 ………………………（171）

附录九　成都商业街船棺葬微生物研究 …………………………………………（176）

附录一〇　成都商业街船棺葬出土大型棺木及其他文物的保护工作报告 ………（183）

后　记 …………………………………………………………………………………（189）

英文提要 ………………………………………………………………………………（191）

日文提要 ………………………………………………………………………………（193）

插图目录

图一　成都市地理位置示意图 ·· （2）

图二　船棺葬位置示意图 ··· （3）

图三　船棺葬地层关系复原示意图 ·· （16）

图四　H1 出土陶器 ·· （17）

图五　H1 出土筒瓦、瓦当 ··· （18）

图六　枕木及方木上的刻划符号拓片 ·· （20）

图七　船棺葬平、剖面图 ···（20/21）

图八　船棺葬示意图 ···（20/21）

图九　3 号柱础平、剖面及侧视图 ··· （22）

图一〇　A 型船棺 ···（22/23）

图一一　B 型船棺 ···（22/23）

图一二　C 型船棺 ···（22/23）

图一三　D 型船棺 ···（22/23）

图一四　A 型匣形棺 ··· （23）

图一五　B 型匣形棺 ··· （24）

图一六　随葬陶器 ·· （26）

图一七　随葬铜器 ·· （28）

图一八　随葬 A 型漆床复原示意图 ··· （30）

图一九　随葬 B 型漆床复原示意图 ··· （30）

图二〇　随葬 A 型漆案 ·· （31）

图二一　随葬 B 型漆案 ·· （32）

图二二　随葬 C 型漆案 ·· （33）

图二三　随葬漆几 ·· （34）

图二四　随葬 A 型漆俎 ·· （34）

图二五　随葬 B 型漆俎 ·· （35）

图二六　随葬漆豆 ·· （35）

图二七　随葬漆盒 ·· （35）

图二八　随葬漆器 ·· （36）

图二九　随葬 A 型漆器座 ·· （37）

图三〇　随葬 B 型漆器座 ·· （38）

图三一　随葬 C 型漆器座 ·· （38）

图三二　随葬漆器足 ·· （38）

图三三　随葬漆器 ··· （39）

图三四　随葬漆器杂件、竹器 ·· （40）

图三五　随葬竹器 ··· （41）

图三六　1 号棺平、剖面图 ·· （42/43）

图三七　1 号棺出土陶器 ··· （43）

图三八　1 号棺出土陶器 ··· （44）

图三九　1 号棺出土陶器盖 ··· （45）

图四〇　1 号棺出土铜器 ··· （47）

图四一　1 号棺出土铜器、木器 ·· （48）

图四二 – 1　1 号棺出土 A 型漆案俯视、正视图 ······················· （49）

图四二 – 2　1 号棺出土 A 型漆案剖面图 ······························· （50）

图四三　1 号棺出土 A 型漆案案面板（1 号棺：38） ··················· （51）

图四四　1 号棺出土 A 型漆案案足 ······································· （52）

图四五　1 号、2 号棺出土漆几 ·· （53）

图四六 – 1　1 号棺出土 A 型漆器座俯视、正视图（1 号棺：40） ········ （54）

图四六 – 2　1 号棺出土 A 型漆器座侧视、剖面图（1 号棺：40） ········ （55）

图四七　1 号棺出土漆器 ··· （56）

图四八　1 号棺出土漆矛杆 ··· （57）

图四九　1 号棺出土漆矛杆 ··· （58）

图五〇　1 号棺出土漆器杂件 ··· （58）

图五一　1 号棺出土漆器杂件 ··· （59）

图五二　2 号棺平、剖面图 ·· （60/61）

图五三　2 号棺出土 A 型陶瓷 ··· （61）

图五四　2 号棺出土 A 型陶器盖 ··· （63）

图五五　2 号棺出土铜器、木器 ·· （63）

图五六 – 1　2 号棺出土漆盒俯视图（2 号棺：28、51） ················· （63）

图五六 – 2　2 号棺出土漆盒正视、剖面图（2 号棺：28、51） ··········· （64）

图五七　2 号棺出土漆豆（2 号棺：30） ································· （65）

图五八 – 1　2 号棺出土漆簋正视及底部刻划符号（2 号棺：23、39） ······ （66）

图五八 – 2　2 号棺出土漆簋剖面图（2 号棺：23、39） ·················· （67）

图五九 – 1　2 号棺出土 B 型漆案俯视、正视图（2 号棺：9、13、16） ···· （68）

图五九 – 2　2 号棺出土 B 型漆案侧视、剖面图（2 号棺：9、13、16） ···· （69）

图六〇　2 号棺出土 C 型漆案 ··· （70）

图六一　2号棺出土漆案足 ………………………………………………………（71）

图六二–1　2号棺出土漆几足外侧（2号棺：32）…………………………（72）

图六二–2　2号棺出土漆几足内侧（2号棺：32）…………………………（73）

图六三–1　2号棺出土漆几足外侧（2号棺：21）…………………………（74）

图六三–2　2号棺出土漆几足内侧（2号棺：21）…………………………（75）

图六四　2号棺出土A型漆俎（2号棺：36）………………………………（76）

图六五　2号棺出土A型漆俎（2号棺：49）………………………………（76）

图六六　2号棺出土B型漆俎（2号棺：22）………………………………（77）

图六七　2号棺出土A型漆床复原示意图 …………………………………（77）

图六八　2号棺出土A型漆床床头板（2号棺：20）………………………（78）

图六九　2号棺出土A型漆床床侧板（2号棺：3）………………………（78/79）

图七〇　2号棺出土A型漆床床侧板（2号棺：5）………………………（78/79）

图七一　2号棺出土A型漆床床足 …………………………………………（79）

图七二　2号棺出土B型漆床复原示意图（一）…………………………（81）

图七三　2号棺出土B型漆床复原示意图（二）…………………………（81）

图七四　2号棺出土B型漆床构件 …………………………………………（82）

图七五　2号棺出土B型漆床床侧板（2号棺：2）………………………（82/83）

图七六　2号棺出土B型漆床床侧板（2号棺：60）………………………（82/83）

图七七　2号棺出土B型漆床床撑 …………………………………………（83）

图七八　2号棺出土B型漆床床立柱 ………………………………………（84）

图七九　2号棺出土B型漆床床立柱（2号棺：55）………………………（85）

图八〇　2号棺出土B型漆床床立柱（2号棺：56）………………………（86）

图八一　2号棺出土B型漆床床梁 …………………………………………（87）

图八二　2号棺出土B型漆床床顶盖构件 …………………………………（88）

图八三　2号棺出土B型漆床床顶盖构件 …………………………………（89）

图八四–1　2号棺出土C型漆器座剖面图（2号棺：26）………………（90）

图八四–2　2号棺出土C型漆器座俯视、正视图（2号棺：26）………（91）

图八五–1　2号棺出土虎形漆器杂件正视、侧视、俯视图（2号棺：24）………（92）

图八五–2　2号棺出土虎形漆器杂件后视、侧视、剖面图（2号棺：24）………（93）

图八六　2号棺出土漆器杂件（2号棺：50）………………………………（93）

图八七　2号棺出土漆器杂件 ………………………………………………（94）

图八八　2号棺出土漆器杂件 ………………………………………………（94）

图八九　2号棺出土漆器杂件 ………………………………………………（95）

图九〇　2号棺出土漆器杂件 ………………………………………………（96）

图九一　3号棺平、剖面图 …………………………………………………（97）

图九二　3号棺出土器物 ……………………………………………………（98）

图九三　4号棺平、剖面图 ……………………………………（98）

图九四　4号棺出土器物 ……………………………………（99）

图九五　5号棺平、剖面图 ……………………………………（100）

图九六　5号棺出土陶器 ……………………………………（100）

图九七　8号棺平、剖面图 ……………………………………（102/103）

图九八　8号棺棺木刻划符号拓片 ……………………………（102/103）

图九九　8号棺出土陶器 ……………………………………（102/103）

图一○○　8号棺出土漆木器 …………………………………（102/103）

图一○一　8号棺出土伞盖弓 …………………………………（103）

图一○二　8号棺出土漆器杂件 ………………………………（104）

图一○三　8号棺出土葫芦芋（8号棺：12）…………………（104）

图一○四　8号棺出土竹篓 ……………………………………（105）

图一○五　9号棺平、剖面图 …………………………………（106/107）

图一○六　9号棺棺木刻划符号拓片 …………………………（106/107）

图一○七　9号棺出土陶器 ……………………………………（106/107）

图一○八　9号棺出土A型漆俎（9号棺：7）………………（107）

图一○九　9号棺出土漆器杂件 ………………………………（108）

图一一○　9号棺出土漆器杂件 ………………………………（109）

图一一一　9号棺出土竹席（9号棺：4）……………………（109）

图一一二　9号棺出土竹笆片（9号棺：2-1~3）…………（110）

图一一三　10号棺平、剖面图 ………………………………（110/111）

图一一四　10号棺棺木刻划符号拓片 ………………………（110/111）

图一一五　10号棺出土陶器 …………………………………（110/111）

图一一六　11号棺平、剖面图及棺木刻划符号拓片 ………（112/113）

图一一七　11号棺出土陶器 …………………………………（113）

图一一八　11号棺出土陶器 …………………………………（114）

图一一九　11号棺出土漆案面板（11号棺：2）……………（115）

图一二○　11号棺出土B型漆俎（11号棺：4）……………（116）

图一二一　11号棺出土漆器足（11号棺：12）………………（116）

图一二二　11号棺出土B型漆器座（11号棺：5）…………（117）

图一二三　11号棺出土B型漆器座（11号棺：30）…………（118）

图一二四　11号棺出土漆床头板（11号棺：3）……………（119）

图一二五　11号棺出土漆床尾板（11号棺：21）……………（120）

图一二六　11号棺出土漆器杂件（11号棺：27）……………（120）

图一二七　11号棺出土漆器杂件（11号棺：19）……………（121）

图一二八　11号棺出土漆器杂件 ……………………………（122）

图一二九　12 号棺平、剖面图 ……………………………………………………（122/123）

图一三〇　12 号棺棺木刻划符号拓片 …………………………………………………（123）

图一三一　12 号棺出土器物 ……………………………………………………………（123）

图一三二　13 号棺平、剖面图 …………………………………………………………（124）

图一三三　14 号棺平、剖面图 …………………………………………………………（125）

图一三四　14 号棺出土陶器 ……………………………………………………………（125）

图一三五　15 号棺平、剖面图 …………………………………………………………（126）

图一三六　16 号棺平、剖面图 …………………………………………………………（127）

图一三七　16 号棺出土陶器 ……………………………………………………………（127）

图一三八　17 号棺平、剖面图 …………………………………………………………（128）

彩图目录

彩图一　　1号棺出土A型漆案复原图（1号棺：18、38、41）

彩图二－1　1号、2号棺出土漆几俯视复原图（1号棺：39；2号棺：21、32）

彩图二－2　1号、2号棺出土漆几侧视复原图（1号棺：39；2号棺：21、32）

彩图三－1　1号棺出土A型漆器座俯视复原图（1号棺：40）

彩图三－2　1号棺出土A型漆器座正视复原图（1号棺：40）

彩图四　　2号棺出土漆盒复原图（2号棺：28、51）

彩图五　　2号棺出土漆豆复原图（2号棺：30）

彩图六　　2号棺出土漆篹复原图（2号棺：23、39）

彩图七　　2号棺出土B型漆案复原图（2号棺：9、13、16）

彩图八　　2号棺出土C型漆案复原图（2号棺：19；9号棺：14）

彩图九－1　2号棺出土漆几足外侧复原图（2号棺：21）

彩图九－2　2号棺出土漆几足内侧复原图（2号棺：21）

彩图一〇　2号棺出土A型漆俎复原图（2号棺：36）

彩图一一　2号棺出土A型漆俎复原图（2号棺：49）

彩图一二　2号棺出土A型漆床床头板复原图（2号棺：20）

彩图一三　2号棺出土A型漆床床侧板复原图（2号棺：5）

彩图一四－1　2号棺出土A型漆床床足复原图之一

彩图一四－2　2号棺出土A型漆床床足复原图之二

彩图一五－1　2号棺出土虎形漆器构件复原图之一（2号棺：24）

彩图一五－2　2号棺出土虎形漆器构件复原图之二（2号棺：24）

彩图一六　8号棺出土漆篹复原图（8号棺：30）

彩图一七　11号棺出土漆器足复原图（11号棺：12）

彩图一八　11号棺出土B型漆器座复原图（11号棺：30）

彩版目录

彩版一　墓葬发掘场景（由东向西）

彩版二　墓葬拍摄场景

彩版三　国家文物局领导视察工地

彩版四　图家文物局专家视察工地

彩版五　墓葬全景（由西北向东南）

彩版六　墓葬全景（由西南向东北）

彩版七　棺木刻划符号

彩版八　墓上建筑的前部

彩版九　墓上建筑的柱础

彩版一〇　1号棺发掘场景

彩版一一　1号棺出土陶器

彩版一二　1号棺出土陶器

彩版一三　1号棺出土陶器

彩版一四　1号棺出土铜器

彩版一五　1号棺出土铜器

彩版一六　1号棺出土铜饰件

彩版一七　1号棺出土铜印章

彩版一八　1号棺出土漆鼓（1号棺：37）

彩版一九　1号棺出土A型漆案

彩版二〇　1号棺出土漆几面（1号棺：39）

彩版二一　1号棺出土A型漆器座（1号棺：40）

彩版二二　1号棺出土矛杆（从左至右；1号棺：60、58、62）

彩版二三　2号棺开棺场景

彩版二四　2号棺出土陶器

彩版二五　2号棺出土陶器

彩版二六　2号棺出土铜器（2号棺：71）

彩版二七　2号棺出土木梳（2号棺：61）

彩版二八　2号棺出土漆盒俯视（2号棺：28）

彩版二九　2号棺出土漆盒盒身（2号棺：28）

彩版三〇　2 号棺出土漆豆正视（2 号棺：30）

彩版三一　2 号棺出土漆豆俯视（2 号棺：30）

彩版三二　2 号棺出土漆簋（2 号棺：23）

彩版三三　2 号棺出土 B 型漆案

彩版三四　2 号棺出土漆几足（2 号棺：21）

彩版三五　2 号棺出土 A 型漆俎

彩版三六　2 号棺出土 A 型漆床床侧板（2 号棺：3）

彩版三七　2 号棺出土 A 型漆床床足

彩版三八　2 号棺出土 B 型漆床构件

彩版三九　2 号棺出土 B 型漆床构件

彩版四〇　2 号棺出土 C 型漆器座（2 号棺：26）

彩版四一　2 号棺出土虎形漆器杂件（2 号棺：24）

彩版四二　3 号、4 号棺出土器物

彩版四三　4 号棺出土陶尖底盏

彩版四四　5 号棺出土陶器

彩版四五　5 号棺出土陶器

彩版四六　墓葬局部近景（由北向南）

彩版四七　8 号棺开棺后场景及棺木刻划符号

彩版四八　8 号棺出土陶器

彩版四九　8 号棺出土俎形漆器（8 号棺：5）

彩版五〇　8 号棺出土木梳（8 号棺：7）

彩版五一　8 号棺出土漆案足（8 号棺：25、6）

彩版五二　8 号棺出土漆器

彩版五三　9 号棺开棺场景、棺木刻划符号及出土陶器

彩版五四　9 号棺出土 A 型漆俎（9 号棺：7）

彩版五五　10 号棺棺木刻划符号及出土陶器

彩版五六　11 号棺开棺场景

彩版五七　11 号棺开棺后场景

彩版五八　11 号棺出土陶器

彩版五九　11 号棺出土陶器

彩版六〇　11 号棺出土陶器

彩版六一　11 号棺出土漆器

彩版六二　11 号棺出土 B 型漆器座

彩版六三　11 号棺出土 A 型漆床构件

彩版六四　12 号棺近景

彩版六五   12 号棺棺木刻划符号及出土器物

彩版六六   13 号棺近景及局部

彩版六七   14 号棺出土陶器

彩版六八   16 号棺开棺后场景及出土陶器

序　言

2000 年 8 月至 2001 年 1 月，在成都市区商业街 58 号为配合建筑工程而发掘的一座公元前 5 世纪左右的大型船棺合葬墓，是研究古代蜀国晚期历史的重要科学资料，它以其宏大的规模、独特的墓葬形制、大量丰富的随葬器物等崭新的内容为我们进一步研究古代巴蜀的历史文化、丧葬制度等提供了极其重要的实物材料，具有极大的历史价值。

此墓面积达 600 余平方米，局部范围最迟在汉代就曾受到扰乱与破坏，现存有 9 具大小不一用独木所制楠木船棺，同时在其西侧还附葬了 8 具殉人的小型木棺。在大型楠木船棺的两侧均立有木柱，以稳定其位置，根据墓穴内保存的这种木柱的情况观察，又知当初还有 4 具大型船棺，但已在盗掘时被挖走。各棺木周围满填青膏泥，因此木棺及随葬的漆木器和竹席因青膏泥有密不透氧的性质均保存较好。在墓穴东侧还发现一个巨大的以独木舟端做成的柱础（其前面另有一个同样的柱础已在建筑施工过程中被挖掉），以及墓坑周边具有一定分布形状的基槽和木质构件，可知在墓葬之上可能还有建筑。

现存船棺虽受到过盗掘，但还剩下大量漆器和陶器，还有少量的作随葬明器使用的青铜巴蜀式兵器。从漆器的制作技术和纹饰风格观察，均应早于湖北江陵一带所出战国中期及晚期的楚国漆器，但却相似于湖北当阳所出春秋晚期的漆器。许多漆器上所出的画在方格之内的龙纹，和中原地区所出春秋晚期至战国早期错嵌红铜的铜器上的龙纹非常接近。这些出土物，基本表明这群船棺的年代大体至少在战国早期。

从漆器中包括的一些大型漆案和漆几的情况看，墓主的身份是很高的。漆器中还有编钟（磬）架子的残存部分，并伴出有木槌，可知尽管青铜编钟或石磬已被盗走，墓主人原来曾以编钟（磬）随葬。在已发现的巴蜀文化墓葬中，仅重庆市涪陵小田溪的一座秦代左右的巴人首领墓中出土过一套带符号的青铜编钟，可知使用编钟当是蜀国中的最高贵族才能具有的权力。但各船棺中所出骨骸经鉴定，都是 20 岁左右及更年幼的青少年，也许并非蜀王，从通常可能考虑到的一般的风俗习惯来思考，很可能是蜀国王族中一些并未继位或成婚的青少年男女。

船棺中的墓主骨骸，皆为散乱的二次葬式（即捡骨葬），可知是在死后过了相当长的时间才埋入这个墓穴内的。各船棺所出随葬品的形态（如陶罐）和各种漆器的纹饰风格相同，表示出是同一时间埋入这个大墓内的。墓主的二次葬葬式，表明墓穴内的众多墓主虽然不是同时死亡，但可以同时埋入。各小棺内的殉人又均为仰身直肢葬。葬式之异，暗示出死者的族属不一。殉人既皆为直肢葬，说明他们基本应是蜀人以外的其他族群。

对于古代蜀文化的研究，虽然在 20 世纪的 20 年代已经开始，但直到 1986 年三星堆遗址被发现后，才真正受到国内外学术界的重视。近 10 多年来，有关蜀文化的新发现虽络绎不断，但商业街的这一重大新发现，则又把晚期蜀文化的面貌大量揭示出来。从这个角度看，可以把广汉三星堆和成都商业街的两次发现，看做是有关古代蜀文化的一头一尾的两大重要发现，它们丰富的文化遗存表明，四川盆地不仅是长江上游文明的发源地之一，同时也是华夏文明发展进程中不可缺少的一环。

成都市商业街大型船棺合葬墓中所出的丰富材料，在古蜀文化的研究中还新解答了两个大问题。

其一是有关蜀人的族源问题。古文献中本有蜀人的始祖蚕丛来自岷江上游的记载。当时的岷江上游，是氐羌之族的聚居地，所以历来一直存在着蜀人源自氐羌之说，但始终找不到其他证据。现据此船棺葬群，可知墓主必为蜀人，又皆实行二次葬，据 20 世纪 70 年代以来甘肃、青海地区大量的考古发掘，那一带青铜时代的羌人，正是主要实行二次葬，而且其捡骨摆放的形式，同船棺内的二次葬非常相似。葬式是中国古代各族群中极为重要的一种风俗传统，春秋战国之际的蜀国王族皆实行类似于更早时期的甘青一带氐羌族的葬式，就可以进一步证明蜀人的族源可能确实就是氐羌。

其二是关于漆器工艺在成都开始发达起来的时间问题。根据古文献记载和大量考古发现表明很早成都的漆器工艺就已经相当发达了，20 世纪 70 年代时长沙马王堆汉墓中出土了大量西汉初年的漆器，根据上面的烙印文字，知道就是成都制作的。但成都的漆器究竟在何时才发达起来，则还并不清楚。不少人暗中以为是秦灭蜀以后才发达起来的。现据这个墓穴内所出的漆器推测，最迟在战国早期，蜀人的漆器工艺已经非常发达了，甚至可以和同时期楚国的漆器工艺媲美。这就意味着，由于商业街蜀人王族随葬漆器的发现，就把成都漆器工艺的发达时间，提早了两三百年。

成都市商业街古蜀王族大型船棺合葬墓的发现，以其重要的历史、文化、科学和艺术价值，成为巴蜀青铜文化中不可或缺、璀璨绚丽的一页，成为人类文明进程中一个重要的里程碑，理应受到重视和保护。其本身的遗迹现象又是难以遇到的一种观赏性极强的古迹，对于成都市的建城历史来说，可以说这是迄今所存最早的一处古迹。从这个角度出发，这个遗迹应当尽力做好现场保存的保护工作，以供后代子孙长久凭吊和观赏。这对于发展成都市的旅游业，特别是对增长成都市民的历史自豪感和自信心来说，都具有其他事物所无法取代的特殊作用，而历史古迹，又是百年未见、千载难遇的！

俞伟超

2000 年 10 月 18 日晚于成都金河宾馆

第一章　绪　论

第一节　地理环境和历史沿革

一　地理环境

成都市地处中国西南四川省中部、成都平原的腹心地带，位于四川盆地西部边缘的岷江中游，东界龙泉山脉，西靠邛崃山（图一），是四川省省会，地理位置介于北纬30°5′～31°26′、东经102°54′～104°53′之间，面积12390平方千米，其中成都市城区建成面积约228平方千米。本报告墓葬就位于成都市青羊区商业街58号，地理位置为北纬30°40′、东经104°03′（图二）。

成都一带平坝、丘陵、山区地貌均有，分别占幅员面积的40.1%、27.6%和32.3%，地势呈西北高、东南低，最高海拔为5364米，最低为387米，平均比降2.5%。成都属亚热带湿润季风气候区，热量丰富，雨量充沛，四季分明，年平均气温在15.2℃～16.6℃左右，全年无霜期大于300天，年降水量873～1265毫米，年日照百分率一般在23%～30%之间，日照时数为1017～1345小时，年太阳辐射总量为80.0～93.5千卡/平方厘米。境内河网稠密，西南部为岷江水系，东北部为沱江水系，全市有大小河流40余条，水域面积700多平方千米。全市现辖10区、4市、6县，即锦江区、青羊区、成华区、金牛区、武侯区、高新区、青白江区、龙泉驿区、新都区、温江区、都江堰市、彭州市、崇州市、邛崃市、郫县、双流县、金堂县、大邑县、新津县、蒲江县，总人口约1003.56万人，其中城区人口330万人。成都城市环境优美，城区绿化覆盖率和绿地率分别为22.6%和21.8%。城区环境噪声常年保持在55.0分贝以下，道路交通噪声平均等效声级68.0分贝。

成都平原，又名川西平原，四川话称为"川西坝"，因成都市位于平原中央故称成都平原。位于四川盆地西部，东南侧为龙泉山，西侧为邛崃山、龙门山。广义的成都平原，介于龙泉山和龙门山、邛崃山之间，北起江油，南到乐山五通桥，包括北部的绵阳、江油、安县间的涪江冲积平原，中部的岷江、沱江冲积平原，南部的青衣江、大渡河冲积平原等。三平原之间有丘陵台地分布，行政上包括成都市；德阳市市中区、广汉、什邡、绵竹；绵阳市游仙区、涪城区、江油、安县；乐山市市中区、夹江；眉山市眉山、彭山等共29个县（市、区），总面积22900平方千米。狭义的成都平原，仅指都江堰、绵竹、罗江、金堂、新津、邛崃为边界的岷江、沱江冲积平原，长约200、宽40～70千米，面积约7340平方千米，是构成

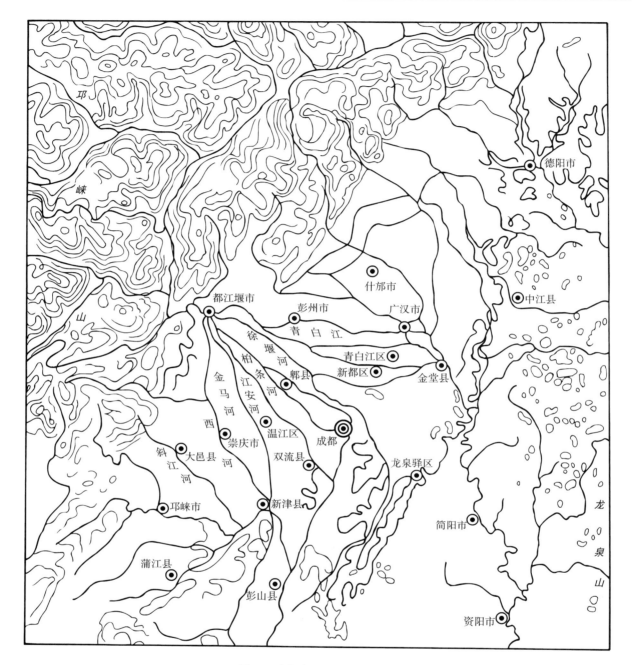

图一　成都市地理位置示意图

成都平原的主体部分。

　　成都平原发育在东北—西南走向的斜向构造基础上，由发源于川西北高原的岷江、沱江（绵远河、石亭江、湔江）及其支流等 8 个冲积扇重叠连缀而成复合的冲积扇平原。成都平原地表松散，沉积物巨厚，第四纪沉积物之上覆有粉沙和黏土，结构良好，宜于耕作，为四川省境最肥沃土壤，海拔 450 ~ 750 米，地势平坦，由西北向东南微倾，平均坡度仅 3‰ ~ 10‰，地表相对高差都在 20 米以下，有利于发展自流灌溉。成都平原气候属亚热带湿润季风气候。年均温 18℃左右。年均降水量在 1000 毫米以上，年雨天平均约 300 天，多雾，是中国阴雨天

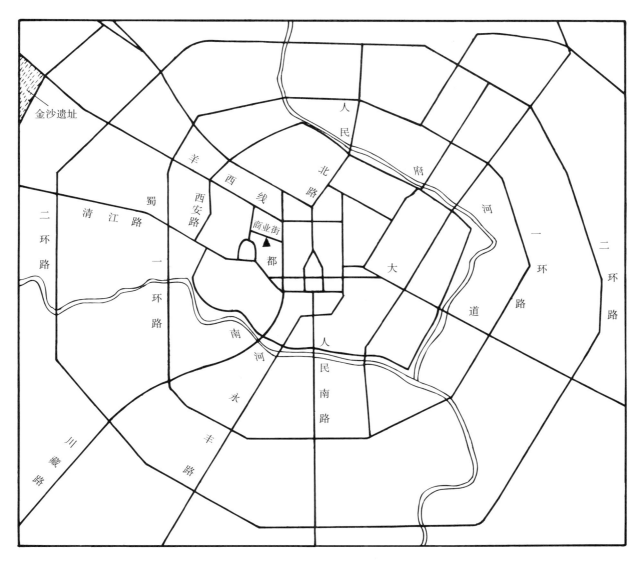

图二　船棺葬位置示意图

气最多的地区之一。但因平原邻近川西高原山地，深受山地下沉冷空气的影响，加之平原河水大多来自西部高原山地的冰雪融水，同时，平原上地势低洼的古河道地区，地下水位高，土壤冷湿。故成都平原无论气温、水温和土温均较低，热量条件较之四川盆地其他地区稍为逊色。

　　成都平原农田水利十分发达，远在公元前 250 年的秦代就修建了举世闻名的都江堰水利工程，引岷江水灌溉平原上广大农田，成为四川省种植业发展最早的地区之一。近 50 年来，经过不断的治理改造和扩建，都江堰灌溉面积增加了 3 倍，灌溉面积达 5300～6700 平方千米。成都平原耕地集中连片，土壤肥沃，河渠纵横密布，属典型的水田农业区，农作物一年两熟或三熟，是中国重要的水稻、棉花、油菜籽、小麦、柑橘、柚子、油桐、茶叶、药材、蚕丝、香樟产区，向有"天府之国"的美称。其中水稻、小麦和油菜，产量高而稳定，常年提供的商品粮、油分别约占四川全省的 20％ 和 40％，是四川和全国著名的商品粮、油生产基地。养猪水平居全省前列，亦是四川省的生猪基地。

二　历史沿革

成都市位于成都平原的中央，其腹地广阔、地形平坦、土壤肥沃，再加之丰富的水源和适宜的气候条件，自古以来就是适合人类生活、繁衍的地方。正因如此，在距今约 4000 ~ 4500 年左右，成都平原上已出现新津宝墩古城、都江堰芒城、温江鱼凫古城、郫县古城等一批史前城址群，这些考古发现表明，成都平原是长江上游的古代文明中心，也是中华文明的重要发源地之一。2000 年之初，在成都中心城区西面的金沙村，发现一处大型古蜀文化遗址，遗址分布范围在 5 平方千米以上，发现了大型宫殿基址、墓地、祭祀区等功能区域，遗址内出土了大量精美的玉器、金器、青铜器和象牙等遗物，从遗址的规模、遗存的种类、遗物的数量，特别是遗物的等级来分析，金沙遗址应是商代晚期至西周前期成都平原上的一个古蜀国政治、经济、文化中心，是继广汉三星堆遗址之后古蜀国的又一个文明中心，是古蜀王国的都邑所在地。金沙遗址的发现，把成都的建城史向前推进了几百年。

据《华阳国志·蜀志》记载："开明王自梦郭移，乃徙治成都"，《路史·余论》卷一云："开明子孙八代都郫，九世至开明尚，始去帝号称王，治成都"，此二文均记载了开明九世自郫邑徙治成都一事。另《水经注·江水》有"南安县（今乐山）……即蜀王开明故治也"，以及《太平寰宇记》卷七二引《蜀王本纪》有"蜀王据有巴、蜀之地，本治广都樊卿（今双流县境内），徙居成都"的记载，此二文献关于开明故治虽有不同的说法，但也都提到了开明时期有迁都成都这一史实，说明在战国早中期，成都已成为古蜀国开明王朝的都城。

公元前 316 年秦灭蜀，后在蜀地设置蜀郡，原蜀故都成都设成都县，其治所均在成都。公元前 311 年，张仪和郡守张若对成都进行了大规模的修建。按秦都咸阳的建制兴筑了成都、郫城和临邛三城的城垣。

汉承秦制，西汉初期仍实行郡县制，成都仍是蜀郡郡治和成都县治。元封五年（前 106 年），汉武帝在全国设十三州刺史部，在成都设益州刺史部，成都又成为益州刺史部的州治、蜀郡郡治和成都县治。西汉末年，王莽建立新朝，将益州刺史部改名为庸部，蜀郡更名为导江郡，郡治由成都迁到临邛。东汉时期又恢复益州、蜀郡建置。三国时期，刘备占领成都，并在此称帝，建立蜀国，成都成为蜀汉政权的都城。

在两晋时期，成都基本上在晋王朝的统治范围之内，地方政权仍为州、郡、县三级制，在成都设成都县，属益州、蜀郡，益州州治、蜀郡郡治、成都县治，皆设在成都城内。其间李雄在成都建立大成国，成汉政权以成都为都城（302 ~ 347 年），但时间较为短暂。

南北朝是中国历史上一个大分裂的时期，政权更替频繁，成都先为南朝的刘宋、南齐、萧梁统治，后为北朝的西魏、北周所属。南朝的地方政权仍实行州、郡、县三级制，当时的益州州治、蜀郡郡治、成都县治，均设在成都城区。北周在蜀地统治有 24 年，为统治全蜀，开始在州、郡、县三级建制之上加一建置，称之为"总管府"，代表中央王朝进行地方监督，成都又成为总管府、州、郡、县治的所在地。

隋唐时期，成都经济发达，文化繁荣，成为全国四大名城（长安、扬州、成都、敦煌）

之一，号称"扬一益二"。按隋制，地方实行州、县两级制，设成都县，隶属益州，开皇三年（583 年），废州，在益州设总管府，仁寿五年（605 年），隋炀帝废总管府，复置蜀郡，成都为蜀郡郡治和成都县治所在地。至唐朝初年，恢复隋代开皇旧制，推行州、县两级制，复置益州，益州州治、成都县治就设在成都。贞观元年（627 年），在蜀地置剑南道。天宝元年（742 年），益州又改为蜀郡。至德二年（757 年），分剑南道为东、西两川，置西川、东川两节度使，成都为西川节度使署的所在地，蜀郡改为成都府，号称"南京"。贞观十七年（643 年），拆成都县城东郭为蜀县，成都城成为成都县和蜀县两县的县治。乾元元年（758 年），蜀县改称华阳县，与成都县共一城之内。

五代十国时期，今四川地区先后为王建父子和孟知祥父子所统治，历史上称为"前蜀"和"后蜀"，成都成为前后蜀的国都。两蜀州、县俱从唐旧制，无多大变革。

960 年，宋朝建立，是为北宋。965 年，北宋灭掉后蜀。北宋初期，成都地区的建置沿袭了后蜀的建制。咸平四年（1001 年），北宋王朝将四川地区划分为益州路、梓州路、利州路、夔州路，总称四川路，成都隶属益州路，嘉祐四年（1059 年），益州路改名为成都府路。成都府路、成都府、成都县（包括华阳县）的治所，均在成都城内。在以后的两宋王朝统治中，成都建置几无变化。元朝统一全国后，在各地设行中书省代行中央王室政权。中统三年（1262 年），元世祖置陕西、四川行中书省，省治置于京兆（今陕西咸阳）。至元十八年（1281 年），分省四川。至元二十三年（1286 年），正式建置四川行中书省，省治移至成都。成都地区置成都路，县制从宋，成都县、华阳县隶属成都路，路治、县治在成都城区。

明洪武四年（1371 年），明王朝灭大夏政权，以其地置四川省。洪武九年（1376 年），改为四川承宣布政使司，另置四川按察使司和都指挥使司，其治所均设于成都城内，成都路改为成都府，统六州十六县。成都城区属成都县、华阳县。清顺治三年（1646 年），将明四川布政使司改置四川省；顺治十六年（1659 年），又增设四川总督，驻成都，成都既为省城，也为府治；康熙九年（1670 年），华阳县并入成都县；雍正五年（1727 年），又复置华阳县，直至清末，成都建制无再多变化。清朝中期，清王朝把四川所辖十二府分为五道，成都属成绵龙茂道，道治成都。

民国初年，成都建置沿袭清旧制。民国二年（1913 年），废除府、州等建制，由道直接辖县，成都市隶属西川道。民国后期，撤道建专区，成都仍为四川省会。

建国初期，成都市为川西行政专区行政公署。1952 年 7 月，中央人民政府决议成立四川省，成都为四川省的省会城市。

第二节 船棺墓葬的发现及研究现状

船棺墓葬是古代先民的一种埋葬方式，以其船形棺作为葬具因而得名。许多人认为船棺葬是习水民族的一种特殊的葬俗，就世界范围来看，主要分布在菲律宾、越南、马来西亚、泰国、中国以及斯堪的纳维亚半岛、波利尼西亚太平洋群岛等地。我国的船棺葬主要分布在四川省（包括现在的重庆市）境内，1954 年最早在昭化县宝轮院、巴县的冬笋坝发现了数量众多的船棺墓葬，引起了学术界的极大重视。之后，尤其是从 20 世纪 80 年代前后一直到现在，在成都平原上的成都、新都、大邑、蒲江、彭县、绵竹、什邡和郫县等地又相继发现了大量的船棺墓，为研究船棺葬提供了许多重要的实物资料。

一　既往发现

1954 年 6 月，宝成铁路修筑工程施工队伍在四川昭化县宝轮院街镇发现一处墓葬群，经考古人员清理，共发掘墓葬 16 座，其中发现船棺墓 9 座①。同年，在川东巴县（今属重庆市巴南区）冬笋坝也发现了船棺葬，并于 7 月、11 月进行了两次发掘，后来又在 1955 年、1957 年进行了两次发掘，冬笋坝墓地共发现船棺墓 21 座，但在冬笋坝墓地发现的狭长形土坑墓中，因葬具全已腐朽，有部分可能仍为船棺墓②。两处船棺墓出土的器物几乎相同，陶器以小口圜底罐、大口圜底釜、圈足豆、小口平底瓮等为主，这些陶器具有较强的地方特色。铜器有剑、钺、矛、戈、斤、斧、壶、甑、鍪等，其中以铜兵器最具代表性，如铜剑，俗称柳叶形剑，又称巴蜀式剑，特征是扁茎无格，剑身常铸有斑纹，剑茎与剑身同时铸成，剑身内收与扁茎相接。在铜兵器上还铸有或刻有特殊符号。这些墓葬因葬具特别，其形如一独木舟，故称之为"船棺"，其制作是用一段整木，将上面削去一半，凿去树心，使之中空，形成棺盖和棺身。在相隔千里的昭化宝轮院和巴县冬笋坝两地同时发现葬具、出土器物相似的墓葬，这也是在四川境内首次发现船棺墓葬。

随后，在成都平原上，主要是以成都市为中心的平原腹心地带，如绵竹、新都、彭县、大邑、蒲江、什邡乃至成都市区，从 20 世纪 80 年代前后开始至今，又有大量的船棺墓葬不断地被发现。

1976 年 2 月，在成都以北的绵竹县清道公社三大队发现一座船棺墓，船棺形制为一端平齐，另一端略尖，从底部向上翘。该墓出土了 150 余件铜器，可分生活用具、生产用具、兵器等几类，有釜、豆、壶、罍、盒、鼎、勺、鍪、甑、敦、钺、斧、矛、戈、剑等，此墓出土文物数量之大、种类之多，是四川地区船棺墓中极为罕见的③。

1980 年 3 月，在成都平原的腹心地区新都县马家公社二大队发现一座木椁墓，该墓为一座带斜坡墓道的长方形土坑木椁墓，墓坑长 10.45、宽 9.2 米，木椁长 8.3、宽 6.76 米，木椁与坑壁四周有 0.8～1 米的空隙，靠椁壁四周填以厚约 0.3 米的青色膏泥。椁室被隔成棺室和 8 个边箱，在棺室的中部放置一独木船棺。此墓虽被盗，墓室几被洗劫一空，但墓葬的腰坑保存完好，在腰坑内发现了大量精美的青铜器，且有编钟出土④。新都木椁墓的发现，又一次引起学术界的重视，围绕墓主的身份、地位，以及该墓与周边战国时期墓葬的关系进行了热烈的讨论。

1980 年 12 月，位于成都西北的彭县太平公社二大队发现一座船棺墓，墓坑长 8.6、宽

①　四川省博物馆：《四川船棺葬发掘报告》，文物出版社，1960 年。
②　四川省博物馆：《四川船棺葬发掘报告》，文物出版社，1960 年。
③　四川省博物馆王有鹏：《四川绵竹县船棺墓》，《文物》1987 年 10 期。
④　四川省博物馆、新都县文物管理所：《四川新都战国木椁墓》，《文物》1981 年 6 期。

1.4 米，棺身长 7.4、宽 1.25～1.1、高 0.66～0.55 米，船棺中段挖成圆角方形船舱，舱底圆弧，舱长 5.8 米，船的头尾两端平齐。出土的铜器有钺、戈、斤等，为巴蜀文化的典型器物，铜兵器上有刻划的特殊符号[①]。

1982 年 4 月、8 月和 1983 年 1 月，四川省文管会在大邑县五龙公社机砖厂清理发掘了一批巴蜀墓葬，其中的一座墓葬（M4），墓坑长 9、宽 4.16、深 1.09 米，在墓底并列排放着三具船棺，船棺周围填充白膏泥。船棺的形制与彭县太平公社二大队发现的船棺基本相同，仍为头尾两端平齐。船棺内出土的陶器除有大口瓮、小口圜底釜、大口圜底釜等以往船棺的典型器物外，还发现有尖底盏，具有早期的形式特征，该墓葬的年代可能早到战国早期[②]。

蒲江县，位于成都的南部。1981 年秋，在蒲江县东北公社发现船棺墓，次年 9 月，在此墓相距约 1 米处又发现与之并列的同类墓一座，两墓墓坑均为长方形，坑壁直而规整，平底，无墓道，M1 墓坑内葬一具船棺，M2 墓坑葬有并列的两具船棺，墓坑内船棺皆用白膏泥密封。出土的陶器与昭化县宝轮院和巴县冬笋坝船棺出土的陶器相同，仍为小口圜底釜、大口圜底釜、浅盘圈足豆等具有巴蜀地区特色的器物，还出土了有巴蜀符号的铜印章[③]。两墓出土葬具，原简报认为是"独木棺"，而非船棺，不属于船棺系列，实际上，这种"独木棺"只是船棺的另一种形式而已，与彭县太平公社、大邑县五龙公社出土的船棺形制相同，仍属于船棺葬。1998 年 9 月，成都市文物考古工作队在蒲江县进行盐井遗址调查时，在鹤山镇飞龙村一小河边发现一暴露在外的船棺，并进行了抢救性发掘，该墓的船棺与 1981 年、1982 年在东北公社发现的不同，船棺大的一端为平头，较小的一端底部略上翘，出土陶器与东北公社的船棺器物类型相同，另外还出有半两钱、巴蜀符号的铜印，时代要比东北公社的船棺晚，应在战国末期到秦代[④]。2006 年 12 月，成都文物考古研究所又在蒲江县鹤山镇飞龙村六组再次清理发掘船棺墓 3 座，出土有漆盆、木梳、木案、木桨、陶圜底罐、陶豆、陶釜、陶纺轮、铜削、铜矛、铜戈、铜蒜头壶、铜釜、铜敦、铜鍪、铜勺、铜斤、铜壶、印章、玉璧及半两钱、植物种子、果核等随葬器物。三座墓葬年代相近，1 号墓还出大半两钱，2 号墓出有铜蒜头壶，推断这批墓葬的年代在战国末至秦之间[⑤]。

1988 年 8 月，在什邡市城区西南部发现一处战国秦汉时期的墓地，至 1995 年 8 月，前后共进行了 22 次发掘，清理墓葬 64 座，其中船棺墓 36 座，船棺墓墓坑大多不甚规整，相当一部分呈圆角狭长方形，只有 M41 有二层台，个别墓（如 M3、M32）坑底有一层厚约 10 厘米的膏泥。这批船棺形制多样，根据发掘报告，可分为 A、B、C 三类：A 类船棺长度在 6 米以上，舱、舷俱存且深，棺底略有弧度，两端中一端较平齐，另一端不同程度地上翘；B 类船棺为浅舱矮舷，底部微弧，头尾两端或一端微上翘、一端平齐，或两端均略微上翘，象征味很浓；C 类船棺则为两端基本平齐，底微弧，平舱无舷，头尾明显高于船舱。这批船棺出土器物丰富，器形较多，陶器除常见的小口圜底釜、大口圜底釜、圈足豆外，还有尖底盏、釜

① 四川省文物管理委员会赵殿增、胡昌钰：《四川彭县发现船棺葬》，《文物》1985 年 5 期。
② 四川省文物管理委员会、大邑县文化馆：《四川大邑五龙战国巴蜀墓葬》，《文物》1985 年 5 期。
③ 四川省文物管理委员会、蒲江县文物管理所：《蒲江县战国土坑墓》，《文物》1985 年 5 期。
④ 成都市文物考古工作队、蒲江县文物管理所：《成都市蒲江县船棺墓发掘简报》，《文物》2002 年 4 期。
⑤ 资料现存成都文物考古研究所。

甗、盆、壶、钵等，铜器除矛、剑、戈、钺等兵器外，还出有斤、凿、刻刀、锯、带钩、錾等生产、生活用具，时代早晚有别，从战国早期一直到战国晚期，是研究船棺墓葬不可多得的资料①。

　　在成都市区，自新中国成立以来一直有船棺墓的发现。1964 年夏至 1965 年春，四川省博物馆在西南部的百花潭中学清理了一批土坑墓，其中第 10 号墓墓坑为狭长形土坑竖穴，葬具已朽，在墓底发现少量黑色木痕，墓底两侧微斜，略成弧形，似船棺底部的形状，葬具可能为船棺，出土了陶尖底盏以及大量铜器②。20 世纪 80 年代后期，在成都市西边的抚琴、青羊两住宅小区均发现大量的船棺墓。1986 年 11 月，在成都市抚琴小区干道指挥部市建三公司四处基建工地发掘了一座保存完好的船棺墓，该墓未被盗掘，墓坑中并排放置两具船棺，船棺形制为一端依原形平齐，而另一端上翘，在棺室内置小棺，形成头厢、小棺和脚厢。A 棺内置尸体于小棺中，其葬式为仰身直肢葬。在小棺内紧挨尸体上部两侧置矛、戈、钺等兵器，约在墓主臀部下置两把柳叶形剑和一把三角形援，头部左侧放置一件胄，下肢部重叠堆放陶器，均为夹砂灰陶，器形有尖底盏、器盖、圈足豆等。头厢内随葬锯条、削、雕刻器一类工具。脚厢内随葬有铜釜甑、铜鍪、四耳铜盆、陶圜底罐等炊煮器③。2000 年 7 月，在成都市商业街再次发现大型船棺墓葬，即本报告之墓葬，引起了学术界的轰动，该墓墓坑长约 30.5、宽约 20.3、残深约 2.5 米，面积约 620 平方米，墓向为 240°，为直壁平底，在墓底放有排列整齐枕木，约有 15 排，整木之上则放置船棺，在墓坑中现存船棺、独木棺等葬具 17 具。虽然该墓被盗，但仍然出土了大量的陶器、漆器。此墓葬规模之大、出土漆器规格之高，表明墓主人身份，当为古蜀国开明王朝王族甚或蜀王本人的家族墓④。2001 年，成都发现了震惊中外的金沙遗址，随着金沙遗址发掘的不断深入，在金沙遗址内也发现了船棺墓，在燕莎庭院地点，发现的船棺开口在耕土层下，打破商周时期的文化层，出土有尖底盏、仿铜陶器和铜矛、铜戈等器物，时代较早⑤。而在万博地点、金沙国际花园地点发现的船棺，则与燕莎庭院地点不同。万博地点 M470，开口在第⑥层即商周地层下，长方形竖穴土坑墓，墓坑长 3、宽 0.65～0.45、深 0.3 米；坑底有木板痕迹，木板长 2.76、宽 0.25～0.45、厚约 0.15 米，木板呈弧形，无随葬品⑥。金沙国际花园地点发现 15 座船棺，除 M928 开口在⑤A 层下外，其余开口在第④层下，打破⑤A 层，第④层为汉代文化层，⑤A 层的时代在春秋早中期，这批船棺出土的铜戈、铜剑、纺轮与战国时期船棺出土的同类器物差别明显，不见荷包式铜钺、铜矛、铜斤等器物，也未见有巴蜀符号装饰的器物，陶罐、陶瓮、尖底盏等与⑤A 层春秋早中期地层出土的陶器物风格较为接近，推测这批第④层下的船棺年代可能在春秋晚期⑦。金沙遗址发现的这些船棺，为研究船棺的起源提供了十分宝贵的资料。

────────────────

①　四川省文物考古研究院、德阳市文物考古研究所、什邡市博物馆：《什邡城关战国秦汉墓地》，文物出版社，2006 年。
②　四川省博物馆：《成都百花潭中学 10 号墓发掘记》，《文物》1976 年 3 期。
③　资料现存成都文物考古研究所。
④　成都文物考古研究所：《成都市商业街船棺、墓葬发掘报告》，《2000 成都考古发现》，科学出版社，2002 年。
⑤　资料现存成都文物考古研究所。
⑥　成都文物考古研究所：《成都金沙遗址万博地点考古勘探与发掘收获》，科学出版社，2004 年。
⑦　成都文物考古研究所：《金沙遗址"国际花园"地点发掘简报》，科学出版社，2006 年。

在成都平原以外的四川地区，仍有船棺墓不断发现。1995 年 1 月，在川北的广元，四川省文物考古研究所会同广元市文物管理所，配合宝成铁路复线工程，在宝轮院做了大量的调查和勘探工作，并于 1995 年 2～3 月，在昭化火车站以南，又清理发掘了 8 座船棺墓，这次发现的船棺墓，与 1954 年所发现的墓葬位于同一地点，相距约 3～5 米，其坑位排列整齐，显系同一墓群①。在川西南的荥经县，1985 年 11 月至 1986 年 5 月，四川省文物考古研究所会同荥经严道古城遗址博物馆，为配合县第二汽车队队址和县政府宿舍工地的基建工程，在同心村清理了巴蜀墓葬 26 座，其中可确定为船棺墓的有 20 座，船棺形制较为单一，即船棺底部圈平，中间微凹，两侧壁呈弧形，棺的两端上翘，该批墓葬出土器物丰富，陶器有圈足豆、圜底釜、平底罐、罍、瓮等，铜器有釜、鍪等生活用具和大量刻有巴蜀符号的戈、矛、剑等兵器，以及印章、生产工具②。

二　研究现状

20 世纪中叶在当时的川东巴县冬笋坝和川北昭化县宝轮院两处相隔千里的地点同时发现船棺葬，引起了学术界的重视和关注，为便于整理和研究，发掘者把两地出土的船棺归集在一起，整理发表了《四川船棺葬发掘报告》，报告认为巴县冬笋坝所发掘的 21 座船棺墓中，根据墓葬的分布位置和随葬品来看，M2、M5、M7、M8（第一列）和 M18、M9、M10、M11（第二列）为一组，此组墓葬排列整齐密集，且没有互相打破关系，墓中不出铁器及半两钱，兵器全为"巴蜀式"，陶器多圜底，铜容器仅有甑、釜、鍪及盘，属于中原式的兵器及其他铜、陶器均其少，因此这组墓葬的入葬时间较早，当不出秦举巴蜀前后，即公元前 4 世纪末。而剩余的 13 座船棺墓则较前 8 座船棺墓晚，这 13 座墓均分布在墓葬中区台地的边缘地带，多数墓葬出半两钱以及少量铁器，铜器中有了镜、带钩，印章也多了，陶器中有了壶，平底器增多，豆的形制变小且数量变多，巴蜀式兵器的剑有将其茎、鼻部锉平而改装的，这些现象都是受到了中原文化影响而形成的，这批墓葬入葬时间，应在秦举巴蜀以后，其中最晚的可到西汉初期。同时，报告根据《华阳国志》记载，对冬笋坝船棺葬的所属族群做了推断，"巴人在春秋战国时所活动的区域，大致相当于现在的川东、川南一带"。"冬笋坝邻近重庆市，相当于巴人活动的中心地带，而重庆市及其附近地带在秦汉时为江洲，而江洲则相传为巴人的'故都'"。据此记载，报告推测巴县冬笋坝船棺墓当为巴人的墓葬。对于昭化县宝轮院的船棺墓，报告认为其时代与冬笋坝晚期船棺墓的时代相同，墓主仍属巴人，其根据是昭化县宝轮院一带虽然文献记载是蜀国的领域，但昭化县宝轮院船棺墓的时代较晚，其墓葬中所出的铜器、陶器，与成都平原地区以往发现的战国早期或更前的墓葬中所出的器物是有区别的，因此，昭化县宝轮院船棺墓应该是在蜀亡以后由成守蜀地的巴人所留下的遗迹③。

对于巴县冬笋坝和昭化县宝轮院船棺墓葬的年代，四川大学宋治民先生则提出了不同的

---

① 四川省文物考古研究所、广元市文物管理所：《广元市昭化宝轮院船棺葬发掘简报》，《四川考古报告集》，文物出版社，1998 年。
② 四川省文物考古研究所、荥经严道古城遗址博物馆：《荥经县同心村巴蜀船棺葬发掘报告》，《四川考古报告集》，文物出版社，1998 年。
③ 四川省博物馆：《四川船棺葬发掘报告》，文物出版社，1960 年。

看法。宋治民先生认为《四川船棺葬发掘报告》划分的第一期墓葬中所出的陶釜为敞口，鼓腹，圜底，有的有短颈，这类陶釜见于西安半坡战国晚期墓、陕西耀县战国末期墓以及河南郑州岗杜战国晚期墓。同时，冬笋坝第一期墓（M11）出土的一件铜壶，长颈较直，圆肩，最大径在腹上部、向下腹壁内收，圈足，有盖，盖上有三纽，肩部有二铺首衔环，这种器形系外地传来，与长沙左家公山等战国晚期墓出土的陶釜非常相似，故宋治民先生推断第一期船棺墓的时代应在战国晚期，即在秦举巴蜀以后为宜。对于第二期墓葬，宋治民先生认为，第二期墓葬在葬具方面发生了变化，在船棺内出现小棺，船棺实际变成了船椁，这种变化是受到了黄河流域和长江中下游地区的影响而出现的，随葬品陶器中的平底罐、壶，铜兵器中改装的巴式剑及新出现的带钩，都是受中原文化影响，特别是墓葬出土的半两钱，《四川船棺葬发掘报告》认为秦行半两钱在惠文王二年（336年），而宋治民先生根据考古材料认为半两钱应是秦统一六国后所铸的货币，因此，第二期船棺墓的时代应在秦统一六国后，下限可到西汉初期。关于冬笋坝、宝轮院两地船棺墓的族属，宋先生也认为是巴人的墓葬[1]。

随着船棺墓葬在成都平原地区上的不断发现，对船棺葬的探讨也越来越多。宋治民先生在《略论四川战国秦墓的分期》中，对成都百花潭中学10号墓的年代重新做了研究。成都百花潭中学10号墓墓葬形制为狭长方形竖穴土坑墓，葬具已朽，墓底两侧微斜，略成弧形，似独木舟形状，可能为船棺。原简报认为此墓的年代在战国，因未出铁器和钱币，其时代当不出秦举巴蜀前后[2]。宋治民先生则根据墓中所出的铜鼎、铜壶、铜甗等器物形制与中原北方地区的比较，并结合墓中所出铜尖底敦形器、陶尖底盏和墓葬形制看，推断成都百花潭中学10号墓年代应在战国早期，这一点已成共识[3]。

成都文物考古研究所刘雨茂对川西地区发现的船棺墓葬进行系统的梳理后，把川西地区的船棺墓分为战国早、中、晚三期：早期船棺墓，葬具制作粗糙，其"独木舟"为两端平齐，无盖，随葬陶器多夹砂灰陶，器形以尖底器和圜底器为主，铜器存在着青铜兵器和生产工具共存的组合方式，随葬品放置较为零乱，甚至有的器物放于棺外。中期船棺墓的船舱挖得较深，为圆弧形舱室，有盖，且棺内髹漆，中期偏晚出现一端平齐、一端略上翘的船棺，随葬陶器均系夹砂灰陶，器形简单，仅有罐和豆类，铜器仍然较多，依然是兵器和工具的组合，船棺内随葬器物的放置开始有一定规律，即随葬物置于棺的两头。晚期船棺墓从外形上看与早、中期有了很大的不同，从两头平齐发展到一头平齐一头上翘，船舱也挖得更深，船舱内置小棺，使船棺实质上变成了船椁，且将船舱分成了头、中、脚厢三部分，随葬器物的放置很有规律，器物的组合没有多大变化。同时，刘雨茂还认为川西地区初期的蜀人墓葬应为竖穴土坑墓，墓坑不规整。进入战国时期，川西地区竖穴土坑墓仍然存在，但新出现一个以"独木舟"式的船棺作为葬具的船棺墓，且"独木舟"式的船棺是两头平齐，在形制上与巴县冬笋坝、昭化县宝轮院巴人墓葬中两头上翘的船棺有所区别，战国晚期川西地区出现一头

① 宋治民：《四川战国墓葬试析》，《宋治民考古论文集》，科学出版社，2004年。
② 四川省博物馆：《四川船棺葬发掘报告》，文物出版社，1960年。
③ 江章华、张擎：《巴蜀墓葬的分区与分期初论》，《四川文物》1999年3期。

平齐、一头上翘的船棺，蜀人船棺是受巴人的影响所致①。

1981 年秋，在蒲江县东北公社发现一座合葬船棺墓，墓坑中有两具"独木舟"式船棺葬具，报告作者认为这种"独木舟"式的葬具是独木棺而非船棺，不能纳入巴人的船棺葬系统②。后来刘雨茂也认为"独木舟"葬具与两头上翘的船棺有所区别。宋治民先生在《四川战国墓葬试析》中提出巴蜀文化系统的墓葬依墓葬形制的不同，可分为船棺葬、独木棺墓和无葬具的竖穴土坑墓等类型，并对船棺葬和独木棺墓作了定义，宋先生认为船棺葬系指木棺做成独木舟的形状，取大楠木一截，将其上面削去小半，底部亦稍削平，两端由底部向上斜削使其上翘如船之两端，并挖船舱以盛放尸体和随葬器物，独木棺则不做成两端上翘的船形，系取一截大楠木，从中剖开，或将圆木砍去部分使成平面，然后凿去部分树心，两端截齐。宋先生还认为船棺葬和独木棺墓虽然有许多共同因素，但差异也十分明显，属于两个系统③。

20 世纪 80 年代后期，在荥经的同心村和什邡城关发现两处重要的战国秦汉时期墓地。在同心村发现巴蜀墓葬 26 座，其中船棺 20 座；什邡城关发现战国至秦汉时期墓葬 56 座，其中船棺有 36 座。宋治民先生对两处墓地的材料也做了对比研究，指出了两处墓地的共性和差异。共性有两点：一是两墓地均排列有序，什邡城关墓地仅有一组打破关系，即 M60 打破 M59，且"排列整齐，分布密集而有序"。荥经同心村除 M21 系同坑二墓重叠外，仍是"墓坑排列有序，方向基本一致"。这些相同之处并非偶然，两处墓地似为两个人共同体之专用墓地。二是两墓地出土的器物有许多共同之处，难以区分，如陶器中盛行圜底器、无把圈足豆，铜器中的釜、鍪，兵器中的柳叶形剑、双弓形耳的矛、圆刃折腰钺，以及兵器上的花纹，工具中的斤、凿等。两处墓地的差异主要反映在葬具和器物上，什邡城关船棺共有 36 具，保存较好的有 22 具，发掘报告将其分为 A、B、C 三类，其中 A 类最为典型，A 类形制为"底部稍加削平，一端由下向上斜削使其上翘似船头"、"两端中一端较平齐"。A 类船棺我们根据报告的描述，宋治民先生在以前的文章中称之为"独木棺"。B 类船棺"头部略为上翘，或一端平齐，具有很大的象征性，应是 A 类'船棺'的退化形式"。C 类船棺"从形制上看更是 B 类'船棺'的退化形式，木头中心呈平板状，只是两头略高于中间，头尾两端截齐，看上去就像一块木板"④。荥经同心村的船棺，"其形制大概为首尾上翘，中部微凹，底圜平，两侧壁呈弧形，棺壁较薄"。根据发掘报告描述，同心村船棺为首尾上翘，与什邡城关一端上翘、一端平齐的形制不同。在出土器物上，部分陶器在什邡城关出现而不见于荥经同心村，如小口长颈圜底釜、尖底盏、鼎、釜甑等，两处墓地出土的铜器也有一些差异。根据两墓地的异同，宋先生推定同心村船棺墓葬为巴人的墓地，墓地所反映的"是他们还顽强地保留了氏族组织的残余"，什邡的船棺为蜀人的墓地，由于蜀人和中原地区接触较早，其氏族组织早就解体了⑤。

对于船棺墓的时代与分期研究，在其他一些文章中也有所涉及。成都文物考古研究所毛

---

① 刘雨茂：《川西地区船棺研究》，《华西考古研究》（1），成都出版社，1991 年。
② 四川省文物管理委员会、蒲江县文物管理所：《蒲江县战国土坑墓》，《文物》1985 年 5 期。
③ 宋治民：《四川战国墓葬试析》，《宋治民考古论文集》，科学出版社，2004 年。
④ 宋治民：《什邡、荥经船棺葬墓地有关问题探讨》，《宋治民考古论文集》，科学出版社，2004 年。
⑤ 宋治民：《什邡、荥经船棺葬墓地有关问题探讨》，《宋治民考古论文集》，科学出版社，2004 年。

求学在《试论川西地区战国墓葬》中，把成都平原地区的船棺墓分为早、中、晚三期，早期船棺墓的年代相当于战国早中期，而对中晚期船棺墓的年代则未作确定，并根据四川境内船棺形制，把船棺分为独木舟式船棺和翘首船式船棺①。

　　成都文物考古研究所的江章华、张擎在对战国秦代巴蜀墓葬材料研究后，也对船棺做了分期。江、张二人根据巴蜀墓葬在文化面貌上存在不同程度的差异，把巴蜀墓葬分为成都平原区、川西南地区、川东地区三大区域，三个区域均有船棺发现。其中成都平原区出现船棺的时代最早，在战国早期就已出现，成都地区战国早期船棺包括成都市百花潭中学 10 号墓，什邡城关 M11、M56、M69 等墓葬；战国中期船棺包括新都马家战国墓，什邡城关 M7、M23、M31 和 M33 等墓葬；战国晚期船棺包括大邑五龙 M4、什邡城关 M14 等墓葬。对于川西南地区，江、张二人认为主要是指四川盆地西南的山地丘陵地区，包括蒲江、荥经、犍为等地，在蒲江、荥经两地发现有船棺。江、张二人在对荥经同心村墓地材料进行研究后，把同心村 26 座墓分为甲、乙、丙三类，甲、乙两类墓的年代在战国晚期，丙类墓的年代在秦代，战国晚期船棺包括 M21～M24、M10、M18、M20 和 M25，秦代船棺包括 M4～M9、M12～M14、M16、M17、M19。而川东地区是指现今的重庆市和川东北地区，该区的船棺主要是较早时期发现的巴县冬笋坝和昭化宝轮院②。

　　2000 年 7 月，成都文物考古研究所在成都市商业街发掘了一座大型土坑多棺合葬墓，其葬具以大型船棺为主，该墓发现的船棺是迄今发现的船棺当中规模最大的，墓葬表面有宏伟的地面建筑，出土了大量的珍贵文物，尤为引人注目的是漆器，色彩斑斓，绚丽多彩。种种迹象表明，商业街船棺葬墓主身份较高，极有可能是古蜀国开明王朝王族甚或蜀王本人的家族墓。根据墓葬出土漆器的形态、制作技术、纹饰风格以及出土陶器、铜器的形制推断，商业街船棺墓葬的年代当在战国早期③。但宋治民先生却对商业街船棺墓葬的年代另有看法。首先，宋先生认为商业街船棺墓的葬具为独木棺，应划入独木棺系统。商业街船棺的规模之宏大、棺木个体之巨大，是前所未有的，成都及其附近以往发现的大型巴蜀墓葬有新都马家战国木椁墓、羊子山 172 号墓等，时代在战国中期和秦代，都使用了木椁，而商业街墓葬却没有使用木椁，只使用了固有的独木棺，证明其时代较早。其次，宋先生又对随葬器物进行了分析。他认为：商业街墓葬出土的陶双耳瓮的形制与战国时期的大口瓮极为相似，只是多了双耳，器身显得修长，其时代应早于战国时期的大口瓮。出土的两型陶釜虽然在战国时期流行，但其出现的时间较早，在西周后期就已出现；陶尖底盏的形制也与战国时期不同，B 型和 C 型器盖也出现较早。总之，陶器中具有许多较早的因素。铜器中的矛也不同于战国时期流行的双弓形矛，而与新繁水观音晚期墓出土的矛相似，印章也与战国时期的"巴蜀图语"印章有所不同，仍有较早的因素。漆器的胎体厚重，纹饰的特点也有较早因素。综合以上因素，宋先生认为成都市商业街船棺墓葬的时代应在春秋后期④。

①　毛求学：《试论川西地区战国墓葬》，《华西考古研究》（1），成都出版社，1991 年。
②　江章华、张擎：《巴蜀墓葬的分区与分期初论》，《四川文物》1999 年 3 期。
③　成都文物考古研究所：《成都市商业街船棺、墓葬发掘报告》，《2000 成都考古发现》，科学出版社，2002 年。
④　宋治民：《成都市商业街墓葬的问题》，《四川文物》2003 年 6 期。

第三节　墓葬发掘和保护工作

一　发掘经过

2000 年 7 月 29 日深夜，在成都市商业街 58 号四川省省委办公厅机关食堂基建工地，建筑工人们发现几段粗大的乌木，他们用斧头等工具想砍断乌木继续施工，然而发现砍开的乌木中间是空的，里面装满了色彩亮丽的漆器。事关重大，施工负责人把这一重要情况报告了四川省省委办公厅基建处，基建处领导立即采取了安全保卫措施，此时已是凌晨 5 点多钟。30 日上午，一位四川省政协委员到紧邻省委工地的四川省第五人民医院就诊，听说工地发现了乌木并出有器物，他意识到这可能是船棺墓葬，于是把这一情况及时报告了成都文物考古研究所。考古所获悉后当即派员前往工地勘察，确定是一处船棺墓地，速向四川省文物局、成都市文化局文物处报告并申请发掘执照，在获得国家文物局的批准后，随即对墓葬进行了抢救性发掘清理（彩版一）。

发掘工作从 2000 年 8 月 1 日正式开始，至 2001 年 1 月 28 日结束，历时近 6 个月。为了更好地保护、发掘商业街船棺墓葬，成都文物考古研究所专门成立了以蒋成副所长（副研究员）为组长，刘雨茂（副研究员）、颜劲松（副研究员）、陈云洪（副研究员）为副组长的发掘小组，其他考古专业技术人员有周志清（馆员）、王仲雄、程远福、杨彬、陈洪；化学保护人员有肖磷（副研究员）、白玉龙（馆员）、曾尚华、曾帆、刘金；考古绘图人员有曾雾（馆员）、党国平、李福秀；专业摄影人员有李绪成、李升。鉴于商业街船棺墓葬既有体量巨大的棺木，又伴出有保存完好的大件漆木器，应是一处规格较高的墓地，为做好墓葬的发掘清理、文物保护以及资料整理，发掘小组制定了详细的发掘工作计划及针对漆木器等文物的保护预案，在发掘、保护和整理中基本上按计划的时间和步骤进行。

考古队员最初进场时整个工地因修建地下室已开挖至距地表约 4 米深处，基本已到达墓葬的顶部，4 具棺木也已露头。工地北临商业街，其东、西、南三面紧邻四川省省委的宿舍楼，形状基本为方形，长、宽各约 40 米，面积约 1600 平方米。时值盛夏酷暑季节，考古队员们克服炎热多雨的困难，严格按照田野考古发掘操作规程开展工作。首先清理场地，然后在整个工程范围内进行了全面的钻探，根据钻探的情况再行统一布方发掘，最后实际发掘面积近 1500 平方米。由于开始并没有意识到该墓葬是一个多棺合葬墓，所以当初主要是围绕已露出地面的 4 具棺木进行布方发掘，但随着考古发掘工作的进展，以及发掘面积的不断扩大，我们才逐渐认识到商业街船棺墓葬是一个大型的多棺合葬的土坑竖穴墓。在找出墓坑范围并对整个墓葬周围进行了全面发掘后，开始清理墓坑内的填土，直至将填土清理完毕，再开棺清理棺内随葬品。在清理过程中，化学保护人员、考古绘图人员和专业摄影人员同时在场，一边清理，一边采取保护措施，同步进行测量、绘图和摄影，并做好发掘记录工作（彩版二）。在对墓葬清理发掘完毕后，又对墓坑底部进行解剖，并对整个墓底做了全面的钻探，以确认是否还有腰坑，然后再对墓坑边进行解剖，最后在墓坑周围又进行了细致的钻探、解剖工作。

在发掘开棺之前，化学保护人员就已制定了一套针对文物现场的保护方案，即在发掘过程中，一边清理棺木，一边对已出土的随葬器物（主要是漆木器和竹编器）采取临时保护措施，并及时将文物运回库房，由文保室进行进一步的处理：1. 对漆木器即刻进行清洗，然后放入盛有水的容器中避光保存；2. 对于竹编器物，为防止其在水中散解，将其放在垫有海绵的木板上，再覆盖一层海绵，喷水保湿，并喷洒防霉剂。另外在考古发掘的过程中及时对棺木、垫木以及墓葬地面建筑的木质基础等进行现场保护处理，由于棺木尺寸较大，再加上不能搬动，故选用了药物喷涂法来对其进行脱水型处理。到目前为止，出土的漆木器等文物情况稳定，与出土时无明显的变化，在现场保护的棺木等由于处理及时得当，情况也基本保持稳定。

二 保护工作

成都市商业街船棺墓葬的发现，引起了社会各界的高度重视，中央电视台、新华通讯社等重要媒体相继大量报道，引起了国家领导人李岚清副总理的高度重视，并对该墓葬的保护做了重要批示。也正是由于其重要性，商业街大型船棺墓葬被评为2000年的"全国十大考古新发现"，且于2001年7月被国务院批准公布为第五批全国重点文物保护单位。期间，从国家文物局到四川省文物局、成都市文化局，各级领导和有关专家学者无不对成都市商业街大型船棺墓葬的发掘、保护工作倾注和付出了大量的心血和努力。

2000年9月7日上午，在墓葬发掘过程中，时任国家文物局局长的张文彬同志在省文化厅、市文化局领导陪同下视察了发掘工地现场，张文彬局长对该发现给予了极高的评价，指示和要求要发掘、保护好该墓葬（彩版三，1）。2000年10月10日，时任国家文物局考古处处长关强、法制处处长王军受国家文物局领导委托，专程赴成都检查指导工作，指出要严格遵循考古操作规程，努力做好发掘现场的各项资料收集工作，迅速提出对这一重大遗存的保护方案并上报国家文物局（彩版三，2）。另外，中国社会科学院考古研究所、北京大学、四川大学、四川省社会科学院的部分专家学者也曾先后到发掘现场考察指导，其中包括中国考古学会副理事长俞伟超教授、常务理事徐光冀教授等（彩版四，1）。

2001年2月25日，国家文物局组织由国内著名学者组成的专家组亲临遗址现场考察，并于当日下午召开座谈会，参加会议的人员有时任国家文物局文保司副司长的宋新潮、国家文物局政策法规处处长的王军及考古处的刘华彬同志，专家组成员有中国考古学会理事长、中国社会科学院考古研究所原所长徐苹芳教授、中国考古学会副理事长、故宫博物院前院长张忠培教授、国家文物局原副局长、文物专家组组长黄景略研究员，四川省文物局、四川省省委办公厅基建处、成都市文化局、成都文物考古研究所有关负责人与会（彩版四，2）。

与会专家们认为，在成都市的中心部位也即古代成都少城范围内发现战国时期大型墓葬尚属首次。整个墓葬规模宏大，下为墓坑，上有地面建筑，结构极为讲究，而在长、宽各达二三十米的大坑内并列陈放众多船棺葬具，且葬具下铺垫横木的丧葬方式，尤其是在其墓坑上发现的与古代陵寝制度有关的建筑形式在国内考古材料中更尚属首次发现。长达10米以上、最大直径 1.7 米的用整木凿成的船棺，其数量之多、体量之大堪称全国之最。从大型棺木中出土的大件精美漆器色彩亮丽，纹饰斑斓，更是我国战国漆器中罕见之精品，是研究古蜀国漆木器工艺的重要实物资料。这些材料充分显示了墓主在古蜀国作为上层统治人物的崇高社会地位，该墓葬极有可能就是古蜀国开明王朝王族其或蜀王本人的家族墓地。本次发现无疑是 2000 年我国重大的考古发现之一，也是四川继广汉三星堆遗址发现之后古蜀国考古又一重大发现，将为研究古蜀国历史、文化及丧葬制度提供了极其珍贵的实物资料。因此，对商业街大型船棺墓葬的原址保护，对于弘扬古蜀文化，提高成都的知名度将具有重要的意义。

最后，宋新潮副司长在会上指出，商业街战国船棺墓葬遗址考古成果在社会上及学术界引起轰动，各级领导对该遗址的发掘及保护工作也予以高度重视，李岚清副总理对该遗址的保护工作作出了重要批示，国家文物局领导还亲临遗址现场视察，此次受国家文物局领导指派，组成专家组对船棺遗址的保护做了深入调查。对遗址目前的保护工作，宋副司长代表国家文物局综合各方面意见后作出几点指示：四川省文物局应根据国家文物局的要求，尽快做出详细的遗址原地保护方案，并及时上报，以便于国家文物局组织专家评审并批复。另外，成都市文化局应尽快向市政府汇报，请市政府协调有关部门，配合省委办公厅妥善解决遗址现场保护的相关实际问题等。

目前，为了妥善地保护好这一珍贵文化遗产，经国家文物局批准，四川省省委省政府、成都市委市政府现场办公确定了对该墓葬的原址保护方案，并专门成立了商业街船棺墓葬遗址博物馆。同时，为了安全、稳妥地保护好商业街大型船棺墓葬及其出土文物，成都文物考古研究所经请示国家文物局、四川省文物局，多次邀请国内外文物保护专家来现场指导，并派出专业人员赴全国各地考察学习，在充分征求众多专家意见的基础上制定了商业街船棺以及出土漆木器的脱水保护方案。

第二章　墓葬概述

第一节　地层堆积

考古人员最初进场发掘时整个工地因修建地下室已开挖至距地表约 4 米深处，基本已到达商业街船棺墓葬的顶部，4 具棺木也已露头。从工地四周的剖面看，在该墓葬之上地层堆积层次较多，时代特征明显，一共有 6 层，从早到晚主要有汉代、唐宋、明清及近现代时期的地层，分别介绍如下（图三）。

第①层：为现代建筑堆积层，厚约 0.5~1 米。

第②层：灰黑土，夹有石灰颗粒，为近代建筑堆积层，距地表深约 0.5~1、厚约 0.5~0.8 米。

第③层：灰黄土，土质疏松，为明、清文化层，距地表深约 1.1~1.7、厚约 0.5~1 米。

第④层：黄褐土，土质疏松，为唐、宋文化层，距地表深约 2~2.6、厚约 0.55~1.4 米。

第⑤层：浅黄土，土质紧密，亦为唐、宋文化层，距地表深约 2.6~3.35、厚约 0.6~1.5 米。

第⑥层：浅黄褐土，土质紧密，为汉代文化层，距地表深约 4.05~4.15、厚约 0~0.9 米。

第⑥层下为黄褐色的生土层。

墓葬（编号：2000CSSM1）就开口于第⑥层下，并直接打破生土层，墓口距地表深约 3.8~4.5 米。另外在第⑥层下还有一大型的灰坑（编号：2000CSSH1）打破墓葬程度较严重，从灰

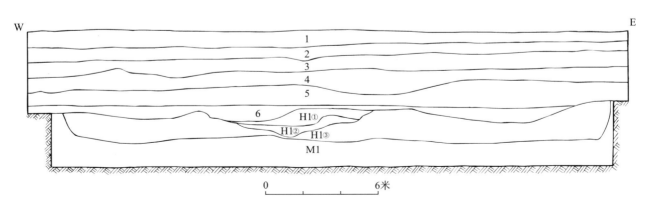

图三　船棺葬地层关系复原示意图

坑的分布以及对墓葬的破坏程度来看，它明显属于墓葬的盗坑。坑内堆积可分为三大层，最下层（第③层）出土有大量的人骨、兽骨、漆木器残块以及陶片等，这些出土物大部分都是墓葬的随葬器物，它们很有可能是盗墓时从棺里取出并被破坏的。其余的一些出土物明显不属于随葬器物，其中有第③层出土的西汉早期的釜形鼎（图四，1～3），第②层出土的西汉晚期的卷沿盆、圜底釜（图四，4、5），第①层出土的东汉中晚期的折腹钵、罐、灯（图四，6～9）、筒瓦（图五，1）、瓦当等（图五，2、3），表明此墓葬至少在西汉早期就已被盗掘，但盗坑直至东汉晚期甚或更晚才逐渐地被填平。

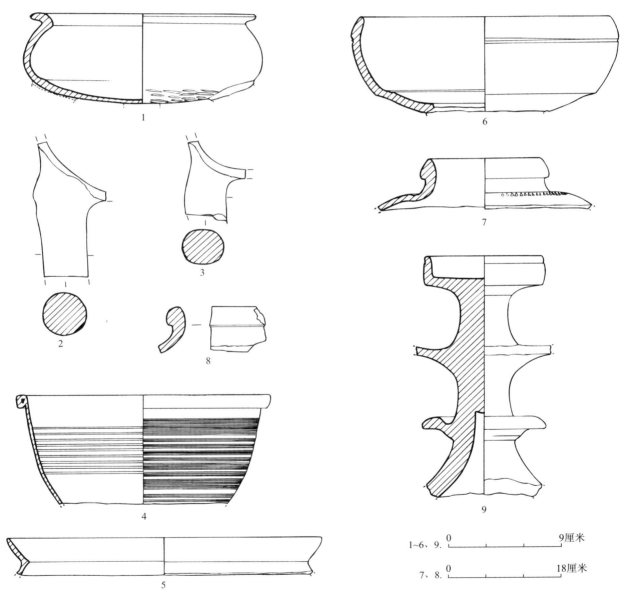

图四　H1 出土陶器

1. 釜形鼎（H1③∶1）　2、3. 釜形鼎足（H1③∶2、H1③∶3）　4. 卷沿盆（H1②∶6）　5. 圜底釜（H1②∶10）
6. 折腹钵（H1①∶8）　7. 罐（H1①∶9）　8. 罐（H1①∶4）　9. 灯（H1①∶11）

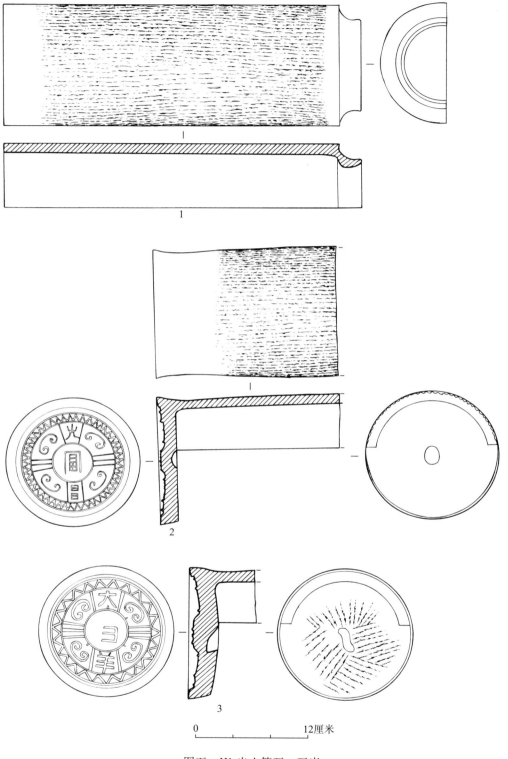

图五　H1 出土筒瓦、瓦当

1. 筒瓦（H1①：5）　　　2、3. 瓦当（H1①：12、7）

第二节　墓葬形制

一　墓葬概况

此墓葬是一座大型的多棺合葬的土坑竖穴墓，平面呈长方形，墓向240°，为东北—西南向。在墓坑中共发现船棺、匣形棺等木质葬具17具（编号：2000CSS 1 ~ 17 号棺，以下简称1 ~ 17 号棺），所有葬具均由棺盖和棺身两部分组成，随葬器物基本都放置于其中。葬具的方向都和墓坑一致，平行排列于墓坑之中，这些棺木都是一次性葬入坑内的，棺木所属树种经过鉴定均是桢楠。在墓坑底部，棺木之下共有约15排排列整齐的枕木。墓坑内共有3层填土，将棺木覆盖。从现有发掘情况来看，该墓葬没有墓道，其上也没有封土，只在墓坑周围发现了一些具有一定分布形状和规律的基槽和木质基础，如地栿、柱础等，这充分说明当时在墓葬之上还分布有地面建筑（彩版五、六）。

墓葬曾遭到严重的盗掘和破坏，我们推测整个墓葬若不遭破坏，葬具总量应超过32具。在现存的17具葬具中，1、2、8、9、10、11号等6具棺木均保存有棺盖和棺身，相对较完整，但1、2、10、11号棺的棺盖上还是发现有盗洞，只有8、9号棺没有发现，说明没有被盗过。其余棺木中除了3、4、5号棺还残存有棺盖外，其他的破坏都较严重，没有棺盖，仅有棺身，有的甚至棺身也只残留一部分，尤其是6、7号棺。更有甚者，13号棺中部被砍断，只剩下前后两部分。棺木之下的枕木有的也被砍断。在H1的底部填土中，发现有不少的小型骨器饰件、铜器以及许多大型漆器的残块等，这些器物应是盗掘墓葬时被取出棺外遭到破坏后才遗弃在坑内的。

二　墓坑

墓坑为直壁平底，长约30.5、宽约20.3米，面积约620平方米，坑口距地表深约3.8 ~ 4.5 米，墓坑残深约2.5米。墓壁没发现有明显的加工痕迹。坑内填土从上到下可分为3层，处于坑底的填土为第③层，厚约1.1米，为青膏泥，略夹沙，但土质硬实，并发现有夯层，其层表较为平整，且含沙量更重。另外，在这一层的层面上发现有大量的碎木屑，墓坑内大部分地方都有这种情况，推测这可能与棺木的加工有关。枕木就放置在此层填土之上，然后在枕木的上面再直接放置大型的棺木，大型棺木两侧一般都有数根直径约30厘米的立柱（现存最高的也有近3米），有的棺木前也有类似的立柱，但直径要小得多。小型棺木是在将第②层填土填到一定高度之后再放置上去的，目的主要是为了让所有棺木的高度基本保持一个水平面上。在放置好小型棺木之后才开始填第①层土。第①、②层填土均为较纯净的青膏泥，其土质紧密，黏性大，这两层填土现保存最厚的约有2.4米，所有棺木周围都是满填这种青膏泥土，因此棺木及棺中漆木器等随葬器物均保存较好。对填土的发掘情况说明所有的棺木都是一次性有序放置于墓内的。从墓坑底部发现有大量的碎木屑，以及在很多船棺两侧的半圆形孔洞中还存有碎木屑的情况表明这些棺木可能是在经初步修整后就预先放入墓坑内再经过最后的加工成形的，这也从另一个方面解释了为什么在大型棺木两旁还分布有大型立柱的问题，这些立柱应是用于吊装棺盖的。棺木下的枕木也排列得相当整齐、有序，约有15排，枕木的直径大小也基本一致，但长度不一，其直径约在0.35~0.4米之间，长度最长的约有5米，枕木间距约1~2米。在许多枕木的一端都被加工成船头上翘状，并凿有一孔或双孔，应为便于系绳拖运之用，另外在大部分船棺一端，以及一些方木上的半圆形孔洞也应该是起同一作用的。另外，在一些枕木或方木的一端还刻有符号，其意义不得而知（图六；彩版七）。

值得一提的是在墓坑中部偏南放置有一长约13.65、宽0.9、高0.5米的大型长方形整木，该方木的西端也同样被加工成船头上翘状，其上两侧也凿有双孔，东端有被破坏和砍断的痕迹，说明方木还应较现在更长一些。基本上以此方木为界，将墓坑分成了前、后两部分。在墓坑的后半部分，即方木以北棺木的分布情况比较清楚，主要放置有7具大型的棺木，其中包括第1、2、12号三具棺木，此外根据墓坑内棺木两侧残留的立柱判断在1号棺和12号棺之间还应另有4具大型的棺木，但已经被破坏殆尽。

图六　枕木及方木上的刻划符号拓片

还有，在墓坑的东北部，12号棺东侧分布有8、9、10、11号棺，以及在墓坑的西北部，2号棺西侧分布有15、16、17号棺。在墓坑的前半部分，即方木以南，由于破坏较为严重，只保存有3、4、5、6、14号棺，3、5号棺直接叠压在4号棺之上。从现有的情况来看，在墓坑的前半部分除了13号棺外并没有放置其他的大型棺木，13号棺分布在墓坑的东侧，方木以东，在13号棺的北端棺木上还发现有残断的7号棺（此棺可能是从其他地方破坏至此的）。在墓坑中部，方木与大型棺木之间，枕木之上又放置有8根条形的小型方木，这些方木前面压在大型方木之下，后面正好抵住棺木，且排列整齐，间距有规律，约1.5~2.5米，方木最长约3.4米，边长约0.2米，但其中大多也在盗墓时被砍断。这部分空间估计也与墓葬的结构有关，但并不适合放置棺木，有可能是用于摆放一些祭祀物品的（图七、八）。

三　墓上建筑

在墓坑周围还分布有一些具有一定分布形状和规律的基槽和木质构件，如中空的柱础、上带榫头的条形地栿等（这些地栿应当属于建筑的墙基部分），这些都说明了当时在此墓葬之上还应有地面建筑。从现有的遗迹现象和发掘情况分析，该地面建筑是在墓坑填完土之后，再行开挖基槽，铺设地栿后开始起建的。从现有基础来看，建筑总长约38.5、宽约20.5米，面积约789平方米，可分为前、后两部分。推测建筑是供祭祀所用，它应该跟古代陵寝制度有关。

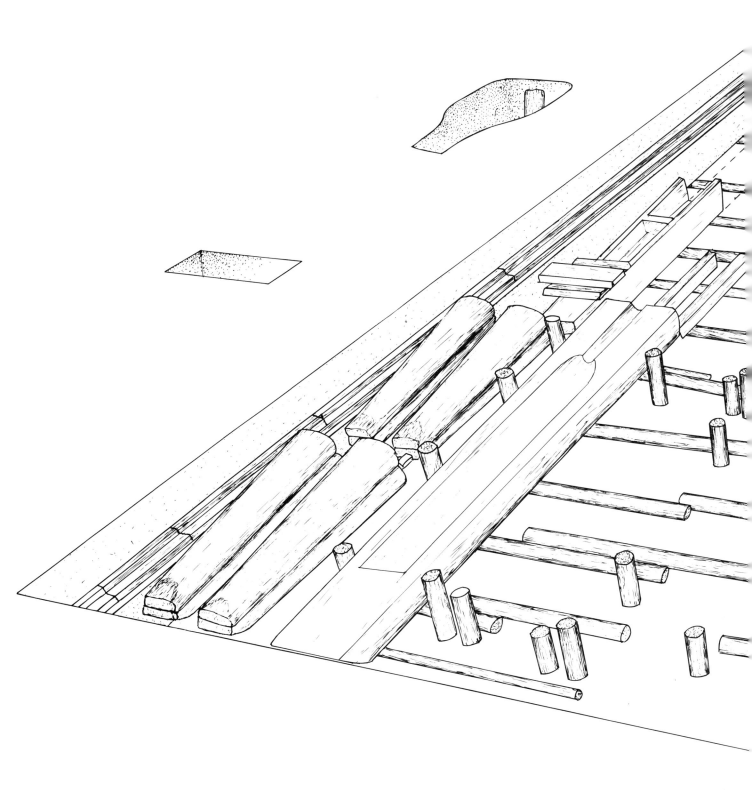

图八　船桅

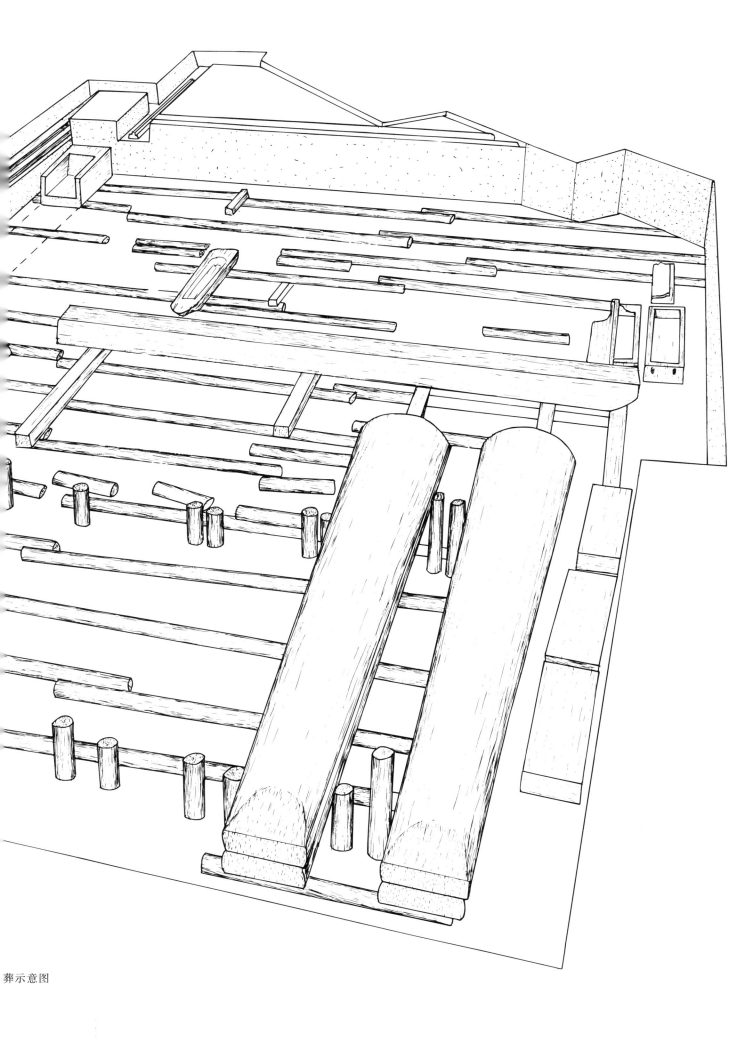

葬示意图

此建筑的前部位于墓坑的南边，其基槽和地栿呈长方形分布，东西长约15、南北宽约7.5米，面积约112.5平方米。在其东、西两侧还另有各长约3.5、宽约2.5米的两室，即建筑的边厢（由于破坏和发掘场地有限，西室未能发掘出来），边厢面积约8.75平方米。木质地栿宽约0.35~0.4、高约0.3米，长度不等，基本在1.5~9.5米之间，放置于事先挖好的基槽底部，基槽宽约0.7~1.2、残深约0.9米。在前室的南部还发现一木质柱础，编号为1号柱础，由一圆木四周经过简单的加工，中部凿一直径约0.4米的圆孔而成，残高约0.5米，其下再放置一块长约1.95、宽约0.8、厚约0.2米的木板用以承重（彩版八；彩版九，1）。

建筑的后部正好坐落在整个墓坑口上，范围与之也基本相等，其条形地栿分布在墓坑的周边，但只在沿墓坑东侧一线有发现，在墓坑的西、北两侧由于发掘场地所限以及墓葬遭到破坏，没有发现地栿。在墓坑东侧发现的地栿与建筑前室最东侧的地栿连为一体，也是事先挖好基槽，再放置进去的，其北端还在继续往前延伸，同样也因为场地所限，尚无法发掘。

另外在墓坑东侧以外还发现三个与1号柱础一样的木质柱础，但规格较1号柱础要大一些，分别编号为2~4号柱础，它们基本呈直线分布于墓坑东侧，距离建筑东侧基槽约3.5米，应该属于建筑的大型柱础。2号柱础在建筑施工过程中已被挖掉（该柱础尚保存在发掘工地），4号柱础也已在汉代以前遭到破坏，但还残留有基础坑和垫板，垫板上仍能见到柱础的压痕。现以保存较好的3号柱础为例介绍。3号柱础位于2号柱础和4号柱础之间，形状不很规则，长约1.05、宽约0.7、高约1.72米，中间的圆形柱洞贯穿整个柱础，其上大下小，直径约0.22~0.45米。柱础的下端也凿有方形双孔，也应是作系绳拖运之用。其基础坑为一个圆角方形坑，边长约2.4米，与其他柱础坑不一样，它还带有一个坡道，坡道长约2.8、宽约1.2米，坡道上残留有两根垫木，应与运置柱础有关。柱础下的垫板用以承重，长约2.42、宽约0.97、厚约0.3米。为了保证柱础的水平，垫板还被修整过（图九；彩版九，2）。

值得一提的是，就在墓坑以西约10米处，距离3号柱础约6米的地方，又发现了5号柱础及其下面的垫板，但是由于破坏，该柱础只残余了一小截，只有垫板保存还较完整，其规格与2~4号柱础的大小一致，但是方向却与其他三个柱础的并不一样，略呈南北向分布，明显感到5号柱础与前四个柱础并不属于同一个建筑，而这就意味着在M1以东很有可能还有另外同样的建筑，甚至墓坑。当然这些只能留待将来进一步的考古工作来加以证实。

四　葬具类型

出土葬具共有17具，其中除两具为专置随葬品的木棺，以及另有5具棺木因破坏严重没有发现人骨外，其余的10具棺木均是一棺葬一人，另外加上通过对在H1扰土中采集到的人骨的鉴定至少个体人数为20个。据此推测，如果整个墓葬如不遭到破坏，其葬具总量至少为32具。在现存葬具中，有6具棺木保存相对较完整，但其中只有8、9号棺没有被盗，1、2、10、11号棺都发现有盗洞。其余葬具中除了3、4、5号棺还残存有部分棺盖外，其他破坏都较严重。根据棺木形制的不同，这些葬具可分为船形棺和匣形棺两大类。

（一）船形棺

即船棺，包括1、2、8~14号等9具棺木，都由棺盖和棺身两部分组成，棺盖和棺身形制

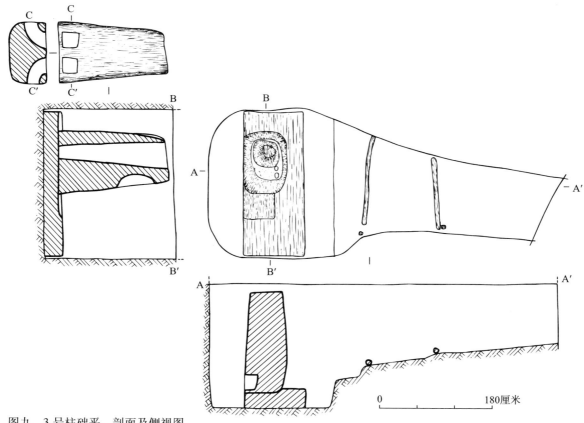

图九　3 号柱础平、剖面及侧视图

基本一样，上、下两部分对扣在一起，成为一个完整的船棺。其制法是各将一根圆木去掉三分之一，将剩余的三分之二挖空中心部分，剜凿而成，形似独木舟。船舱即为棺室，棺室内壁加工极为平整，但棺的外侧大都只是稍作加工，在棺的前端由底部向上斜削，略为上翘，有如船头，在其两侧各凿有一个半圆形的孔洞，孔洞斜穿至棺面上。其中除 9、11 号两棺专置随葬品，以及 12、13 号两棺因破坏严重没发现人骨外，其余 5 具棺都发现有人骨，其中 1、10 号棺因扰乱严重而使其葬式不清，只有 8 号棺未被盗过，可以明确为二次葬，还有 2 号和14 号棺虽被盗过，但棺内并没有受到过多严重的扰动，仍能从骨骼上判断其葬式为二次葬，其骨骼均散乱地摆放在一起，且都有不同程度的缺失，但头骨基本都有，所以也可称为捡骨葬，船棺中没发现有一次葬。棺中出土随葬器物相当丰富，种类有陶、铜、漆、竹木器等。船棺有大型船棺和小型船棺之分，根据棺木体量以及结构的一些差异，船棺可细分为四型。

　　A 型　2 具，包括 1、2 号棺。为最典型的船棺，皆体形巨大，制作讲究。在前端由底部向上斜削，略为上翘，有如船头，在其两侧各凿有一个半圆形的孔洞斜穿至棺面上。在棺盖的尾端，有一圆孔，从头端直通内空，孔内又塞入一圆木（图一〇）。

　　B 型　1 具，即 13 号棺。亦为大型船棺，但形制与 A 型船棺不完全一样，其长度更长一些。其次，其棺盖是一种带榫头的长方形盖板（但其缺失的其余棺盖是否也是这种盖板尚不清楚），这与其他船棺棺盖并不一样。其棺室被分隔成几部分，现存有两部分，但可能原有前、中、后三室。棺木被破坏较为严重，只保留了几块棺盖，棺身中部也被锯断，只剩下前

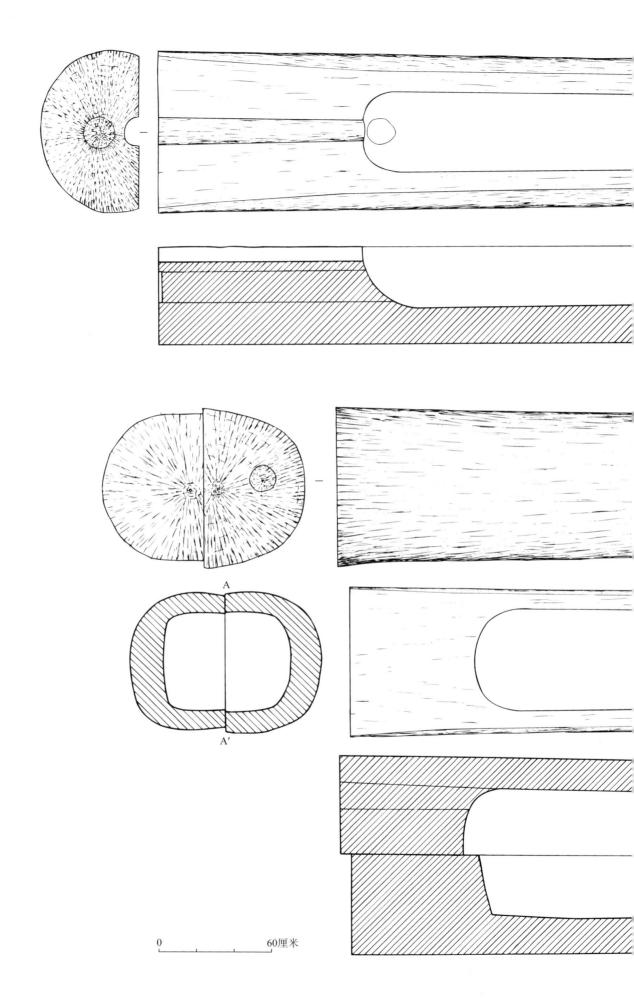

0　　　　　　　　60厘米

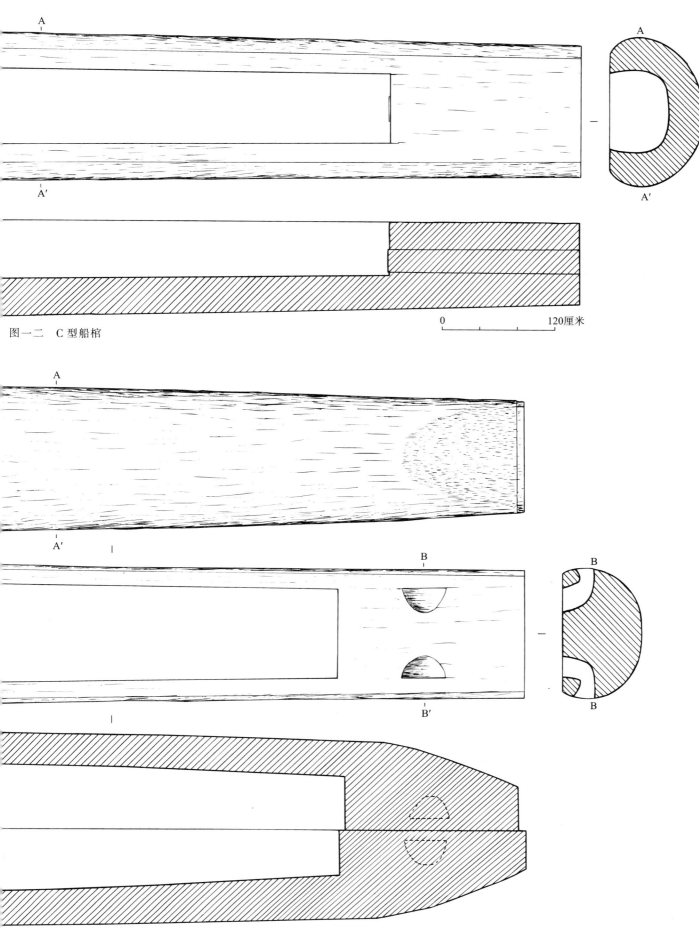

图一二 C 型船棺

0   120厘米

图一三 D 型船棺

后两部分。在棺身南部有一方槽，槽中再塞入方木（图一一）。

C 型　1 具，即 12 号棺。亦为大型船棺，但其形制与其他船棺稍不一样，棺的两头平整，其前端没有上翘且两侧也没凿孔。破坏也较严重，只存有棺身，不见棺盖。在棺身两头各凿有一圆孔，孔内塞入圆木（图一二）。

D 型　5 具，包括 8～11、14 号棺。其形制与 A 型船棺一样，但体量要小得多。棺木前端由底部向上斜削，略为上翘，在其两侧各凿有一个半圆形的孔洞斜穿至棺面上。在棺盖南端有一圆孔与棺室相通，孔内亦塞入圆木（图一三）。

（二）匣形棺

因棺木形似木匣，故称匣形棺。包括 3～7、15～17 号等 8 具棺木，亦由棺盖和棺身两部分组成，其棺身和棺盖也分别由一块整木加工而成，但形制与船棺大相径庭，体量也要小得多。与船棺相反，在匣形棺中除 6、7、17 号棺因破坏严重没发现人骨外，其余 5 具都是一次葬，皆为仰身直肢。与船棺中丰富的随葬器物相比，匣形棺所出器物数量相对较少，只随葬陶器，铜器很少见，不出漆木器，有的棺木甚至就没有随葬器物。根据这些现象，以及结合棺木的形制规格、下葬情况等分析这 8 具匣形棺其性质有可能为殉葬或陪葬棺。从形制的一些差异又可将匣形棺分为两型。

A 型　5 具，包括 3～7 号棺。其棺身是用一块整木挖空做成，四角有把手且与棺连为一体，平底，棺外壁稍有弧度。棺盖也用整木做成，四角仍有把手，盖背略弧，与棺身以子母榫相扣（图一四）。

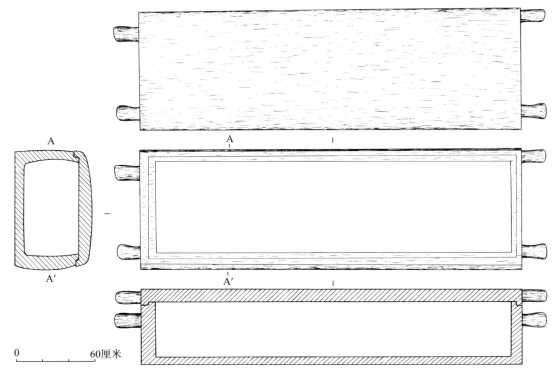

图一四　A 型匣形棺

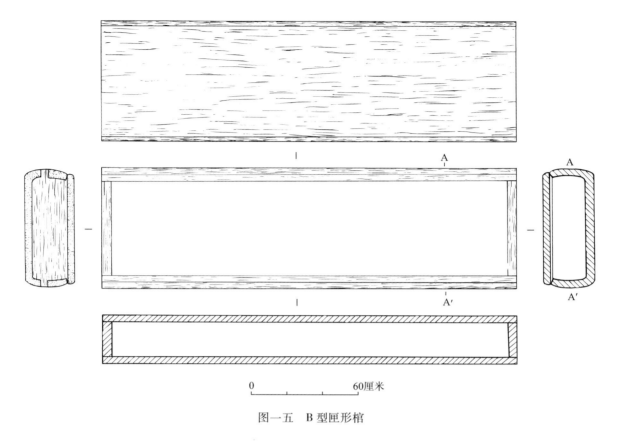

0   60厘米

图一五　B 型匣形棺

　　B 型　3 具，包括 15～17 号棺。比 A 型匣形棺还要小一些，其制作较为简单，棺身除两端挡板外，其余部分也是由一块整木剜凿而成，棺外壁略弧，两挡板也是由整木做成，挡板两侧各作一子榫与棺壁套合，外部整齐。棺盖为一木板，平盖在棺身之上，大小与棺口一致（图一五）。从 15 号棺的情况看，整个棺身连同棺盖都是经过竹席紧紧包裹，并用几圈竹篾捆扎后下葬的。

第三章　随葬器物类型概述

虽然商业街船棺墓葬曾经遭到很严重的盗掘和破坏，墓中所存的 17 具葬具都存在不同程度的损坏，多数也曾经被盗，但还是有多达 6 具以上的葬具保存相对完好，在棺里出土了丰富的随葬器物。另外在 10 号和 13 号棺之间的第 1、2 层填土中出土了 3 件陶器，其中有 2 件瓮和 1 件平底罐，瓮内皆放置有兽骨，它们应是在墓葬下葬过程中有意放入填土中的。随葬器物共计 295 件，计有陶器 106 件，铜器 20 件，漆、竹木器 163 件，角器 1 件，料珠 1 件，葫芦芋 2 件，植物果核 2 件。

9 具船棺中，除 13 号棺不出器物外，其余棺木内的随葬器物都相当丰富，其中陶器 83 件，铜器 18 件，另外还出有大量精美的漆木、竹器，共有 163 件，包括角器、料器等船棺中所出随葬器物总计 269 件。与船棺中丰富的随葬器物相比，8 具匣形棺中只有 4 具棺木出随葬器物，数量仅有 23 件，而且只随葬陶、铜器，不出漆木器，其中陶器 20 件，铜器 2 件，还有 1 件葫芦芋。

第一节　陶　器

陶器共计 106 件，器类有瓮、平底罐、圜底釜、圈足豆、尖底盏、器盖等。均为夹细砂灰陶，陶器制法为泥条盘筑再加上慢轮修整，在很多器物上尤其是瓮、平底罐以及器盖的内外壁上还可以清楚地看到慢轮修整的痕迹。陶器纹饰很简单，有绳纹、篮纹、弦纹、压印纹等，其中绳纹主要分布在圜底釜上，篮纹主要在瓮上，弦纹主要在圈足豆上。很多陶器像瓮、器盖等器形比较特别，也没有明显使用过的痕迹，数量相对其他器物要多，在每个瓮中还发现有不少的粮食遗骸、植物果核或者动物骨骼等，很有可能是专为这座墓葬烧制的。

瓮　33 件。从有无双耳和口、颈部的差异可分为二型。

A 型　31 件。肩部有两桥形耳，口微侈，尖圆唇，束颈，鼓肩，鼓腹内收成小平底。有的在肩、腹部饰有篮纹，也有通体素面的。出土时瓮里都装有粮食遗骸、植物果核或动物骨骼。从有些棺木出土的情况看，A 型器盖放在双耳瓮之上，两者应是配套使用的。如标本 1 号棺：5（图一六，1）。

B 型　2 件。肩部无双耳，侈口，方唇，短颈，鼓肩，鼓腹，小平底。一件腹饰篮纹，另一件仅在肩部饰一周压印纹。如标本 12 号棺：6（图一六，2）。

平底罐　7 件。从口、颈部的差异可分为二型。

A 型　5 件。侈口，方唇，束颈，溜肩，斜腹，平底。肩饰一周凹弦纹，另在肩腹间饰有

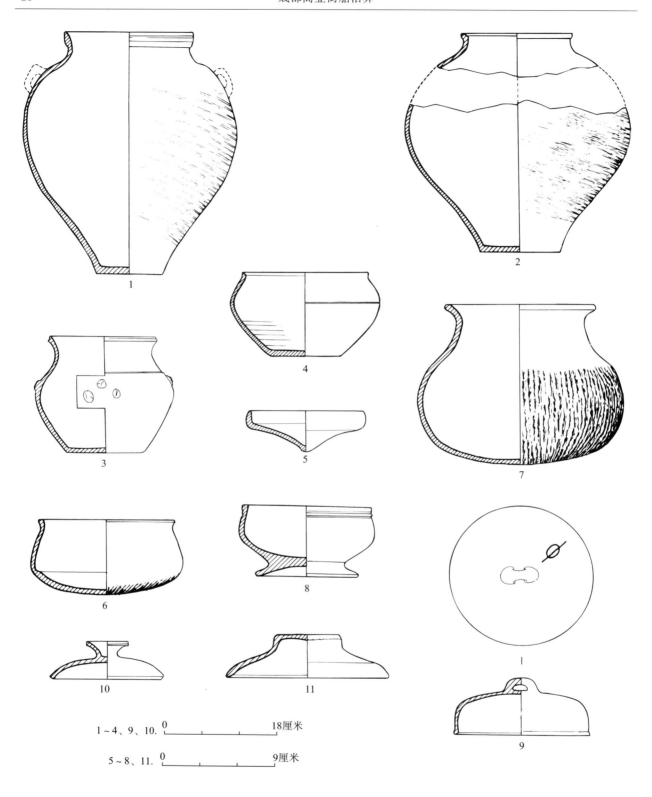

1~4、9、10. 0 ⊢━━━━━━━┤ 18厘米

5~8、11. 0 ⊢━━━━━━━┤ 9厘米

图一六　随葬陶器

1. A 型瓮　2. B 型瓮　3. A 型罐　4. B 型罐　5. 尖底盏　6. A 型圈底釜　7. B 型圈底釜　8. 圈足豆

9. A 型器盖　10. B 型器盖　11. C 型器盖

对称的乳丁纹，其中有 3 件器物只在两侧各有一个对称的乳丁，另有 2 件器物是肩腹四周各有两组对称的乳丁纹，其中一组只有一个乳丁，另一组则有 3 个乳丁。从出土情况看，A 型平底罐是和 B 型器盖配套使用的。如标本 1 号棺：44（图一六，3）。

B 型　2 件。敛口，圆唇，无颈，溜肩，鼓腹斜收至平底。肩饰一周凹弦纹。如标本 1 号棺：19（图一六，4）。

尖底盏　17 件。口微敛，圆唇，圆肩，弧腹，尖底。如标本 1 号棺：10（图一六，5）。

圜底釜　7 件。从器形和颈、腹部的差异可分为二型。

A 型　1 件。器形较小。圆唇，口微侈，无颈，溜肩，弧腹，圜底。底部饰绳纹。标本 5 号棺：9（图一六，6）。

B 型　6 件。器形略大。圆唇，侈口，束颈，溜肩，扁腹，圜底。有的在腹部及底部饰有绳纹。如标本 5 号棺：8（图一六，7）。

圈足豆　2 件。方唇，口微敛，弧腹略深，圈足较矮。口部饰两周凹弦纹。如标本 5 号棺：2（图一六，8）。

器盖　40 件。从纽、壁等部位的差异可分为三型。

A 型　28 件。桥形耳纽，直壁。方唇，口近直，顶略弧。有的器盖上有红彩绘制的符号。从有些棺木中 A 型器盖是扣在双耳瓮上共出的情况说明两者是配套使用的。如标本 1 号棺：29（图一六，9）。

B 型　8 件。圈纽，弧壁。方唇，敞口，弧顶。从出土情况看，B 型器盖是和 A 型平底罐配套使用的。如标本 1 号棺：1（图一六，10）。

C 型　4 件。饼形纽，斜壁。方唇，敞口，顶近平。如标本 10 号棺：4（图一六，11）。

第二节　铜　器

铜器共计 20 件。由于被盗和破坏的原因，墓葬中所出的铜器相对其他随葬器物数量要少，种类也不多，也没有发现稍大型的铜器，其中 1 号棺出土的铜器数量最丰富，占了整个墓葬铜器的一半以上。铜器中有几件还是专门用作随葬明器使用的兵器，非实用器，制作简单、粗糙。铜器种类有矛、戈、钺、斤、削刀、带钩、印章、饰件等。

矛　1 件。通体极薄，形体也较小，应为冥器，而非实用器。标本 1 号棺：49（图一七，1）。

戈　3 件。均为巴蜀式戈，从形制上的差异可分为二型。

A 型　2 件。器身皆极薄，显非实用器，如标本 1 号棺：50（图一七，2）。

B 型　1 件。为实用器，但援部残断。刃上两面均有纹饰。标本 1 号棺盗洞：1（图一七，3）。

钺　1 件。曲刃，微束腰，銎孔为椭圆形。标本 1 号棺盗洞：2（图一七，4）。

斤　1 件。方銎而身条长，刃口部分略宽。标本 1 号棺：27（图一七，5）。

削刀　3 件。有环耳，刃部较短，直柄。如标本 1 号棺：52（图一七，6）。

带钩　1 件。整体细长，呈鸭形，长颈，窄腹。标本 3 号棺：1（图一七，7）。

印章　4 枚。从形制上的差异可分为两型。

图一七 随葬铜器

1. 矛 2. A型戈 3. B型戈 4. 钺 5. 斤 6. 削刀 7. 带钩 8. A型印章 9. B型印章 10. 饰件

A 型　3 枚。为方形印章，器身均为近方扁形，有纽，所铸内容皆为"巴蜀"符号。如标本 12 号棺：8（图一七，8）。

B 型　1 枚。为纺轮形印章，截面为梯形，底部有阴刻符号。标本 1 号棺：55（图一七，9）。

饰件　6 件。均为小型铜饰，其中有 2 件锈蚀严重，不辨其形，其他的也形制不一。如标本 1 号棺：35（图一七，10）。

第三节　漆木、竹器

漆木器、竹器共计 165 件，均出于船棺。漆木器按其用途可分为家具、生活用具、乐器和兵器附件等，但其中绝大部分都是家具、生活用具，如床、案、几、俎、豆、盒、簋、伞、梳、笸，乐器能被确认的有鼓、芋、鼓槌、编钟（磬）架，兵器附件有戈柲、矛杆。此外，在随葬器物中还常见有竹编器，如席、笆、筐、篓，以及草垫等，其中竹筐大多是包在双耳瓮上的，但也有一些是专置粮食遗骸、植物果核或动物骨骼的。

与陶器、铜器等相比，出土的漆木器要精美许多，显得更为耀眼，它们不仅数量多，而且保存相对完好。漆器均为木胎漆器，胎体都比较厚实，木胎的制法主要分为斫制、挖制和雕刻三种。有些器物是分别制作构件，然后用榫卯接合而成，如床、案、几等。木胎制成后，在黑漆底上朱绘纹样，彩绘的方法均为漆绘，绘画方法多是单线勾勒再加填涂，大部分器物只在器表外侧髹漆，很少也在器内侧髹漆的，纹饰也同样如此。纹饰种类主要是成组的蟠螭纹和回首状龙纹两种，以及少量的窃曲纹，有的漆木器上还有许多刻划符号，这主要分布在一些器物的构件上。

在这里需要说明的是，漆木器中如床、案、几等大型器物都是组合拼装而成的，其构件在下葬时都被拆成了散件，有的甚至分别放在了不同的棺木内，因此在出土时，我们均是按照散件进行统计和编号的。由于墓葬曾遭到了很严重的盗掘和破坏，很多棺木及其随葬器物已不存，这就给后期整理中漆木器的拼复工作带来了不少的困难，但通过努力，我们仍成功拼复了一些器物，所以它们的件数也是经过拼复后统计的结果。

漆床　2 件。从形制的差异可分为二型。

A 型　1 件。床的四角无立柱。由标本 2 号棺：1、3、5、6、7、8、20 等组合而成（图一八）。

B 型　1 件。床的四角有立柱，上有床顶盖。由标本 2 号棺：2、4、10、11、14、15、33、35、54、55、56、60、62、63、64、66、67、72、73、74、75、76、78、84、85 等组合而成（图一九）。

漆案　3 件。从形制的差异可分为三型。

A 型　1 件。圆形案。由标本 1 号棺：18、38、41 组合而成（图二〇）。

B 型　1 件。长方形案。由标本 2 号棺：9、13、16 组合而成（图二一）。

C 型　1 件。长方形案，与 B 型漆案相近，只是面板不太相同。由标本 2 号棺：19 和标本 9 号棺：14 等组合而成（图二二）。

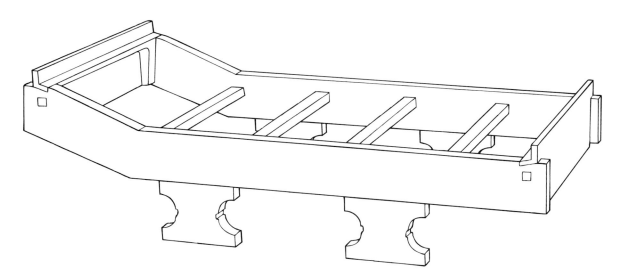

图一八　随葬 A 型漆床复原示意图

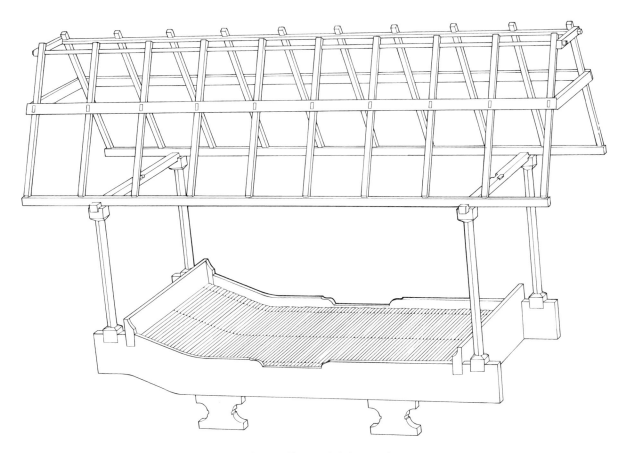

图一九　随葬 B 型漆床复原示意图

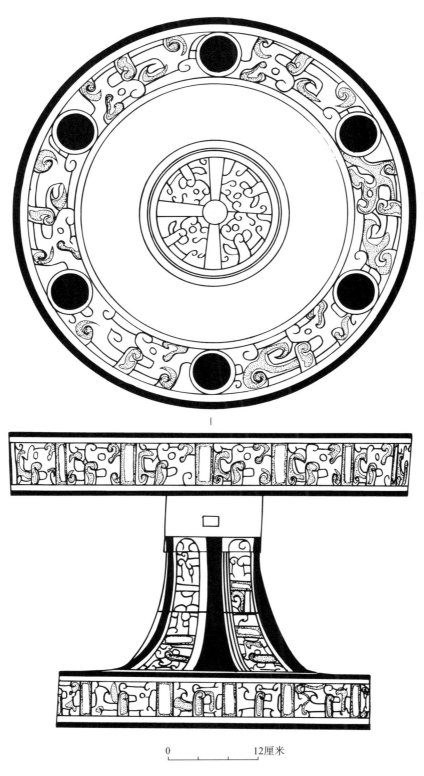

0　　　　　　　　12厘米

图二〇　随葬 A 型漆案

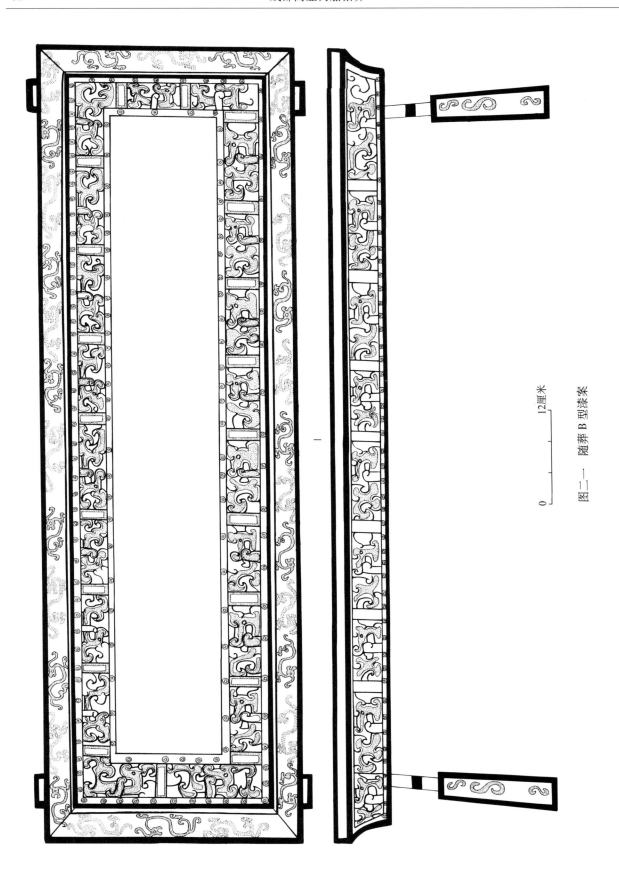

图二一　随葬 B 型漆案

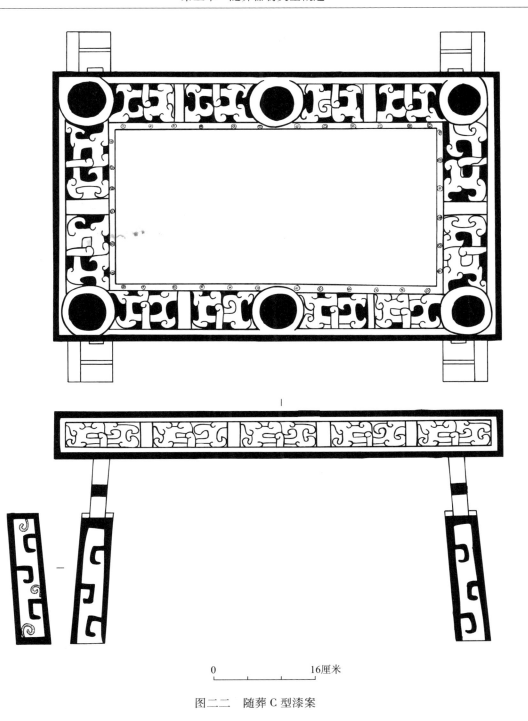

0　　　　　　　　　　16厘米

图二二　随葬 C 型漆案

　　漆几　1 件。面板居中，两侧各立一几足，从侧面看恰似"H"形。由标本 1 号棺：39 与标本 2 号棺：21、32 组合而成（图二三）。

　　漆俎　5 件。从形制的差异可分为 A、B 二型。

　　A 型　3 件。面板为平面长方形，面板底部三边起沿成直壁，该沿部应起俎足的作用，其左右两侧稍宽。如标本 2 号棺：36（图二四）。

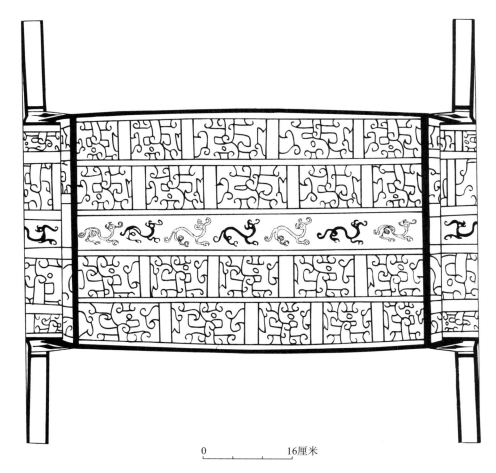

0 |_____| 16厘米

图二三　随葬漆几

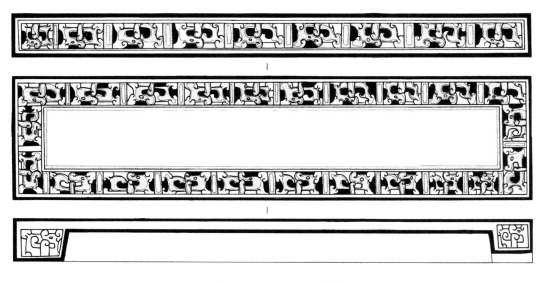

0 |_____| 20厘米

图二四　随葬 A 型漆俎

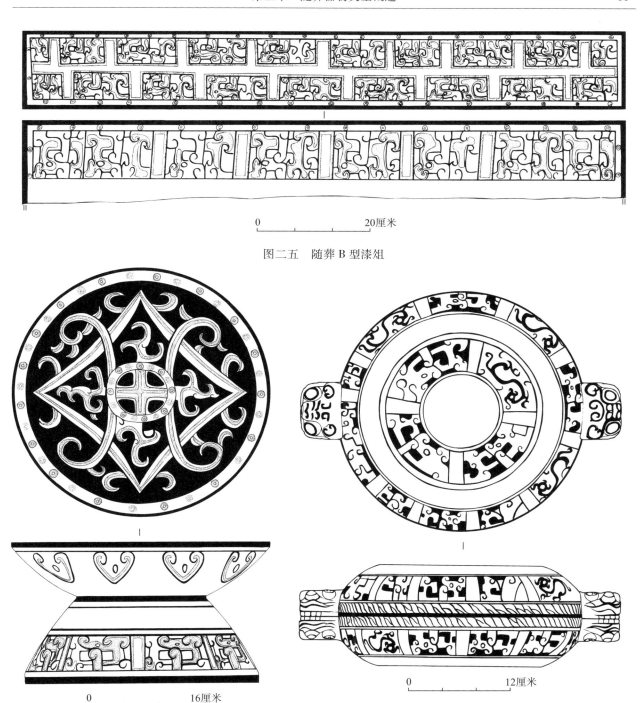

图二五　随葬 B 型漆俎

图二六　随葬漆豆

图二七　随葬漆盒

　　B 型　2 件。器形较 A 型稍高，面板为平面长方形，器底的左、右及后侧三边起沿成直壁，中部有一凸出的直板。如标本 2 号棺：22（图二五）。

　　漆豆　1 件。敞口，浅盘，底近平，大圈足。标本 2 号棺：30（图二六）。

　　漆盒　1 件。可分为盖、身两部分。圆口，内底略弧，外底较平，两侧各有一对称的虎头双耳。由标本 2 号棺：28、51 组成（图二七）。

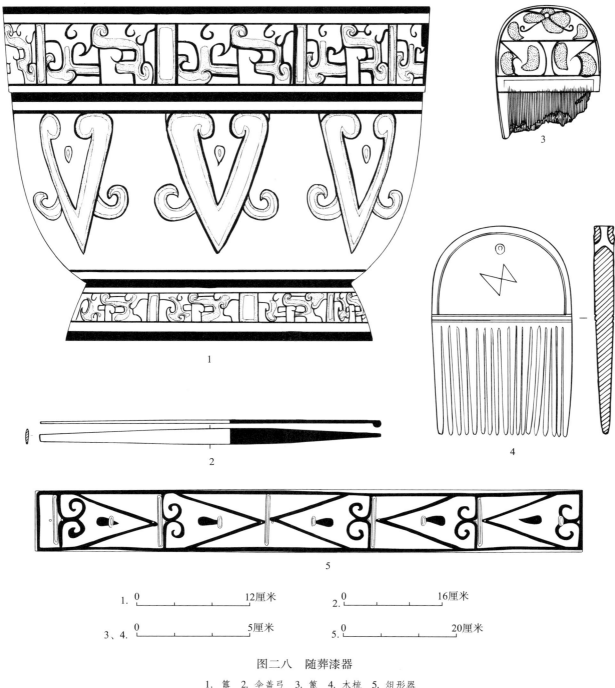

图二八　随葬漆器

1. 簋　2. 伞盖弓　3. 篦　4. 木梳　5. 俎形器

漆簋　1件。敞口，无沿，斜腹较深，下有圈足，内置一圆木板作底。由标本2号棺：23、39组成（图二八，1）。

伞盖弓　5件。形体扁平窄长，中部稍宽，上端平整，可接伞顶，末端呈倒钩状。如标本8号棺：15（图二八，2）。

漆篦　1件。平面呈长方形，上为弧形，侧面为锥形，齿甚细密。标本8号棺：30（图二八，3）。

　　木梳　2 件。器形略小，平面呈长方形，上为弧形，下呈方形，侧面均为锥形。如标本 8 号棺：7（图二八，4）。

　　俎形漆器　1 件。形体狭长，有两足，形似俎，可能为乐器的冥器。面板微凸，上有间距有规律的条形或椭圆形的槽子以及圆孔，其中有的穿透器身。标本 8 号棺：5（图二八，5）。

　　漆器座　5 件。从形制的差异可分为三型。

　　A 型　1 件。器形较大，平面为长方形，可分为上下两部分以榫卯相接，器座上部有一长方形榫头，应是悬挂乐器（如编钟或磬）的架子基座。标本 1 号棺：40（图二九）。

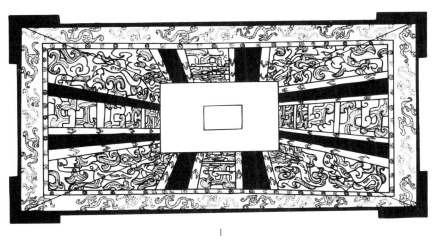

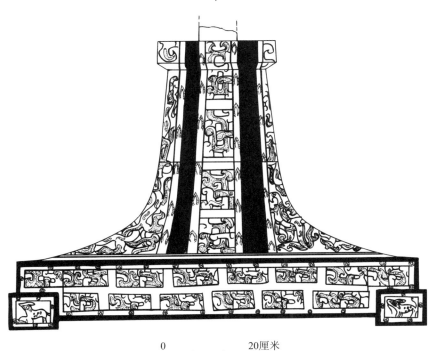

0　　　　　　　　20厘米

图二九　随葬 A 型漆器座

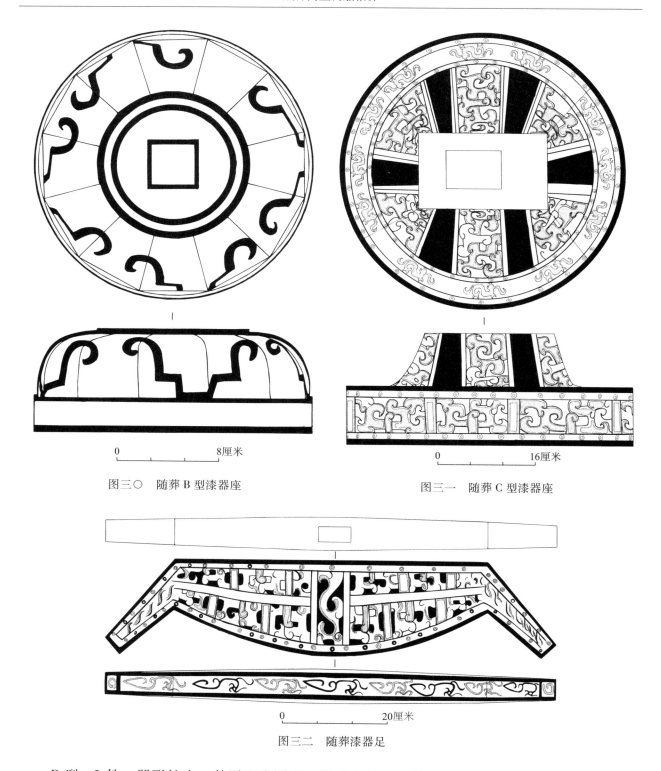

图三〇　随葬 B 型漆器座

0　　　　　　8厘米

图三一　随葬 C 型漆器座

0　　　　　　16厘米

0　　　　　　20厘米

图三二　随葬漆器足

　　B 型　3 件。器形较小，其平面为圆形，器座上部呈瓜棱状，与圆形底座连为一体。如标本 1 号棺：42（图三〇）。

　　C 型　1 件。为一圆形底座，形制有点类似 A 型漆案的案足，但稍有不同。标本 2 号棺：26（图三一）。

　　器足　1 件。器身扁平，两足外撇。标本 11 号棺：12（图三二）。

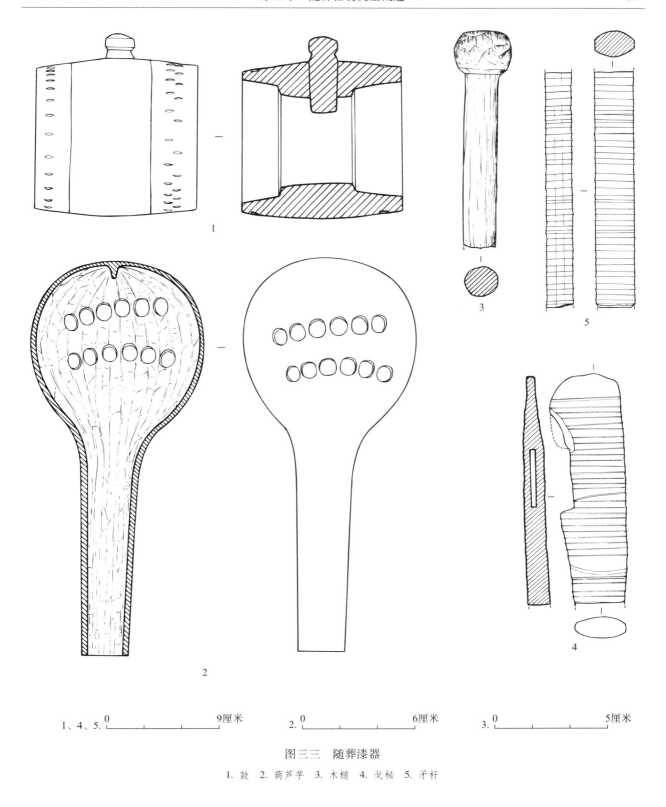

图三三　随葬漆器

1. 鼓　2. 葫芦竽　3. 木槌　4. 戈柲　5. 矛杆

　　漆鼓　1 件。圆形，腹略外鼓。标本 1 号棺：37（图三三，1）。

　　葫芦竽　2 件。可分为竽斗和竽嘴，两者连为一体，嘴部平整，斗的前后两侧各有两排圆形管孔，每排又各有 6 个管孔。如标本 8 号棺：12（图三三，2）。

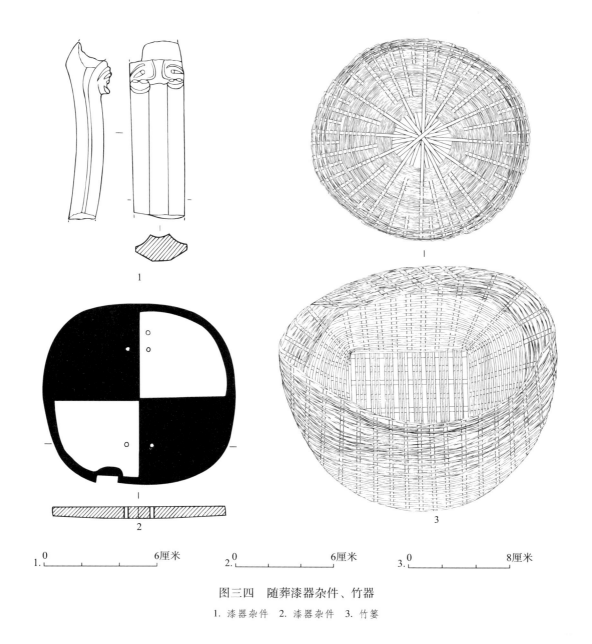

图三四　随葬漆器杂件、竹器

1. 漆器杂件　2. 漆器杂件　3. 竹篓

　　木槌　2 件。柄部为圆柱形，击鼓点呈扁圆球形。如标本 1 号棺：33（图三三，3）。

　　戈柲　3 件。柲身为扁圆形木杆，背侧厚，内侧稍薄，外用丝线密密缠绕成一道道的宽带状。柲头为圆弧形或平顶，其下有一窄长方形穿，戈头的内部即置于穿孔之中。如标本 1 号棺：56（图三三，4）。

　　矛杆　9 件。为八棱形木杆，断面略扁。多数外面缠绕丝线，再髹以红漆或黑漆。如标本 1 号棺：59（图三三，5）。

　　漆器杂件　54 件。均为一些不知名的器物构件，形制不一。如标本 1 号棺：34（图三四，1）、标本 8 号棺：21（图三四，2）等。

　　竹篓　1 件。器形较小，分为篓盖和篓身两部分。由标本 8 号棺：8、9 组成（图三四，3）。

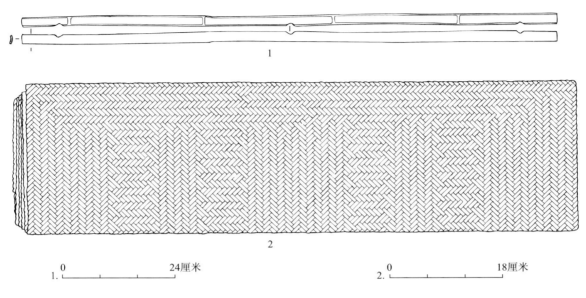

图三五　随葬竹器
1. 竹笆片　2. 竹席

竹笆片　3 件。因朽残严重，出土时竹笆片都散落一地，保存尚好的约有 20 多片。如标本 9 号棺：2 – 1 ~ 3（图三五，1）。

竹席　1 件。保存较为完整，编织方法为"人"字形交叉编织。标本 9 号棺：4（图三五，2）。

竹筐　10 件。如标本 8 号棺：10 和标本 9 号棺：19 等。

草垫　2 件。标本 9 号棺：5、6。

第四节　其　他

角器　1 件。饰件，呈扁体弧形，两头为鸟头，身上有较密的刻槽。标本 12 号棺：7。

料珠　1 件。形体较小。标本 12 号棺：5。

植物果核　2 件。均为桃核，分别出自 8 号棺和 11 号棺。

第四章　葬具及随葬器物分述

为体现本报告资料的完整性，无论棺木的保存好坏，或出土随葬器物的多少，我们都将所属墓葬的 17 具棺木从葬具形制、保存情况、遗物分布、随葬器物等几个方面加以叙述，并按照葬具的编号顺序一并介绍如下。

第一节　1 号棺

属 A 型船棺。位于墓坑的西北部，其北靠墓坑北壁，西邻 2 号棺，东侧还应有一棺，但已不存。保存有棺身和棺盖。棺身前窄后宽，长约 10.28、宽约 1.02 ~ 1.5、高约 0.8 米，在其后部平面有彩绘，但图案已模糊不清。棺室前方后圆，长约 5.83、宽约 0.62 ~ 0.76、深约 0.52 米。棺盖与棺身等长，宽约 1.02 ~ 1.7、高约 0.96 米，棺盖内空长约 5.84、宽约 0.64 ~ 0.78、深约 0.56 ~ 0.62 米。棺盖的尾端有一圆孔，从头端直通内空，孔内又塞入一圆木。在棺盖前部发现盗洞一个，且 1 号棺在发掘之前已被施工单位破坏，棺内部分漆木器、陶器、铜器被取出棺外，只在棺室的南部残留大量漆木器残件。陶器主要分布在棺室的北部，陶器之间还散乱放着漆木器等构件。另外在棺内还发现了 4 件铜器，但分布比较散乱，另外在 1 号棺的盗洞填土内也发现 2 件铜器。因破坏严重只在棺室的南部发现了几根零乱的人骨，从骨骼上看应属一个人（图三六；彩版一〇）。

1 号棺除了早年被盗之外，在这次发掘之前也被施工单位从原来的盗洞处取出了部分随葬陶器、铜器以及漆木器。在棺内共出土陶器 18 件、铜器 4 件、漆木器 14 件（所有漆木器都是按照散件统计件数和编号的），另外还出土了数量众多的散落在棺底的木柄残件，约有 400 余根（从其形状来看，应为戈柲和矛杆，但损毁严重已无法拼接复原，只从中选出了 12 根比较有代表性的作为标本，最后也给予了统一编号）。被取出棺外但经过确认是 1 号棺内的器物，我们也给予了统一编号，其中又有 6 件陶器、7 件铜器、6 件漆木器。另外在 1 号棺的盗洞内发现的 2 件铜器，应属于 1 号棺。总之，所属 1 号棺的器物有陶器 24 件、铜器 13 件、漆木器 32 件，其中陶器类型有瓮、平底罐、尖底盏、器盖；铜器有斤、矛、戈、钺、削刀、印章、饰件；漆木器有鼓、木槌、案、几、器座、戈柲、矛杆以及其他漆器杂件等。

（一）陶器

24 件，计有 A 型瓮 3 件，A 型、B 型平底罐 6 件，尖底盏 4 件，A 型、B 型器盖 11 件。

A 型瓮　3 件。即双耳瓮。口微侈，尖圆唇，束颈，鼓肩，鼓腹内收成小平底，肩部有两桥形耳。有的在肩、腹部饰有篮纹，也有通体素面的。从其他棺木随葬器物的情况看，A 型

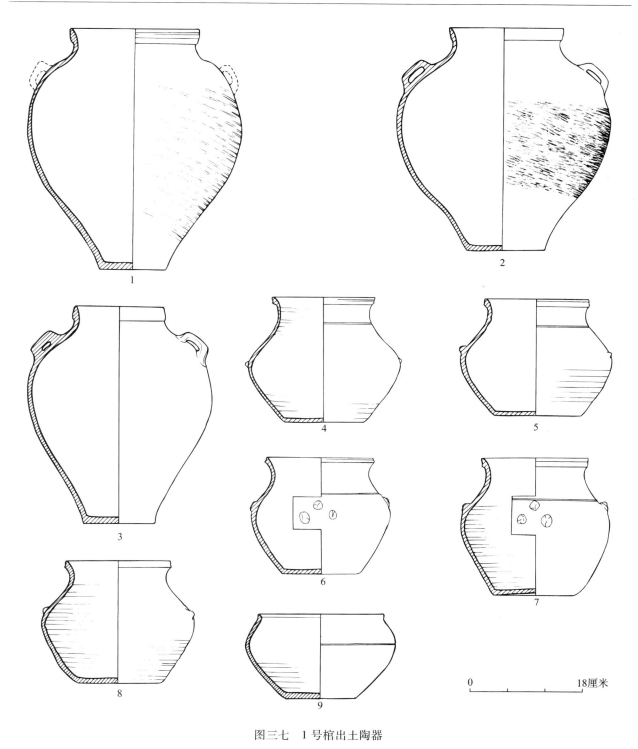

图三七　1号棺出土陶器

1~3. A型瓮（1号棺：5、46、4）　　4~8. A型平底罐（1号棺：43、45、3、44、7）　　9. B型平底罐（1号棺：19）

器盖是放在双耳瓮之上的，两者是配套使用的。

标本1号棺：5，肩腹饰有篮纹。口径20.6、底径11、腹最大径34.5、通高40.2厘米（图三七，1；彩版一一，1）。

标本1号棺：46，肩腹饰有篮纹。口径18.6、底径12.8、腹最大径34.6、通高37.1厘米

（图三七，2；彩版一一，2）。

标本 1 号棺：4，通体素面。口径 14.4、底径 11.6、腹最大径 29.6、通高 36.6 厘米（图三七，3；彩版一一，3）。

A 型平底罐　5 件。侈口，方唇，束颈，溜肩，斜腹，平底。肩饰一周凹弦纹，另在肩腹间饰有对称的乳丁纹，其中有 3 件器物只在两侧各有一个对称的乳丁，另有 2 件器物是肩腹四周各有两组对称的乳丁纹，其中一组只有一个乳丁，另一组则有 3 个乳丁。从出土情况看，A 型平底罐是和 B 型器盖配套使用的。

标本 1 号棺：43，肩腹间饰有一组对称的乳丁纹。口径 16.6、底径 13.4、腹最大径 24.8、通高 21.2 厘米（图三七，4；彩版一二，1）。

标本 1 号棺：45，肩腹间饰有一组对称的乳丁纹。口径 16.9、底径 14、腹最大径 25.1、通高 19.6 厘米（图三七，5；彩版一二，2）。

标本 1 号棺：3，肩腹间饰有两组对称的乳丁纹。口径 17.1、底径 12.7、腹最大径 23.7、通高 19.6 厘米（图三七，6；彩版一二，3）。

标本 1 号棺：44，肩腹间饰有两组对称的乳丁纹。口径 17.9、底径 14、腹最大径 24、通高 22.8 厘米（图三七，7；彩版一二，4）。

标本 1 号棺：7，肩腹间饰有一组对称的乳丁纹。口径 16.9、底径 14.2、腹最大径 25、通高 20.4 厘米（图三七，8；彩版一二，5）。

B 型平底罐　1 件。标本 1 号棺：19，敛口，圆唇，溜肩，鼓腹斜收至平底。肩饰一周凹弦纹。口径 20.6、底径 10.6、腹最大径 24.6、通高 14 厘米（图三七，9；彩版一二，6）。

尖底盖　4 件。口微敛，圆唇，圆肩，弧腹，尖底。

标本 1 号棺：22，口径 10.8、高 3.2 厘米（图三八，1；彩版一三，1）。

标本 1 号棺：9，口径 10.2、高 3.4 厘米（图三八，2；彩版一三，2）。

标本 1 号棺：11，口径 10.2、高 3.4 厘米（图三八，3；彩版一三，3）。

标本 1 号棺：10，口径 10、高 3.4 厘米（图三八，4；彩版一三，4）。

A 型器盖　5 件。方唇，口近直，直壁，顶略弧，桥形耳纽。有的器盖上有红彩绘制的符号。从其他棺木随葬器物中 A 型器盖是扣在双耳瓮上共出的情况说明两者是配套使用的。

标本 1 号棺：23，口径 22.9、通高 8.5 厘米。器盖上有一彩绘符号（图三九，1；见彩版一一，2）。

标本 1 号棺：29，口径 22.2、通高 9.4 厘米。器盖也有一同样的彩绘符号（图三九，2；彩版一三，5）。

标本 1 号棺：47，口径 17.8、通高 6.1 厘米（图三九，3）。

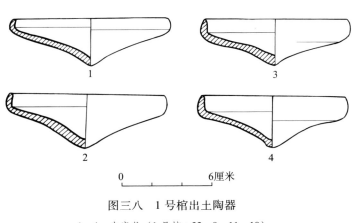

图三八　1 号棺出土陶器

1～4. 尖底盖（1 号棺：22、9、11、10）

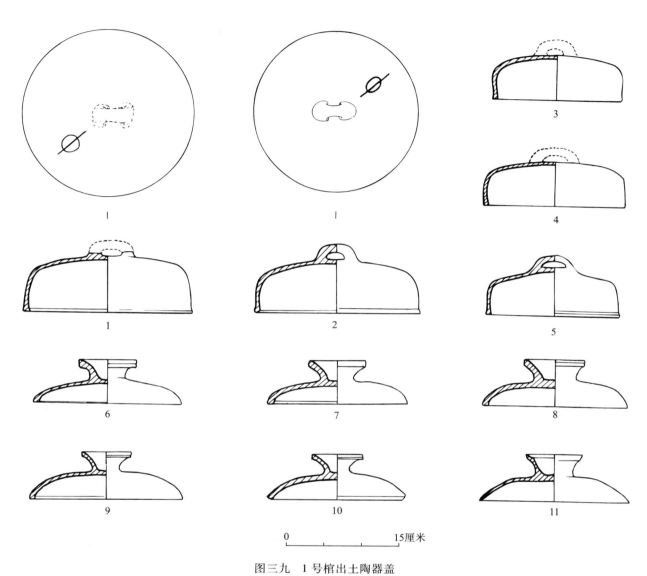

图三九　1 号棺出土陶器盖

1～5. A 型（1 号棺：23、29、47、6、48）　　6～11. B 型（1 号棺：8、20、24、2、1、21）

标本 1 号棺：6，口径 19、通高 8.2 厘米（图三九，4；见彩版一一，3）。

标本 1 号棺：48，口径 18、通高 8.1 厘米（图三九，5；彩版一三，6）。

B 型器盖　6 件。方唇，敞口，弧壁，弧顶，圈纽。从出土情况看，B 型器盖是和 A 型平底罐配套使用的。

标本 1 号棺：8，口径 20、通高 6.4 厘米（图三九，6；见彩版一二，3）。

标本 1 号棺：20，口径 19.2、通高 5.9 厘米（图三九，7；见彩版一二，2）。

标本 1 号棺：24，口径 19.4、通高 6.8 厘米（图三九，8；见彩版一二，4）。

标本 1 号棺：2，口径 20.6、通高 6.6 厘米（图三九，9；见彩版一二，6）。

标本 1 号棺：1，口径 18.5、通高 6.4 厘米（图三九，10；见彩版一二，1）。

标本 1 号棺：21，口径 20.3、通高 6.6 厘米（图三九，11；见彩版一二，5）。

（二）铜器

包括在盗洞内发现的 2 件铜器共 13 件，计有斤 1 件、矛 1 件、A 型和 B 型戈 3 件、钺 1 件、削刀 1 件、A 型和 B 型印章 3 枚、饰件 3 件。在 1 号棺出土的铜器较多，占了墓葬出土铜器中的一半以上，但其中有几件是专作随葬明器使用的兵器，非实用器，制作简单、粗糙。

斤　1 件。标本 1 号棺：27，方銎而身条长，斧口部分略宽，銎部上正反侧各有一凸出的纹饰，銎孔内还残留有一些木块。斤长 11.6、最宽 2.2、其銎孔边长 1.9、刃宽 5.4 厘米（图四○，1；彩版一四，1）。

A 型戈　2 件。均为巴蜀式戈，器身皆极薄，显非实用器。

标本 1 号棺：50，刃长 8.7、最宽 5.7、援长 3.8、宽 2.4、通体长 12.5、厚约 0.1 厘米（图四○，2；彩版一四，2）。

标本 1 号棺：51，刃长 8.5、最宽 5.9、援长 4、宽 2.4、通体长 12.5、厚约 0.15 厘米（图四○，3；彩版一四，3）。

B 型戈　1 件。为巴蜀式戈。标本 1 号棺盗洞：1，为实用器，但援部残断。刃上两面均有纹饰，有蝉纹、乳丁纹，但由于锈蚀严重，纹饰大多不很清楚。残长 15.5、宽 7.7 厘米（图四○，4；彩版一四，4）。

钺　1 件。标本 1 号棺盗洞：2，应为实用器，但残断。曲刃，微束腰，銎孔为椭圆形。长 14.2、刃宽 7.3、銎孔最长 3.8、最短 3 厘米（图四○，5；彩版一五，1）。

矛　1 件。标本 1 号棺：49，其通体极薄，形体也较小，应为冥器，而非实用器。矛叶与柄身长度相等，柄部有两耳，其上有一个"十"字形凸纹。矛长 12.8、厚度仅有 0.2、柄宽 1.7、叶宽 2 厘米（图四○，6；彩版一五，2）。

削刀　1 件。标本 1 号棺：52，环部残断，刃部较短，直柄。柄部饰有一符号。残长 16.1、最厚约 0.3 厘米（图四○，7；彩版一五，3）。

饰件　3 件。形制均不一样。

标本 1 号棺：35，平面呈"十"字形。两头均长约 6、厚 0.3 厘米（图四○，8；彩版一六，1）。

标本 1 号棺：53，平面呈圆形，中间有一圆形凹槽，两侧各有一穿孔。直径约 9.4、凹槽直径 5.6、厚 0.2 厘米（图四○，9）。

标本 1 号棺：54，平面呈倒钩形，头部中空有镂孔。长约 4.1 厘米（图四○，10；彩版一六，2）。

A 型印章　2 枚。为方形印章，器身均为近扁方形，有纽，所铸内容皆为"巴蜀"符号。

标本 1 号棺：31，桥形纽。边长 4.5、高 0.9 厘米（图四一，1；彩版一七，1）。

标本 1 号棺：36，鸟形纽。边长 2.3、高 0.9 厘米（图四一，2；彩版一七，2）。

B 型印章　1 枚。标本 1 号棺：55，为纺轮形印章，截面为梯形，底部有阴刻符号。上径 0.8、下径 3.6、孔径 0.6、高 1.4 厘米（图四一，3；彩版一七，3）。

（三）漆木器

最初纳入统一编号的有 20 件。另外，1 号棺还出有 400 余根木柄残件，从其形状来看，

图四〇　1号棺出土铜器

1. 斤（1号棺：27）　2、3. A型戈（1号棺：50、51）　4. B型戈（1号棺盗洞：1）　5. 钺（1号棺盗洞：2）

6. 矛（1号棺：49）　7. 削刀（1号棺：52）　8～10. 饰件（1号棺：35、53、54）

应为戈柲和矛杆，但多数损毁严重已无法拼接复原，本报告中选出了 12 根比较有代表性的作为标本，并给予了统一编号。因此，最后计入 1 号棺统一编号的漆木器共有 32 件，经过拼复后器类有鼓、木槌、A 型案、几、A 型和 B 型器座、戈柲、矛杆、杂件。

　　鼓　1件。标本1号棺：37，木胎，圆形，腹略外鼓，其左右两面均蒙皮革（已不存），右边有两圈竹（木）钉孔，左边只有一圈。有的钉孔内还残余有竹（木）钉。鼓腔中部有一

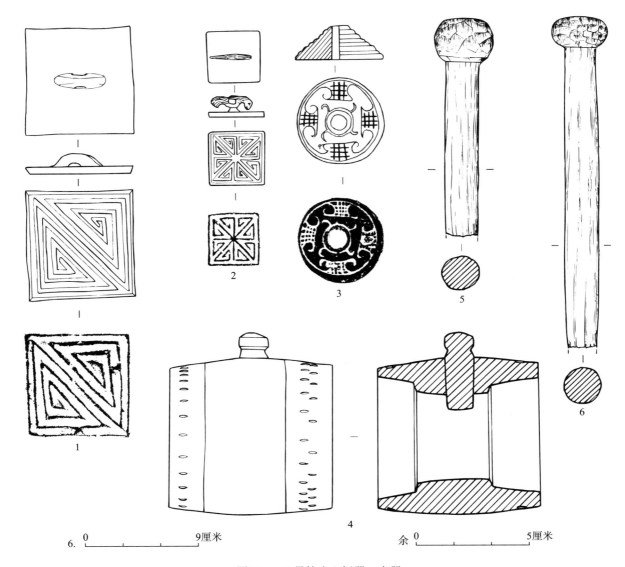

图四一　1号棺出土铜器、木器

1、2. A型铜印章（1号棺：31、36）　3. B型铜印章（1号棺：55）　4. 漆鼓（1号棺：37）　5、6. 木槌（1号棺：32、33）

卯眼，内插一木塞，该木塞应是悬鼓时使用的支纽。鼓腔内壁中部有一凸棱。其外部两端蒙皮处无漆，只在中部黑漆底上绘有一周朱色宽带纹，支纽上也涂有朱色。高15.2、宽13、直径11.6厘米（图四一，4；彩版一八）。

木槌　2件。均为木胎，整木制成，髹黑漆。其击鼓点呈扁圆球形，柄部为圆柱形，但均已残断。该木槌可能为鼓槌。

标本1号棺：32，残长10.1、头部直径2.6、柄部直径约1.5厘米（图四一，5）。

标本1号棺：33，残长15.3、头部直径2.5、柄部直径约1.5厘米（图四一，6）。

A型案　1件。由标本1号棺：38号（案面板）和标本1号棺：18、41号（案足）组合而成，为一圆形案，器身较为完整，通高40.12厘米（图四二；彩图一）。

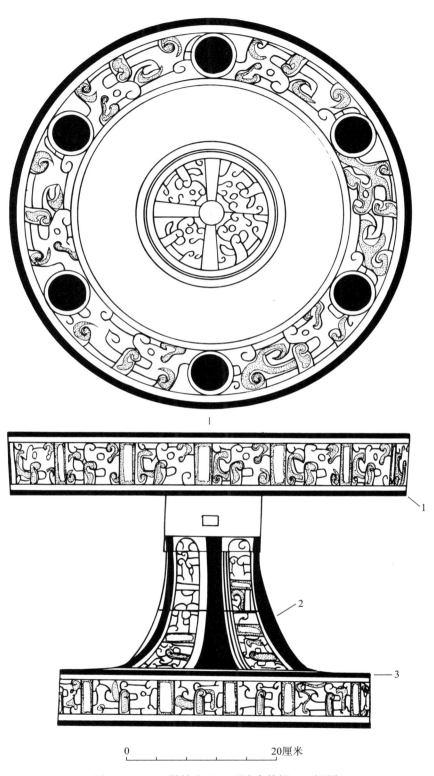

图四二 – 1　1 号棺出土 A 型漆案俯视、正视图

1. 案面板（1 号棺：38）　2、3. 案足（1 号棺：18、41）

　　标本 1 号棺：38，为一圆形案面板，面板上中部有一圆形浅槽，其周边也有 6 个对称的圆形凹槽。案面板底部起沿，并在其中部有一圆形座子及长方形卯眼与案足相接，圆形座子中部偏下两侧又有一对称的长方形卯眼。案面板中部圆形浅槽处用朱色线条绘有对称的蟠螭纹，周边及外侧也是如此，只是局部用赭色填涂，六个圆形凹槽均涂朱。案面板直径 53.6、高约 8.8 厘米，圆形座子直径 14、榫口长 6.8、宽 5.6 厘米（图四三；彩版一九，1）。

　　标本 1 号棺：41，为一圆形底座，与标本 1 号棺：18 组合成案足，其平面形状为圆形，整木制成，器内中空，上部平面为多边形，其中间有一长方形卯眼以接上面的标本 1 号棺：18 的榫头。器表髹黑漆，饰用朱、赭二色单线勾填的蟠螭纹，以及用赭色绘制的一圈回首状龙纹。上部直径 15.2、底径 41.8、高 16.2 厘米，卯眼长 8.4、宽 5.6 厘米（图四四；彩版一九，2）。

　　标本 1 号棺：18，为案面板与底座之间的连接部分，平面形状亦为圆形，上下各有一个榫头分别与案面板和底座相连，其上部榫头上也有一长方形卯眼与案面板圆形座子上的两个卯眼相通，作用应为加固案面板与案足连接的稳定性。器表髹黑漆，饰蟠螭纹。上部直径 14、下部直径 15.2、通长 27.2 厘米（见图四四）。

　　几　1 件。由标本 1 号棺：39（几面板）与标本 2 号棺：21、32（几足）组合而成，几面板居中，两侧各立一几足，从侧面看恰似"H"形，器身也较为完整。几通长 76、通宽 73.8、通高 77.7 厘米（图四五；彩图二）。这里只介绍几面板，几足与 2 号棺随葬器物再做详细介绍。

　　标本 1 号棺：39，平面为长方形，几面板呈凹形，中部较平，两端各有两个方形透榫与两侧的几足相接。器表髹黑漆，几面板中部为一组分别用朱、赭二色绘制的回首状龙纹，上下

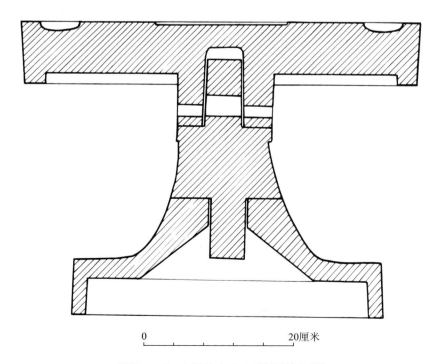

0　　　　　　　　　　　　20厘米

图四二 - 2　1 号棺出土 A 型漆案剖面图

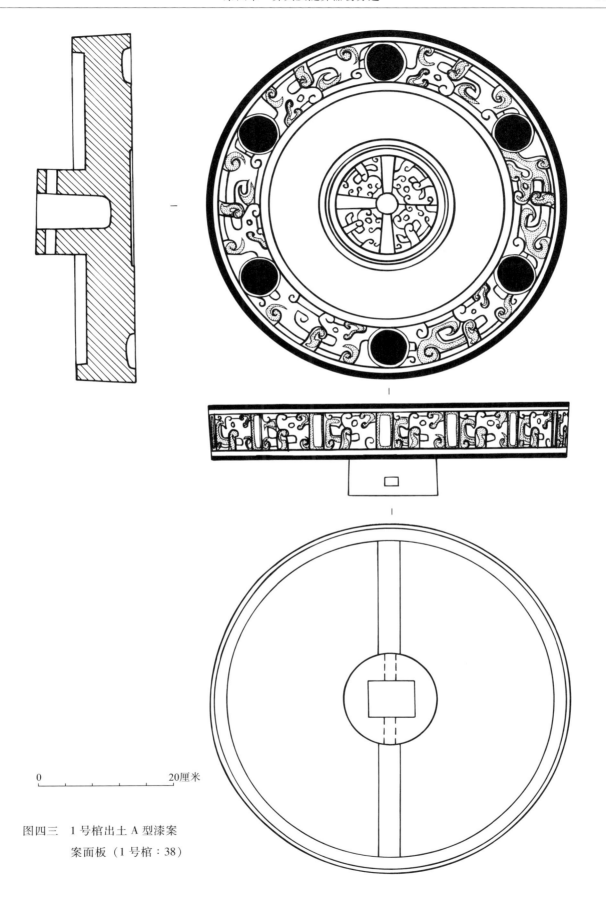

图四三　1号棺出土 A 型漆案
案面板（1 号棺：38）

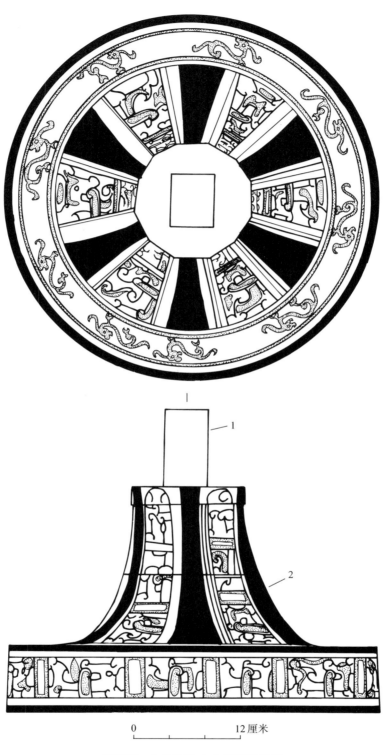

图四四　1号棺出土 A 型漆案案足

1、2.1 号棺：18、41

两侧则各饰两排用朱色单线勾勒的蟠螭纹。几面板通长 76、宽 43、厚 3.7 厘米（图四五；彩图二；彩版二〇）。

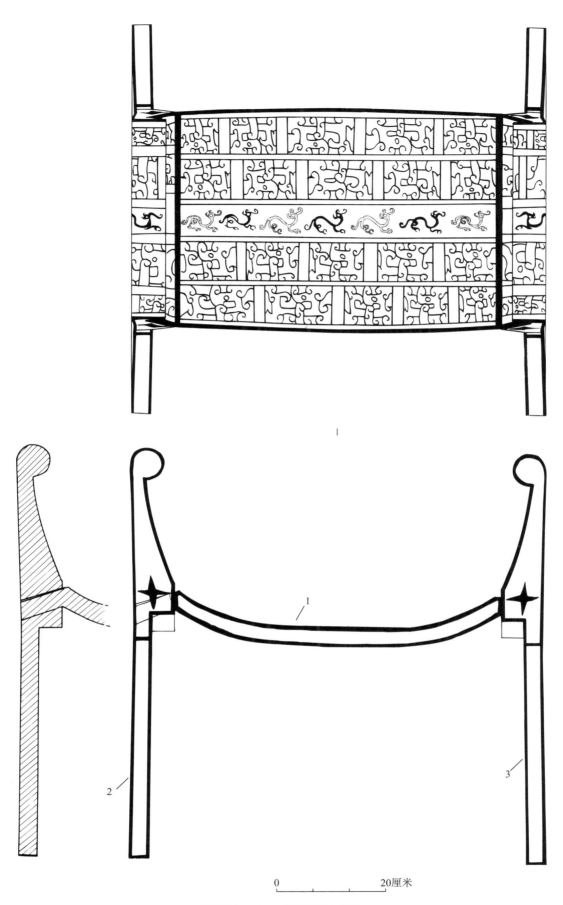

0 _____ 20厘米

图四五　1号、2号棺出土漆几

1.几面板（1号棺：39）　2、3.几足（2号棺：32、21）

　　A 型器座　1 件。标本 1 号棺：40，器形较大，应是悬挂乐器架子的基座，从 H1 里也清理出一件形制相同的器座，但已残碎。器座由整木制成，中空，其平面为长方形，可分为上下两部分以榫卯相接，器座上部外侧呈弧形与下部的底座相连，卯眼为长方形，底座的四角还有四个矮方足。器座上部有一长方形榫头，但榫头残断。整个器表髹黑漆，器座上部及底座四周均饰有用朱色单线勾勒、赭色填涂绘制的蟠螭纹，底座上部平面则是用赭色绘制的一圈回首状龙

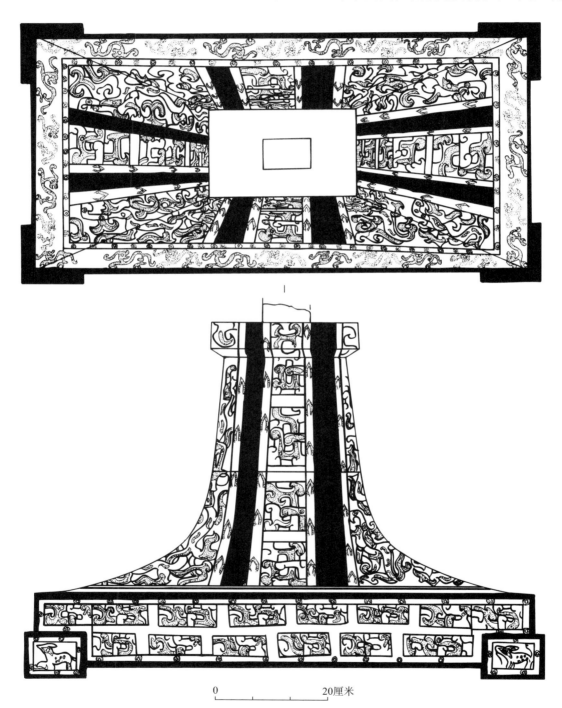

0　　　　　　　20厘米

图四六 –1　1 号棺出土 A 型漆器座俯视、正视图（1 号棺：40）

纹，四个方足的侧面也绘有似羊的动物纹饰。底座长93、宽46.8、高15.4厘米，卯眼长8.4、宽5.6厘米，方足宽10.8、高8.4厘米，器座通高65.2厘米（图四六；彩图三；彩版二一）。

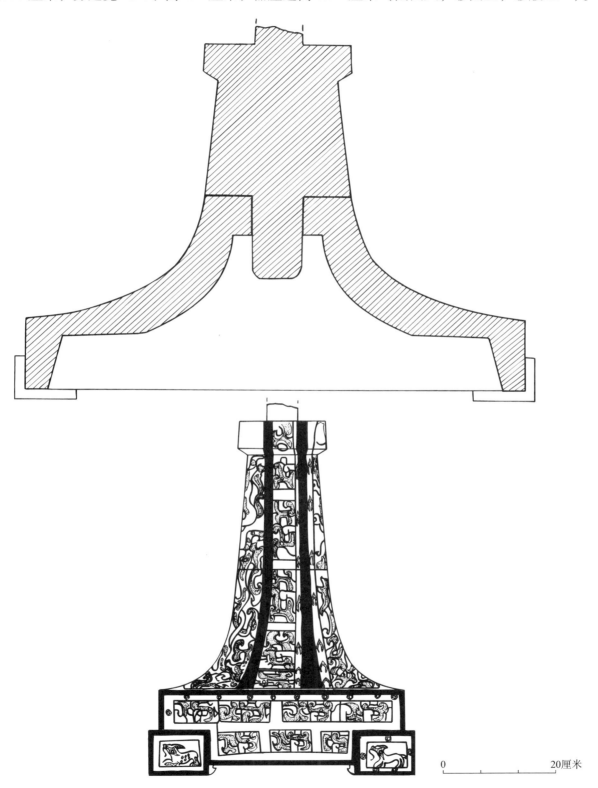

图四六－2　1号棺出土 A 型漆器座侧视、剖面图（1号棺：40）

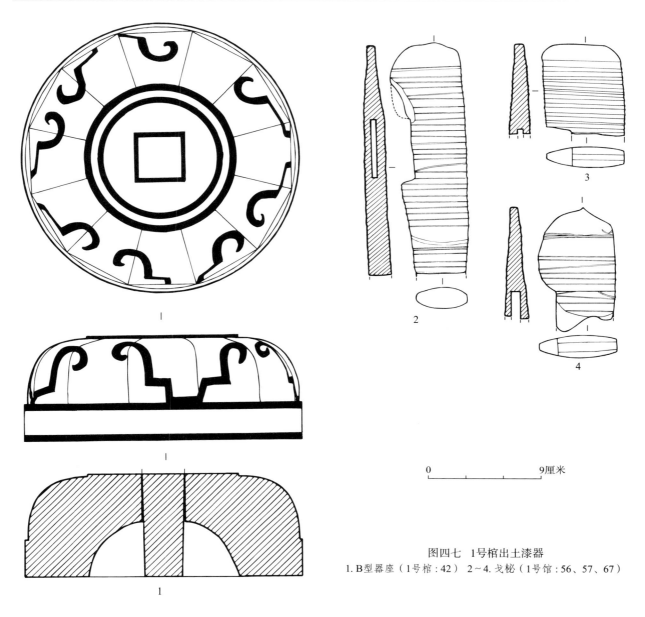

0   9厘米

图四七 1号棺出土漆器
1.B型器座（1号棺：42） 2～4.戈柲（1号馆：56、57、67）

B型器座 1件。标本1号棺：42，器形较小，其平面为圆形，整木制成，中空，方形卯眼，里面还残留有一截榫头，器座上部呈瓜棱状，与圆形底座连为一体。器表外侧髹黑漆，器座上部绘有一圈朱色纹样，四周则饰有朱色窈曲纹。器座上部直径12.2、底径22.2厘米，卯眼宽3.4厘米，器座高8.6厘米（图四七，1）。

戈柲 3件。均为戈柲的上部，柲头为圆弧形或平顶，其下有一窄长方形穿，戈头的内部即置于穿孔之中。柲身为扁圆形木杆，背侧厚，内侧稍薄，外用丝线密密缠绕成一道道的宽带状，再髹以红漆。丝线已腐烂无存，留下的只是漆皮，但缠绕的情况仍清晰可见，丝线缠成的环带，每周的宽度一般在0.4～0.6厘米左右。标本1号棺：56，穿孔长5、宽0.5厘米，柲残长19.4、最宽约6、最厚约1.8厘米（图四七，2）。标本1号棺：57，柲头为平顶。穿宽0.8厘米，柲残长7.4、最宽约6.8、厚约1.8厘米（图四七，3）。标本1号棺：67，穿口尚存。穿宽0.8厘米，柲残长9.6、最宽约6.4、最厚约2厘米（图四七，4）。

矛杆 9件。均为残件。为八棱形木杆，断面略扁。多数外面缠绕丝线，再髹以红漆或黑漆。丝线已腐烂无存，留下的只是漆皮，但缠绕的情况仍清晰可见，丝线之间有的缠得较密，有的则较宽，缠成的环带，每周的宽度一般在0.1～0.6厘米左右。标本1号棺：63，为矛杆的上部，其上端残留一榫头，应为连接矛箭部。髹黑漆。榫头断面为椭圆形，长径2.2、短径1.4、残长1.4厘米，矛杆残长19.4、断面长3.6、宽2.6厘米（图四八，1）。标本1号棺：64，其情况应与标本1号棺：62一样，上部有丝线缠绕，髹以红底黑漆，下部无丝线缠绕，髹以红漆。残长18.5、断面长3.6、宽2.3厘米（图四八，2）。标本1号棺：61，上端残留一榫头，应为连接矛箭部。髹以红底黑漆。榫头断面为椭圆形，长径1.8、短径1.2、残长1.5厘米，矛杆残长14.6、断面长3.2、宽2.3厘米（图四八，3）。标本1号棺：59，髹黑漆。残长19.5、断面长3.2、宽2.2厘米（图四八，4）。标本1号棺：66，无丝线缠绕。髹以红漆，外加有一圈黑漆。残长18、断面长3.4、宽2.2厘米（图四八，5）。标本1号棺：60，髹红漆。残长30.2、断面长3.1、宽2.4厘米（图四九，1；彩版二二，1）。标本1号棺：58，髹红漆。残长28.8、断面长3.3、宽2.4厘米（图四九，2；彩版二二，2）。标本1号棺：62，上下均有丝线缠绕，髹以红底黑漆，中部无丝线缠绕，髹以红漆。残长30.6、断面长3.2、宽2.5厘米（图四九，3；彩版二二，3）。标本1号棺：65，无丝线缠绕。外髹红漆，隔7～9.4厘米不等，加一圈黑漆。残长25.5、断面长3.4、宽2.2厘米（图四九，4）。

杂件 11件。均为一些不知名的器物构件，而且大多很残碎，其用途也不详，但为了保持报告材料的完整性，在这里还是将其中相对完整的9件器物作一介绍。

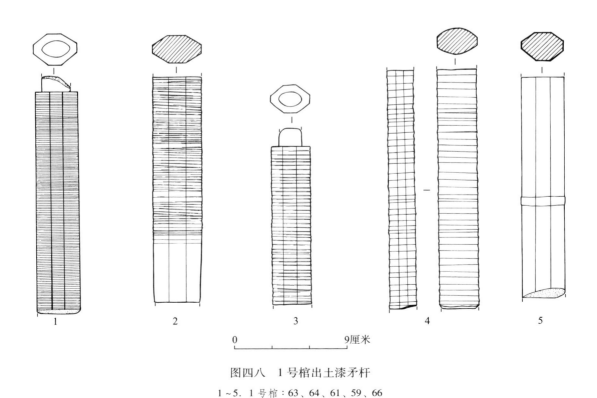

图四八 1号棺出土漆矛杆

1～5. 1号棺：63、64、61、59、66

标本 1 号棺：25、28，相同的器物在 8 号棺也有出土，从标本 8 号棺：21、22、24、26、27、29 的情况看，标本 1 号棺：25、28 应组合成一饼状漆器，平面为圆角方形，器体较薄，两部分之间应用细绳捆扎固定，器上有一圆形穿孔。通体髹黑漆，正面均在对角的四分之一处满涂朱色。标本 1 号棺：28，器长 11.5、宽 6.1、厚 0.7 厘米（图五〇，1）。标本 1 号棺：25，器长 11.5、宽 6.3、厚 0.7 厘米（图五〇，2）。

标本 1 号棺：13、15、16，应为同类器物，均残损，形似拐杖。通体髹黑漆，无彩绘。标本 1 号棺：16，残长 14.2、宽 1.4~2、最厚约 1.2 厘米（图五一，1）。标本 1 号棺：15，残长 7、宽 3、厚约 2.2 厘米（图五一，2）。标本 1 号棺：13，残长 5.2、宽 1.05、最厚约 1.2 厘米（图五一，3）。

标本 1 号棺：34，呈长条形，两端均残损，一端雕刻有虎头造型，比较精致，但虎嘴已损。通体髹有黑漆，无彩绘。残长 10、宽 2.9、厚 1.5~2.4 厘米（图五一，4）。

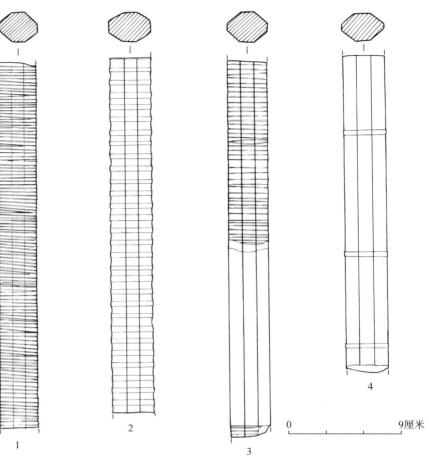

图四九　1 号棺出土漆矛杆

1~4. 1 号棺：60、58、62、65

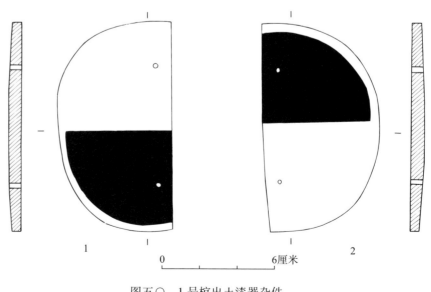

图五〇　1 号棺出土漆器杂件

1、2. 1 号棺：28、25

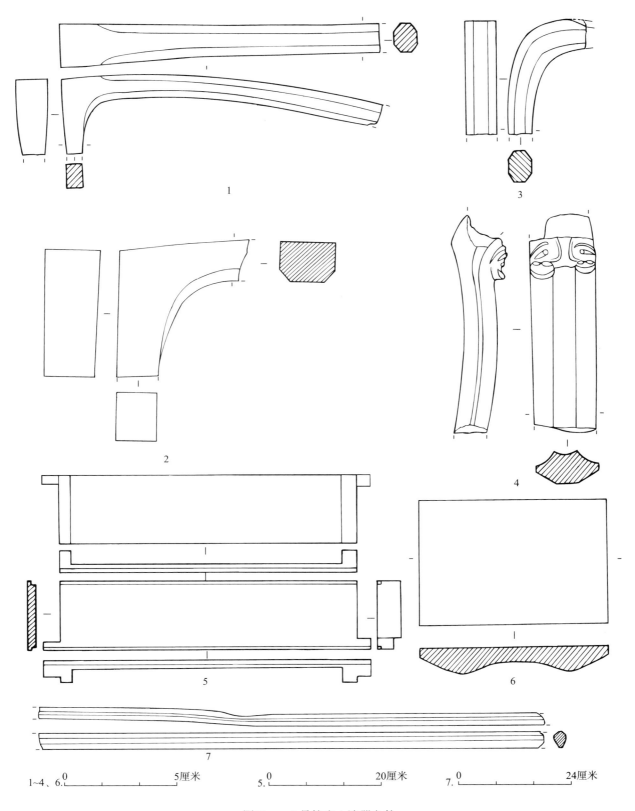

1~4、6. 0 _____ 5厘米　　5. 0 _____ 20厘米　　7. 0 _____ 24厘米

图五一　1号棺出土漆器杂件

1~7. 1号棺：16、15、13、34、14、30、17

标本 1 号棺：14，相对较完整。平面呈长方形，左右上端留有榫头，前后两边有缺口，器底两侧起沿。通体髹有黑漆，无彩绘。残长 58.4、宽 12.4、高 4.4 厘米（图五一，5）。

标本 1 号棺：30，器形不大，相对完整。平面呈长方形，上部及四周平整，器底有两凸棱。通体髹黑漆，无彩绘。长 8.4、宽 5.55、最厚约 1.2 厘米（图五一，6）。

标本 1 号棺：17，器身为长条形，截面呈多边形，两头残断。通身涂朱。残长 108、宽约 36、厚约 28 厘米（图五一，7）。

第二节　2 号棺

属 A 型船棺，位于墓坑的西北部，其北靠墓坑北壁，东邻 1 号棺，西侧紧挨着 15 号、16 号、17 号棺。保存有棺身和棺盖。其棺身长约 10.31、宽约 0.9～1.27、高约 0.81 米，在其后部平面也有彩绘，图案还是模糊不清。棺室长约 5.91、宽约 0.67～0.77 米、深约 0.51～0.53 米。棺盖长约 10.32、宽约 1.07～1.63、高约 1.01 米，内空长约 5.94、宽约 0.67～0.84、深约 0.67～0.71 米，棺盖南端同 1 号棺相同，有一方孔，孔内亦有木柱塞入，木柱本身也有这种情况。在棺盖北部发现盗洞两个。在 2 号棺内出土了丰富的随葬器物，其中以漆木器为多。棺室北部主要随葬陶器，铜器只发现一件，漆木器则主要分布在棺室的南部，而且大型的漆木器都是被拆成散件放入棺内的，层层相叠，最底部放有竹片，亦应为木器上的附件。在棺室的南部漆器之下发现散乱的人骨架，也属一人，应为二次捡骨葬（图五二；彩版二三）。

虽然仍被盗掘过，但在墓葬所有的棺木里，2 号棺内出土的随葬器物还是最为丰富的，纳入统一编号的共有 88 件，计有陶器 15 件、漆木器和竹器 72 件、铜器 1 件，其中以漆木、竹器的数量最为丰富，可能是被盗的缘故，铜器很少。其中陶器类型有瓮和器盖；铜器为器物柄部；漆木器有床、盒、豆、簋、案、俎、几足、器座、梳子以及其他漆器杂件等。

（一）陶器

15 件，计有 A 型瓮 9 件、A 型器盖 6 件。

A 型瓮　9 件。即双耳瓮。侈口，尖圆唇，束颈，鼓肩，鼓腹内收成小平底，肩部饰有两个对称的桥形耳。肩腹均饰有篮纹。其中有的显得矮胖，有的稍显瘦高。从标本 2 号棺：87 出土的情况看，A 型器盖是放在双耳瓮之上的，两者是配套使用的。

标本 2 号棺：27，口径 19.6、底径 11.3、腹最大径 34、通高 39.6 厘米（图五三，1；彩版二四，1）。

标本 2 号棺：41，口径 18.3、底径 13、腹最大径 35、通高 35.4 厘米（图五三，2；彩版二四，2）。

标本 2 号棺：47，口径 20.3、底径 12.9、腹最大径 34.8、通高 36.8 厘米（图五三，3）。

标本 2 号棺：43，口径 14.9、底径 9.8、腹最大径 29.5、通高 34.6 厘米（图五三，4；彩版二四，3）。

标本 2 号棺：40，口径 14.6、底径 11.2、腹最大径 29.8、通高 33.2 厘米（图五三，5；

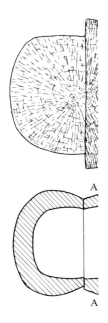

A

A

Ⅰ 第一层陶
50、57~59
46、48. A

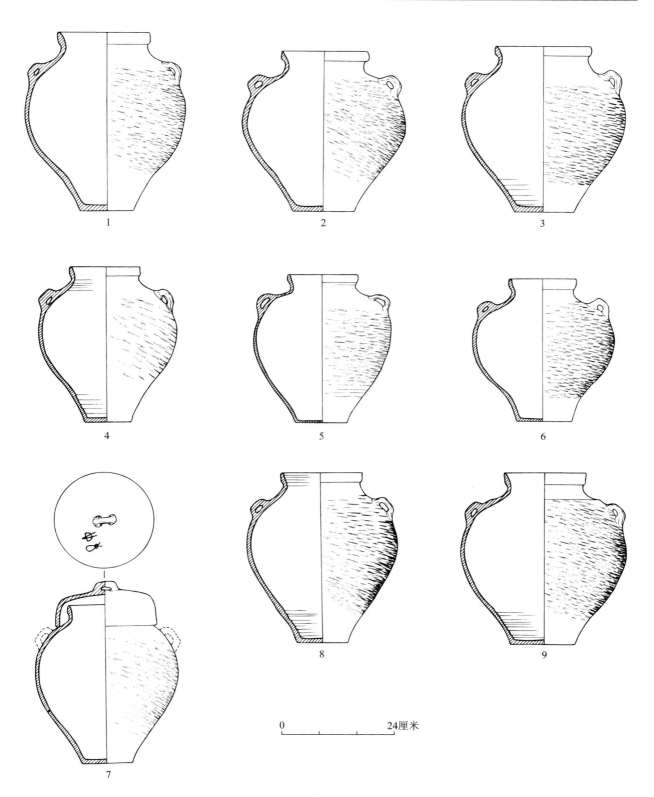

图五三　2 号棺出土 A 型陶瓮

1 ~ 6. 2 号棺：27、41、47、43、40、38　7. 2 号棺：87、44　8、9. 2 号棺：52、53

彩版二四，4）。

标本 2 号棺：38，口径 14.6、底径 11.7、腹最大径 31、通高 32.4 厘米（图五三，6；彩版二五，1）。

标本 2 号棺：87，口径 16.6、底径 10.6、腹最大径 30.5、通高 40 厘米（图五三，7；彩版二五，2）。

标本 2 号棺：52，口径 17.6、底径 11、腹最大径 32.3、通高 37.8 厘米（图五三，8；彩版二五，3）。

标本 2 号棺：53，口径 17.6、底径 13、腹最大径 36、通高 37.7 厘米（图五三，9；彩版二五，4）。

A 型器盖　6 件。方唇，口近直，直壁，顶略弧，桥形耳纽。有 2 件器盖上绘有红彩符号。从标本 2 号棺：44 出土的情况看，A 型器盖是放在双耳瓮之上的，两者是配套使用的。

标本 2 号棺：44，器盖上有两个彩绘符号。口径 21.8、通高 9.8 厘米（见图五三，7；见彩版二五，2）。

标本 2 号棺：48，器盖上有两个彩绘符号。口径 20.6、通高 9.3 厘米（图五四，1；见彩版二五，4）。

标本 2 号棺：37，口径 18.4、通高 8.9 厘米（图五四，2；见彩版二四，4）。

标本 2 号棺：31，口径 22.6、通高 9.6 厘米（图五四，3；见彩版二五，3）。

标本 2 号棺：42，口径 22.1、通高 9.4 厘米（图五四，4；见彩版二四，3）。

标本 2 号棺：46，口径 20.6、通高 8.9 厘米（图五四，5；见彩版二五，1）。

（二）铜器

1 件。标本 2 号棺：71，圆柱形，中空，上粗下细，但下部残断，孔内有残余的木块。该器物可能是器物的柄部。残长 10.25、孔径最大 2.2 厘米（图五五，1；彩版二六）。

（三）漆木、竹器

纳入统一编号的共计 72 件，经过拼复后器类有木梳、漆盒、漆豆、漆簋、B 型和 C 型漆案、漆案足、A 型和 B 型漆俎、漆几足、A 型和 B 型漆床、C 型漆器座、漆器杂件、竹笆片等。

木梳　1 件。标本 2 号棺：61，木胎，未髹漆。器形略小，平面呈长方形，上为弧形，下呈方形，侧面均为锥形。柄部靠上均有一小孔，并在与齿部交接处饰有两道平行的凹槽。有齿 19 根。长 8.6、宽 6、最厚 0.8 厘米（图五五，2；彩版二七）。

漆盒　1 件。由标本 2 号棺：28、51 组合而成，28 号为盒盖，51 号为盒身，二者器形完全相同。木胎，胎质较薄。圆口，内底略弧，外底较平，两侧各有一对称的虎头双耳，上下双耳作子母口，器内各有五格。器表髹黑漆，器内未髹漆。黑漆底上朱绘有三圈图案，器沿上的一圈为竖线纹，中间两圈主要是回首状龙纹和蟠螭纹，但纹饰没有完全的对称。盒口径 30、通高 12.4 厘米（图五六；彩图四；彩版二八、二九）。

漆豆　1 件。标本 2 号棺：30，整木制成。敞口，浅盘，底近平，大圈足。外表髹黑漆。

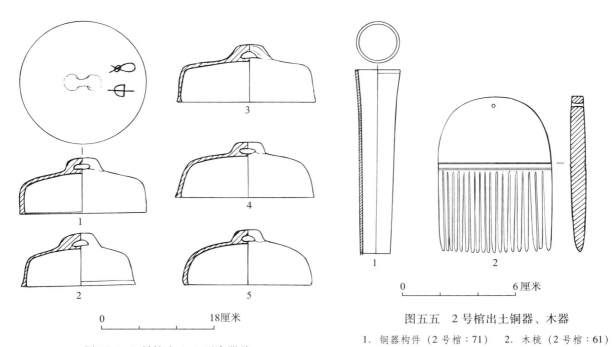

图五四 2号棺出土 A 型陶器盖

1~5.2 号棺：48、37、31、42、46

图五五 2号棺出土铜器、木器

1. 铜器构件（2 号棺：71） 2. 木梳（2 号棺：61）

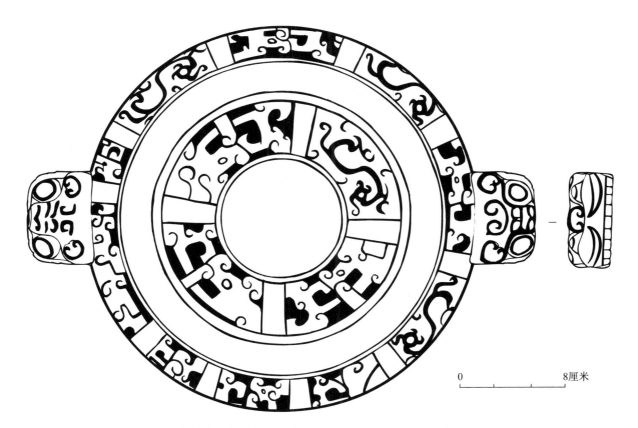

图五六 - 1 2号棺出土漆盒俯视图（2 号棺：28、51）

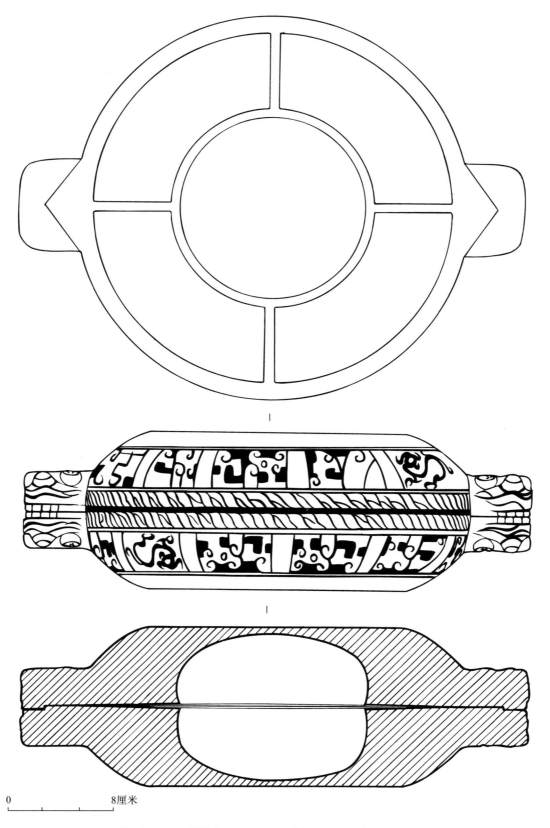

0 　　　　　　　8厘米

图五六 - 2　2号棺出土漆盒正视、剖面图（2号棺：28、51）

在盘面上大部涂朱，用线面结合的方法绘制纹样，纹样比较复杂。在圈足上则是用朱、赭二色单线勾填的蟠螭纹。豆盘口径 41.5、足径 37.5、通高 23.8 厘米（图五七；彩图五；彩版三〇、三一）。

　　漆盨　1 件。由标本 2 号棺：23、39 组合而成，标本 2 号棺：23 为器身，标本 2 号棺：39 为器底，二者是分开制作的。器身由整木制成，但已残破。敞口，无沿，斜腹较深，下有圈足。内置一圆木板作底。器内外壁均髹黑漆，但只有器外表饰有纹样。在口部及圈足部分有一周蟠螭纹，腹部的纹饰似蝉纹，其方法均为先用朱色勾勒线条，再用颜色稍浅的赭色填涂。器底下面有一刻划符号。口径约 41、足径约 27、器高约 36.7 厘米（图五八；彩图六；彩版三二）。

図五七　2 号棺出土漆豆（2 号棺：30）

0　　　　　　9厘米

图五八－1　2号棺出土漆簋正视及底剖刻划符号（2号棺：23、39）

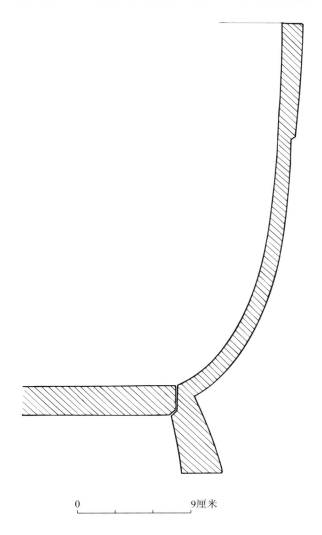

图五八-2　2 号棺出土漆簋剖面图（2 号棺：23、39）

B 型漆案　1 件。由案面板（标本 2 号棺：9）和左、右案足（标本 2 号棺：13、16）以榫卯接合而成。案面板呈长方形，四周起沿成斜坡状。案底四周也有沿，其外沿内弧，足侧的沿较宽，案底两侧宽沿处各凿有五方孔，以接下面的 5 个扁平方足，5 个方足再插入梯形足座中，足座略向两端外撇。器表髹黑漆，案上沿为分别用赭色和浅赭色两种颜色绘制的回首状龙纹，上沿内侧及外侧沿先用朱色勾勒线条，再以赭色填涂的方法绘制蟠螭纹。足座外侧同样用此方法绘有三层蟠螭纹，方足外侧也均朱绘有一宽带纹。左、右案足的形制及装饰纹样完全相同。案面板长 146、宽 45.5、厚约 10 厘米，足座上宽 45.5、下宽 48.8、高约 20.8、厚约 5.1 厘米，五方足长 18.3～18.6、均宽约 5.5、厚约 2.3 厘米，案通高 39.1 厘米（图五九；彩图七；彩版三三）。

C 型漆案　1 件。由案面板（标本 2 号棺：19）和左案足（标本 9 号棺：14）组合而成，右案足缺失。亦可分为面板、足、足座三部分，形制与 B 型漆案相近，只是面板不太相同。案面板呈长方形，平面，但四周有对称的 6 个圆形凹槽。案底四周起沿，足侧的沿较宽，另两侧的稍窄。案底两侧宽沿处各凿五方孔，以接下面的 5 个扁平方足，5 个方足再插入梯形足座中。左案足在 9 号棺随葬器物中再作详细介绍。案面板器表髹黑漆，在四边及外侧沿均饰有蟠螭纹，外侧沿的蟠螭纹为朱色单线勾勒，四边的蟠螭纹则是用朱、赭二色勾填的。案面板长 72.1、宽 44.1、厚约 7.9 厘米，漆案通高 38.3 厘米（图六〇；彩图八）。

漆案足　2 件。除了前面已介绍的标本 2 号棺：13、16 外，2 号棺还另出有两件漆案足，标本 2 号棺：25、29，二者形制大致相同，只是一件为方足，而另一件则为圆足。

标本 2 号棺：25，除了足为圆足外，其形制也和 B 型、C 型漆案一样，共有 9 个圆足。髹黑漆，在圆足外侧朱绘有宽带纹，在足座正面则饰两层用朱、赭二色勾填的蟠螭纹。足座上宽 44.5、下宽 48.5、高约 24、厚约 5 厘米，9 个圆足长约 26.5、直径约 2.6 厘米（图六一，1）。

标本 2 号棺：29，从其形制来看，应为 B 型漆案或 C 型漆案的案足，但与别的稍有不同的是，它外侧的两个方足较直，其他案足外侧的方足则略朝里倾斜。足座部分正面呈梯形，上端有 5 个长方形卯眼以接 5 个扁平方足。5 个方足现仅存 1 个。器表髹黑漆，足座正面饰有

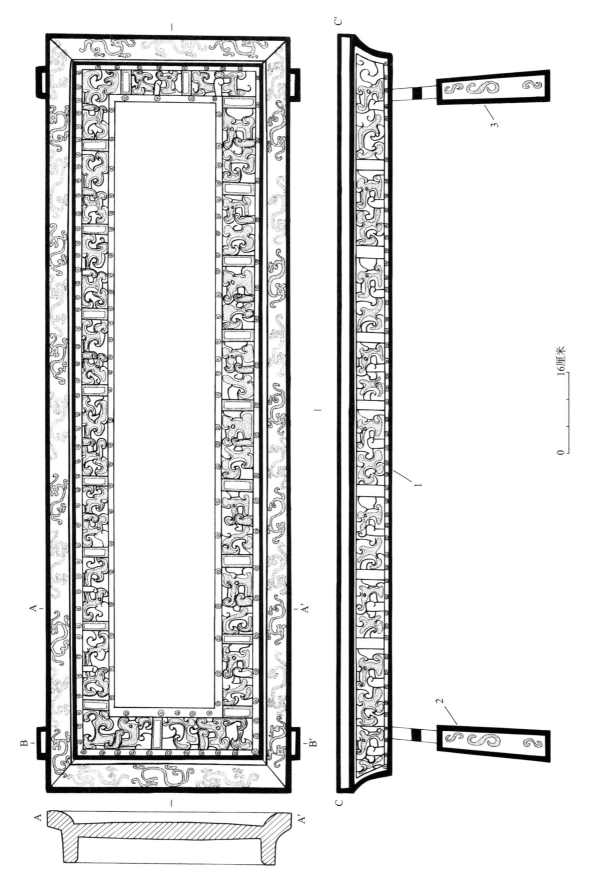

图五九-1　2号棺出土 B 型漆案俯视、正视图（2 号棺：9、13、16）

0　　　　　　　　16厘米

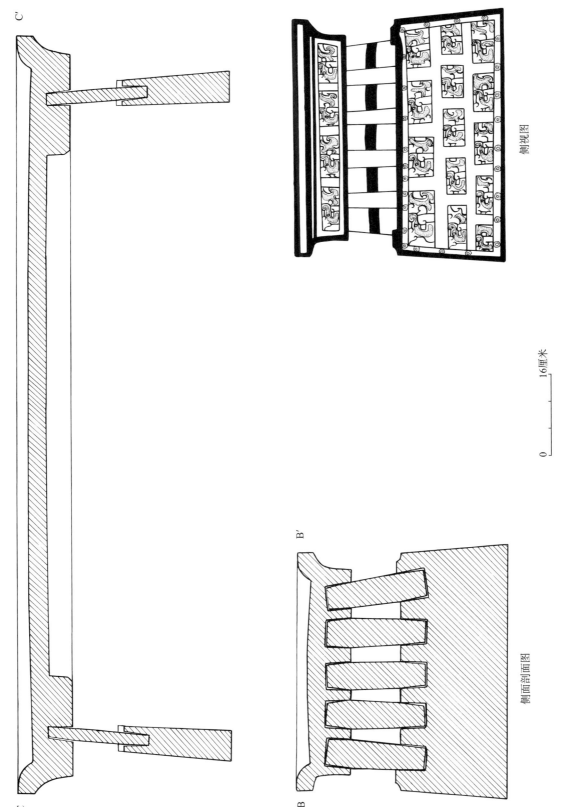

图五九 - 2 2 号棺出土 B 型漆案侧视及剖面图（2 号棺：9、13、16）

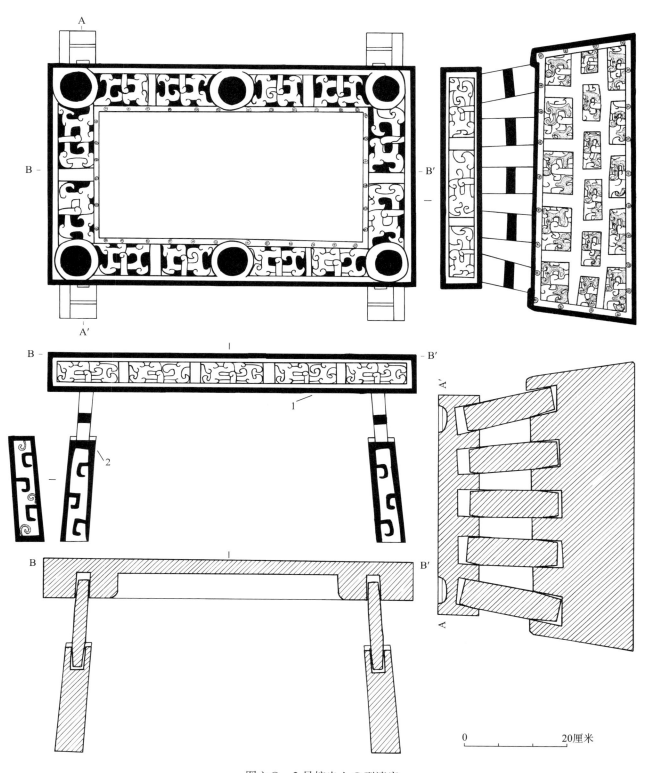

0　　　　　　　　　20厘米

图六〇　2号棺出土 C 型漆案

1. 案面板（2 号棺∶19）　　2. 左案足（9 号棺∶14）

两层用朱、赭二色单线勾填的蟠螭纹。足座上宽 46.4、下宽 52、高约 24.4、厚约 4 厘米，方足长 18.4、宽 5.4、厚 2 厘米，案足通高 32.8 厘米（图六一，2）。

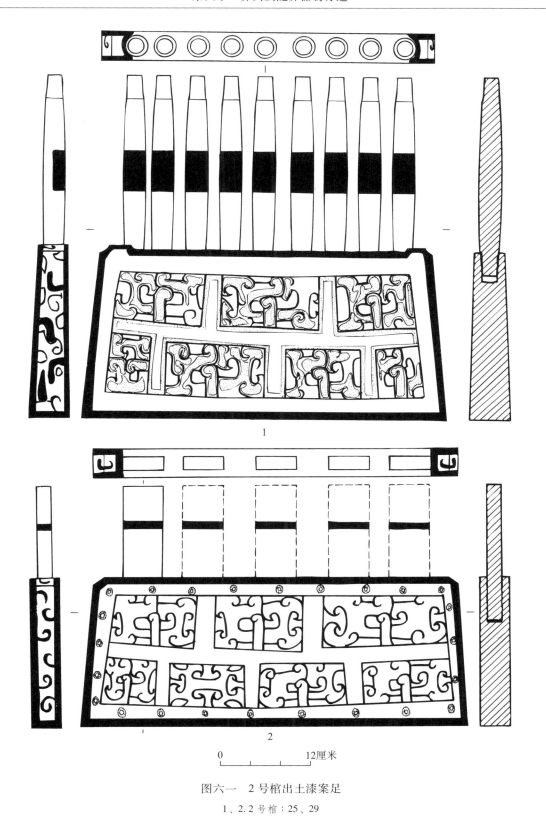

图六一　2 号棺出土漆案足

1、2. 2 号棺：25、29

漆几足　2 件。标本 2 号棺：32、21（左、右几足），与标本 1 号棺：39（几面板）组合
成一件完整的几（见图四五）。几足均由一木板整木制成，正面为梯形，上端圆弧，足底平

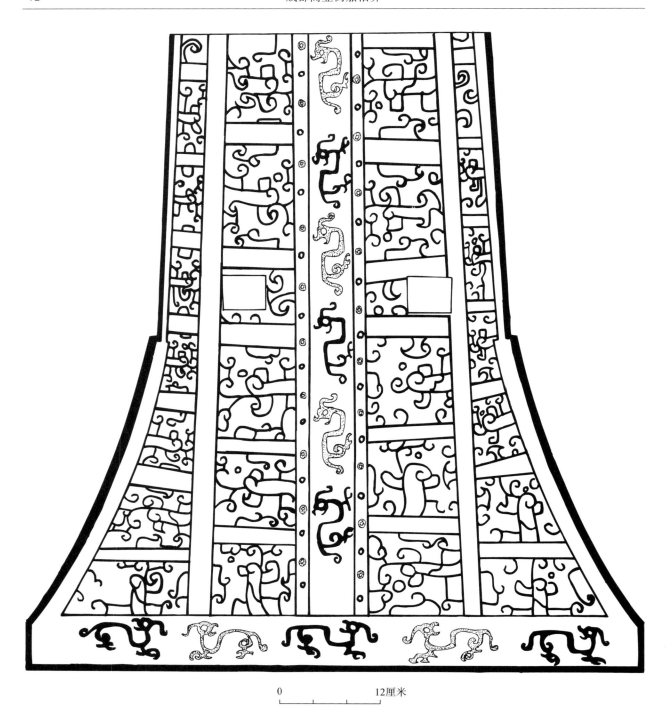

0　　　　　　　　　12厘米

图六二 - 1　2 号棺出土漆几足外侧（2 号棺：32）

整，在中部偏上有两个方形透穿以接面板的两个榫头。髹黑漆，在足外侧及内侧上部均饰有纹样，两个几足的纹样基本相同，中部及足下端是一组分别用朱、赭二色绘制的回首状龙纹，再两侧各有两排蟠螭纹，标本 2 号棺：21（右几足）蟠螭纹的绘法是先用朱色勾勒线条，再以赭色填涂，标本 2 号棺：32（左几足）则仅用朱色单线勾勒蟠螭纹，而没有用赭色填涂。几足上宽 38.3、下宽 73.8、高 77.7、厚约 3.5～7.8 厘米（图六二、六三；见彩图二、九；彩版三四）。

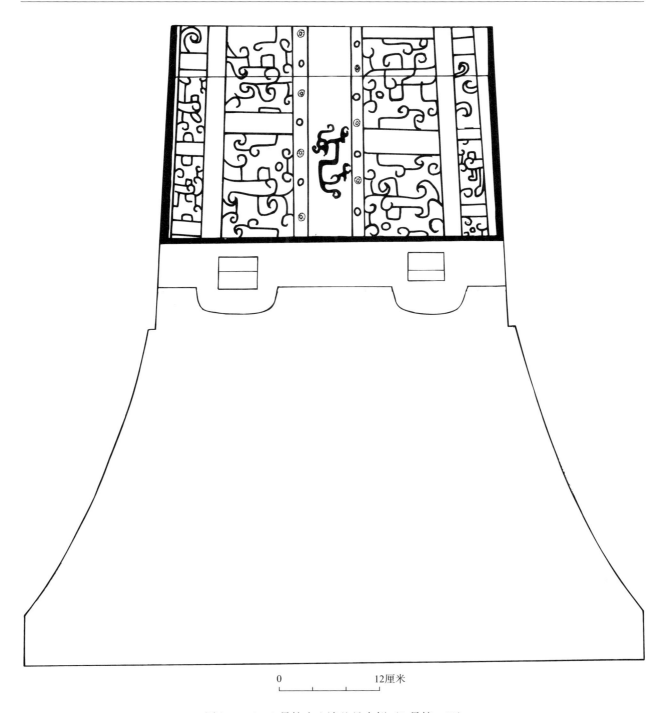

0　　　　　　12厘米

图六二-2　2号棺出土漆几足内侧（2号棺：32）

　　A 型漆俎　2 件。俎面板均为平面长方形，面板底部三边起沿成直壁，该沿部应起俎足的作用，其左右两侧稍宽，后部略窄。除器底外，器表均髹黑漆，再绘以纹样。

　　标本 2 号棺：36，面板四周及足外侧沿图案均为蟠螭纹，绘法是先用朱色勾勒线条，在正侧面以赭色和朱色两种颜色填涂局部，但在足左右外侧沿只用了赭色，而没有用朱色，背侧面的图案甚至只有朱色单线勾勒。俎长 103、宽 25.2、高 7.2 厘米（图六四；彩图一〇；彩版三五，1）。

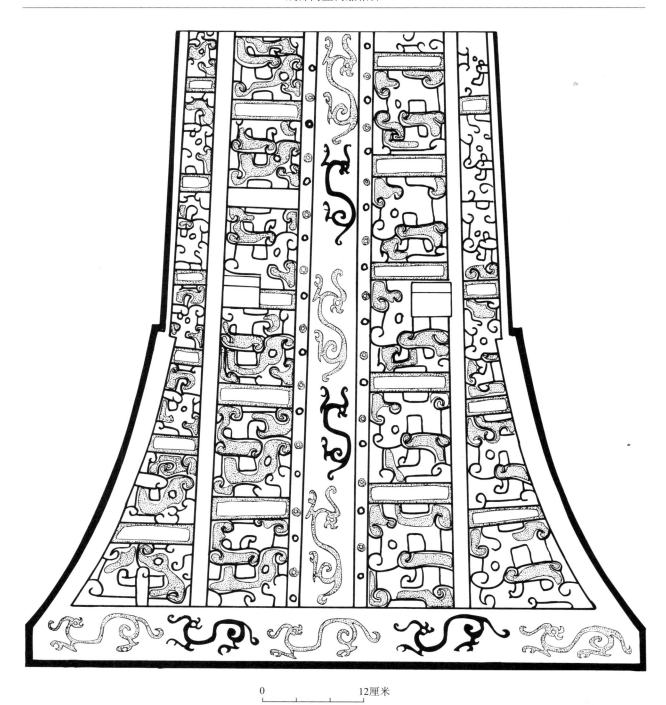

0　　　　　　　12厘米

图六三 –1　2 号棺出土漆几足外侧（2 号棺：21）

　　标本 2 号棺：49，在面板饰蟠螭纹，绘法是先用朱色勾勒线条，再以赭色和朱色两种颜色填涂局部，足外侧沿及正、背侧面则是分别用朱色和赭色两色绘制的回首状龙纹。俎长 84.6、宽 18.8、高 6 厘米（图六五；彩图一一；彩版三五，2）。

　　B 型漆俎　1 件。标本 2 号棺：22，后半部残断，器形较 A 型稍高。由一整块木板制成，面板为平面长方形，器底的左、右及后侧三边起沿成直壁，中部也有一凸出的直板，这些部

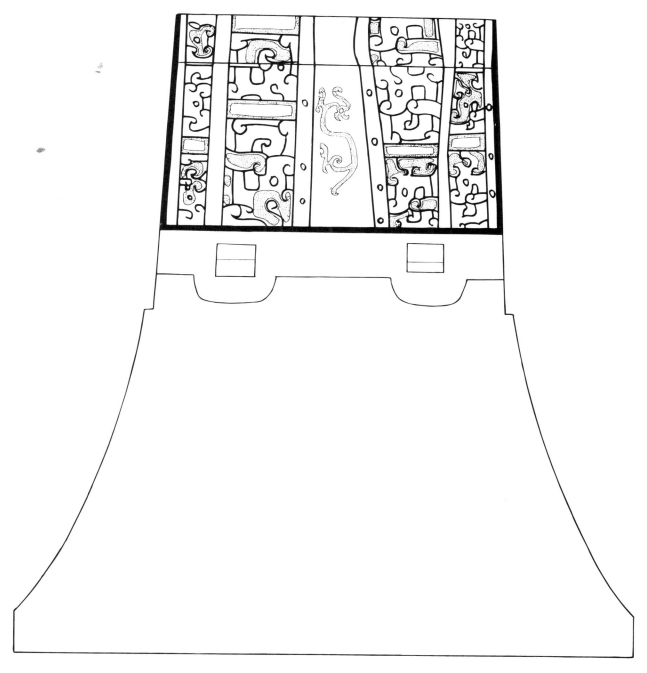

图六三-2　2号棺出土漆几足内侧（2号棺：21）

分也应起到俎足的作用。除器底外，器表髹黑漆，在面板及足侧面均饰用朱、赭二色勾填绘制的蟠螭纹。俎长107.2、残宽14～15.2、高14.2厘米（图六六）。

A型漆床　1件。尚未拼复完整，现有7个构件，其中床头板1件（标本2号棺：20）、床侧板2件（标本2号棺：3、5）、床足4件（标本2号棺：1、6、7、8），从复原图上可知缺失1件床尾板、4件床撑（图六七）。

床头板　1件。标本2号棺：20，与B型床的床头板（标本2号棺：14）形制相近，与标

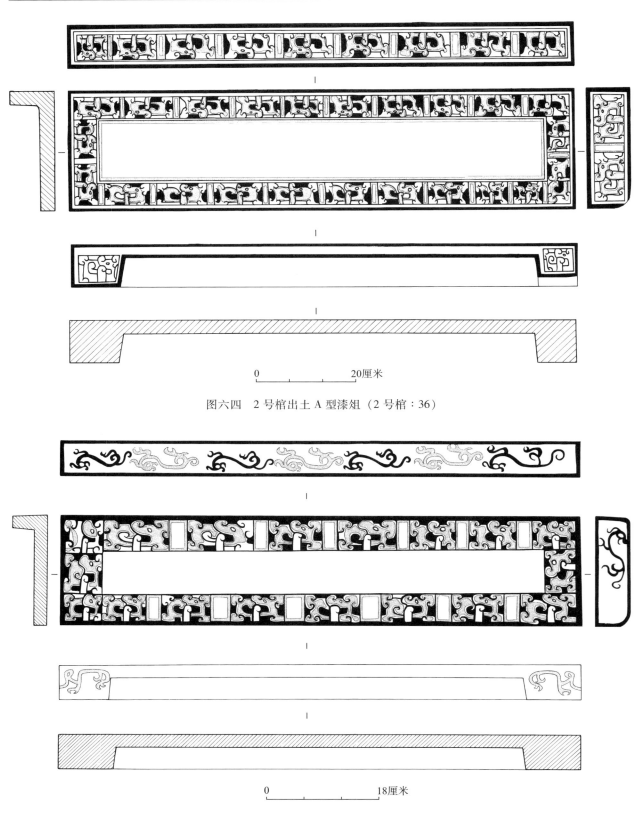

0   20厘米

图六四　2 号棺出土 A 型漆俎（2 号棺：36）

0   18厘米

图六五　2 号棺出土 A 型漆俎（2 号棺：49）

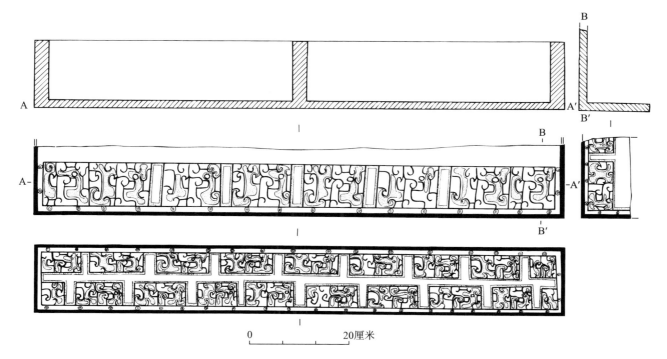

图六六 2号棺出土B型漆俎（2号棺：22）

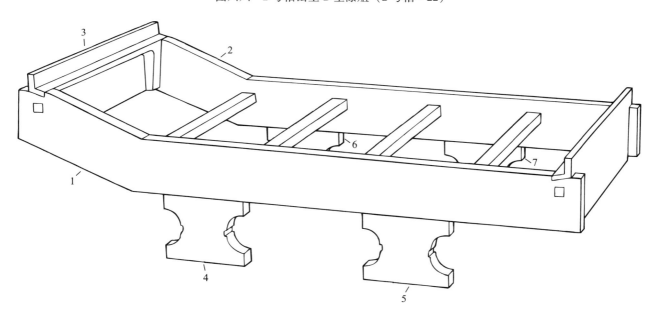

图六七 2号棺出土A型漆床复原示意图

1、2. 床侧板（2号棺：5、3）　3. 床头板（2号棺：20）　4~7. 床足（2号棺：7、6、1、8）

本11号棺：3、21形制则完全相同。用整木制成，也是呈长方扁形，左右两侧各有两个榫头，榫头与床侧板对应的卯口（眼）相接。头板前面较平整，后面则大部内剜。通体髹黑漆，但只在前面饰有纹样，四周为用朱、赭二色绘制的变形回首状龙纹和窃曲纹，中部为两层蟠螭纹，其绘法为先用朱色勾勒线条，再以赭色填涂局部。通长96.5、宽25.5、最厚约6厘米（见图六七，3；图六八；彩图一二）。

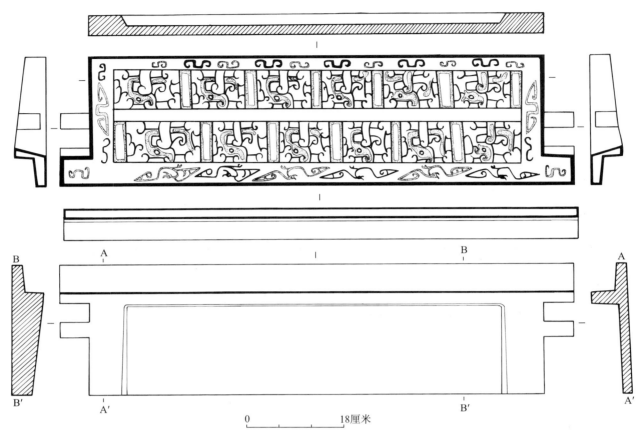

图六八　2 号棺出土 A 型漆床床头板（2 号棺：20）

床侧板　2 件。形制相同，均用一整块木板制成，其一头平整，另一头则略上翘，两头各有两卯口（眼），分别和头板、尾板的榫头对应相接。侧板内侧还有 4 个长方形卯眼以接床撑的榫头，另外侧板下部还有两长方形卯口以安装下面的床足。通体髹黑漆，除了内侧及器底外均有彩绘，外侧主要饰用朱、赭二色绘制的龙纹、蟠螭纹和窃曲纹。

标本 2 号棺：3，蟠螭纹的绘法为仅用朱色单线勾勒。通长 194.7、宽约 20.5、厚约 5.5厘米（见图六七，2；图六九；彩版三六）。

标本 2 号棺：5，蟠螭纹的绘法为先用朱色勾勒线条，再以赭色填涂局部。通长 194、宽约 20.5、厚约 5.5 厘米（见图六七，1；图七〇；彩图一三）。

床足　4 件。形制相同，均用整木制成，略呈长方形束腰，上有一长方形榫头和侧板的卯眼相接，下部平整。除上、下部位及榫头外，通体髹黑漆，再绘以纹样。在前后两侧用朱色勾勒线条、再用赭色填涂来绘制蟠螭纹。

标本 2 号棺：1，在前后两侧饰用朱、赭二色单线勾填绘制的蟠螭纹。长 28.6、宽 15.2、厚 5.6 厘米（见图六七，6；图七一，1；彩图一四 - 1，1）。

标本 2 号棺：6，在前后两侧除了饰有用朱、赭二色单线勾填绘制的蟠螭纹外，还配以朱绘的窃曲纹。长 28.6、宽 15.2、厚 5.6 厘米（见图六七，5；图七一，2；彩图一四 - 1，2；彩版三七，1）。

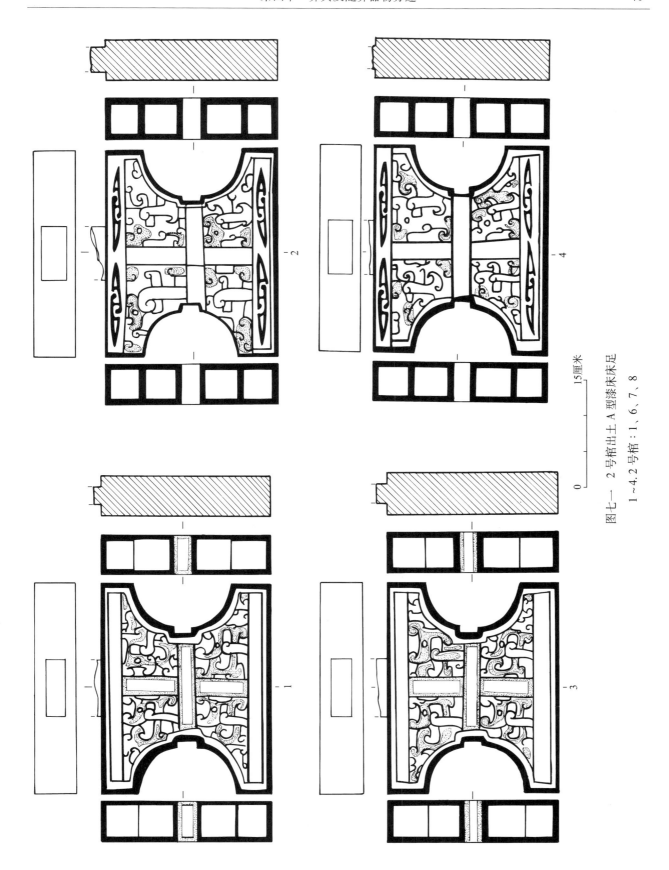

图七一　2号棺出土 A 型漆床床足
1~4.2号棺：1、6、7、8

标本 2 号棺：7，在前后两侧饰用朱、赭二色单线勾填绘制的蟠螭纹。长 28.6、宽 15.2、厚 5.6 厘米（见图六七，4；图七一，3；彩图一四 - 2，1；彩版三七，2）。

标本 2 号棺：8，在前后两侧除了饰有用朱、赭二色单线勾填绘制的蟠螭纹外，还配以朱绘的窃曲纹。长 28.6、宽 15.2、厚 5.6 厘米（见图六七，7；图七一，4；彩图一四 - 2，2）。

B 型漆床　1 件。尚未拼复完整，现有 25 个构件，其中床头板 1 件（标本 2 号棺：14），床尾板 1 件（标本 2 号棺：62），床侧板 2 件（标本 2 号棺：2、60），床撑 2 件（标本 2 号棺：4、10），床立柱 4 件（标本 2 号棺：11、15、55、56），床梁 3 件（标本 2 号棺：33、54、63），床顶盖构件 12 件（标本 2 号棺：35、64、66、67、72、73、74、75、76、78、84、85）（图七二、七三）。

床头板　1 件。标本 2 号棺：14，与 A 型床的床头板（标本 2 号棺：20）形制相近。用整木制成，也是呈长方扁形，但与 A 型床不同的是，其左右两侧各只有 1 个榫头，且形制也不一样，其榫头朝下与床侧板的卯眼相接。头板前面较平整，后面则大部内剜，且在中部留有两个长方形卯口分别与床撑的榫头相接。通体髹黑漆，除后侧下部外均饰有纹样，主要是用朱、赭二色绘制的回首状龙纹，以及用朱色单线勾勒的蟠螭纹，只有少数几处地方用赭色填涂。通长 130、宽 35.2、最厚约 6 厘米（见图七二，3；图七四，1）。

床尾板　1 件。标本 2 号棺：62，与床头板形制相同，只是稍窄一些。亦由整木制成，呈长方扁形。通体髹黑漆，除后侧下部外均饰有纹样，主要是用朱、赭二色绘制的回首状龙纹以及蟠螭纹，蟠螭纹的绘法是先用朱色单线勾勒，再以朱、赭二色填涂。最长 130.4、宽 32、厚约 5.4 厘米（见图七二，4；图七四，2；彩版三八，1）。

床侧板　2 件。形制相同，与 A 型床的侧板相近，只是其体形要长一些，有些细部与之也不太一样。均用一整块木板制成，其一头平整，另一头则略上翘，两头各有两个口朝上的长方形卯眼，最外头的两个接床立柱的榫头，里面的两个卯眼则分别接床头板和床尾板上的榫头。另外，在侧板下部还有三个长方形卯眼，其中两个要稍大一些，从 A 型床来看的话，它们应是与床足的榫头相接的。侧板内侧中间部分内剜从而使下部凸出，以承竹笆。

标本 2 号棺：2，左侧板。通体髹黑漆，除内侧外均饰有纹样，主要是用朱、赭二色绘制的回首状龙纹以及蟠螭纹，蟠螭纹的绘法是先用朱色单线勾勒，再以朱、赭二色填涂局部。通长 253、宽 15.8 ~ 26.4、厚约 6.4 厘米（见图七二，2；图七五）。

标本 2 号棺：60，右侧板。通体髹黑漆，除内侧外均饰有纹样，主要是用朱、赭二色绘制的回首状龙纹以及蟠螭纹，蟠螭纹的绘法是先用朱色单线勾勒，再以朱、赭二色填涂局部。通长 254.8、宽 15.6 ~ 26.4、厚约 6.4 厘米（见图七二，1；图七六；彩版三八，2）。

床撑　2 件。形制相同，均用一整块木板制成，和床侧板一样，其一头略上翘，另外部分则较平整。两头各有一长方形榫头分别与床头板、尾板的卯口相接。床撑下面有两个凸出部分，似为两足，但并不着地，从其底部有缺口来看，下面还应垫有物件，这可能与增强床体的稳固性有关。

标本 2 号棺：4，通体髹黑漆，无彩绘。通长 202.4、宽 6 ~ 18.8、厚约 5 厘米（见图七三，1；图七七，1）。

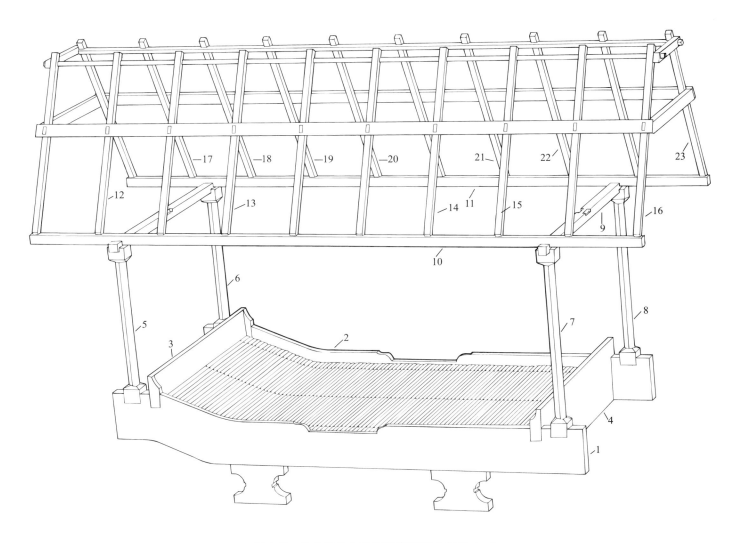

图七二　2号棺出土 B 型漆床复原示意图（一）

1、2. 床侧板（2号棺：60、2）　3. 床头板（2号棺：14）　4. 床尾板（2号棺：62）　5~8. 床立柱（2号棺：11、15、55、56）

9~11. 床梁（2号棺：54、63、33）　12~23. 床顶盖构件（2号棺：72、73、67、85、66、78、74、76、75、64、35、84）

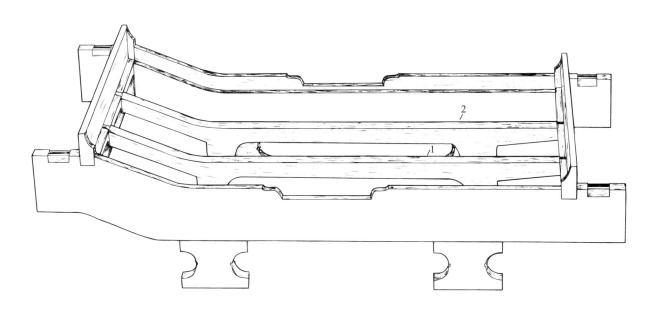

图七三　2号棺出土 B 型漆床复原示意图（二）

1、2. 床撑（2号棺：4、10）

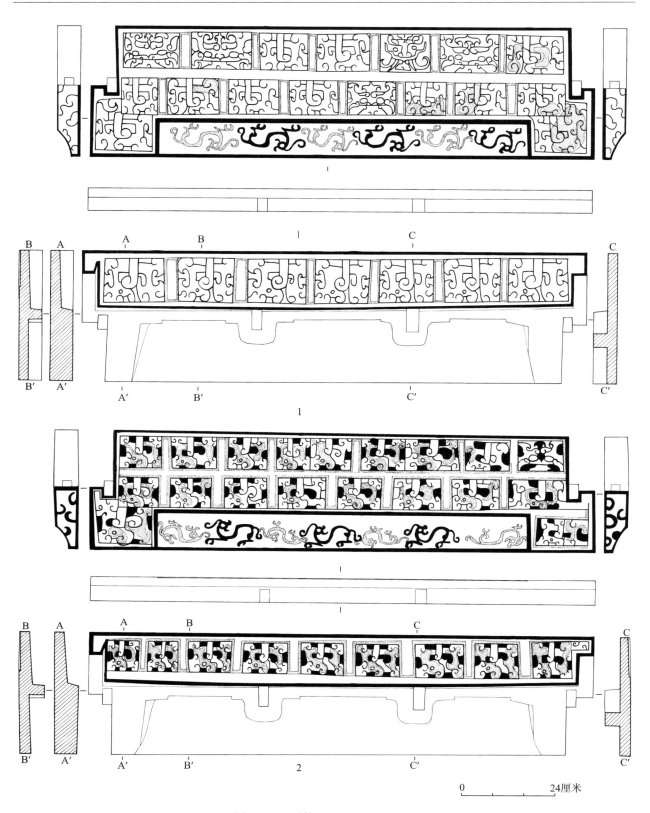

图七四　2号棺出土 B 型漆床构件

1. 床头板（2 号棺：14）　2. 床尾板（2 号棺：62）

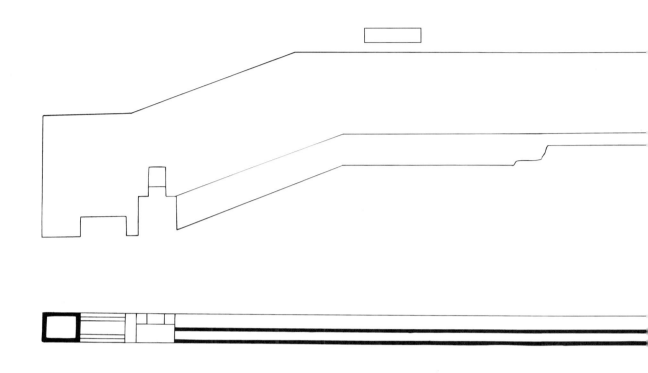

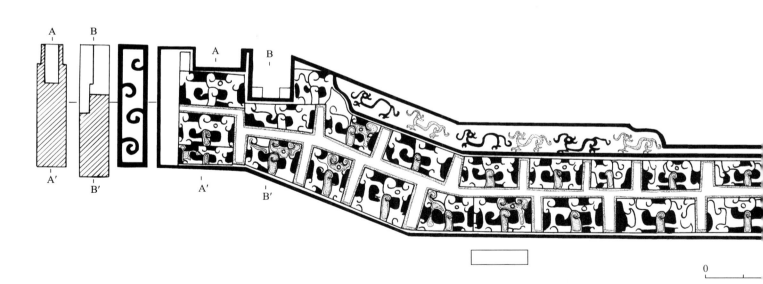

图七六　2 号棺出土 B 型

0

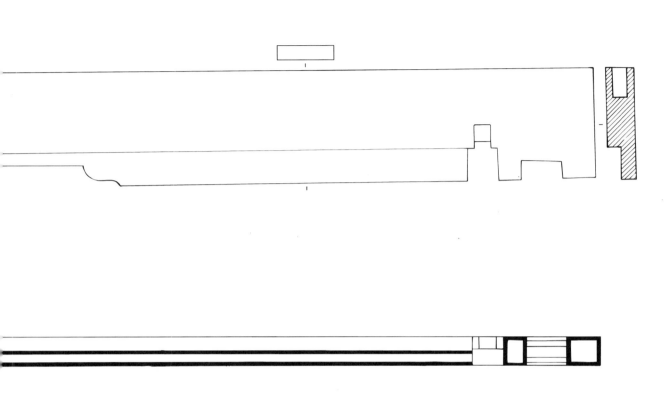

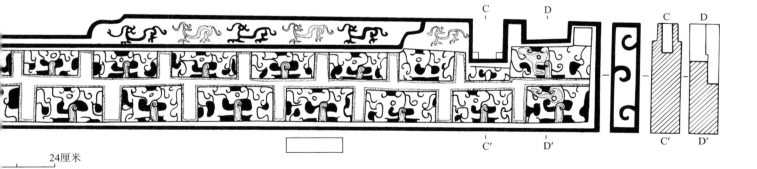

24厘米

漆床床侧板（2号棺：60）

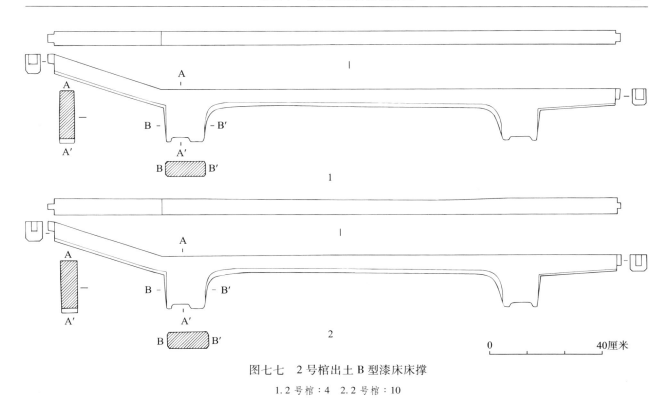

图七七　2号棺出土 B 型漆床床撑
1. 2 号棺：4　2. 2 号棺：10

标本 2 号棺：10，通体髹黑漆，无彩绘。通长 202、宽 15.8 ~ 26.4、厚约 5.2 厘米（见图七三，2；图七七，2；彩版三九，1）。

床立柱　4 件。形制相同，只是床头立柱稍短，床尾立柱稍长，都各用一整木制成，断面为多边形，两端各有一方形柱头，上端的柱头有一榫头以接床顶盖，下端的柱头则另有一长方形榫头与床侧板的卯眼相接。

标本 2 号棺：11，床头立柱。通体髹黑漆，在立柱中部及柱头均饰蟠螭纹，其绘法是先用朱色单线勾勒，局部地方再以赭色填涂。通长 92、中部宽 4.8 ~ 6、柱头宽 8.8 厘米（见图七二，5；图七八，1）。

标本 2 号棺：15，床头立柱。通体髹黑漆，在立柱中部及柱头均饰用朱色单线勾勒的蟠螭纹。通长 92、中部宽 4.4 ~ 5.6、柱头宽 8.8 厘米（见图七二，6；图七八，2）。

标本 2 号棺：55，床尾立柱。通体髹黑漆，在立柱中部及柱头均饰蟠螭纹，其绘法是先用朱色单线勾勒，局部再以朱、赭二色填涂。通长 108、中部宽 4.4 ~ 6、柱头宽 8.8 厘米（见图七二，7；图七九；彩版三九，2）。

标本 2 号棺：56，床尾立柱。通体髹黑漆，在立柱中部及柱头均饰蟠螭纹，其绘法是先用朱色单线勾勒，局部再以赭色填涂。通长 108、中部宽 4.8 ~ 6、柱头宽 9 厘米（见图七二，8；图八〇；彩版三九，3）。

床梁　3 件。

标本 2 号棺：54，相同的构件还应再有一个。用一整木制成，断面为方柱形，两端的下部各有一长方形卯口以接床立柱，上部还有三个长方形的榫头与床顶盖的其他构件（标本 2 号棺：33、63）相接。通体髹黑漆，无彩绘。通长 133.8、宽 4.4、厚 5.2 厘米（见图七二，

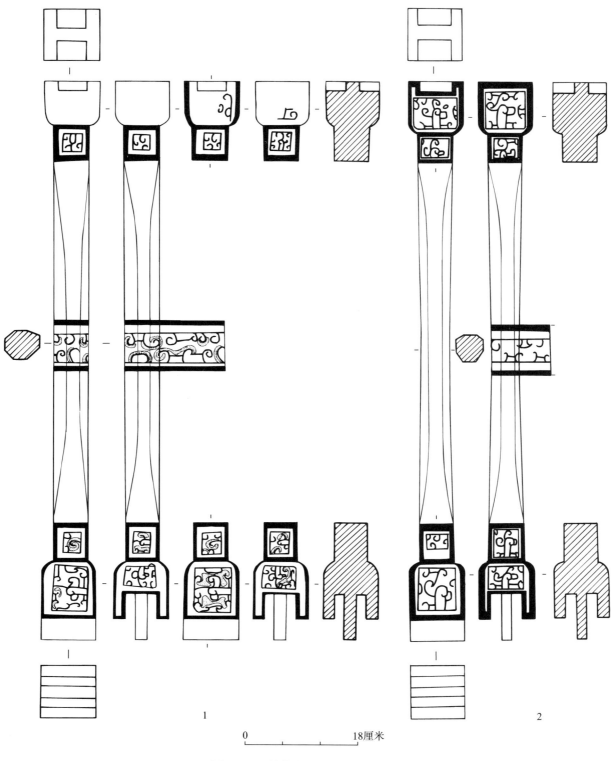

0 ——————— 18厘米

图七八　2号棺出土 B 型漆床床立柱

1. 2号棺：11　2. 2号棺：15

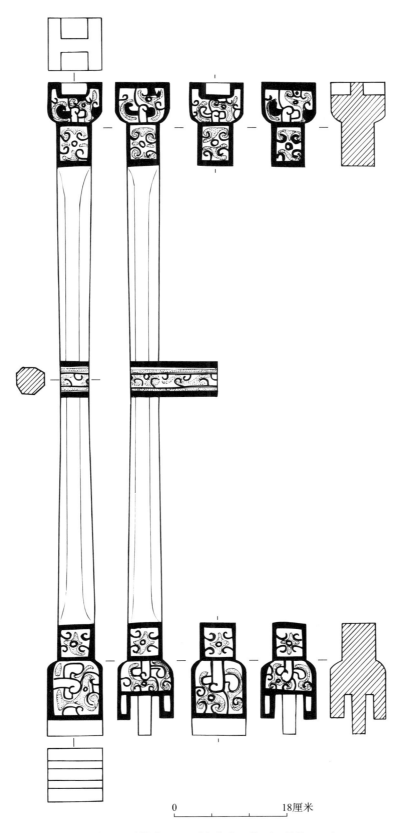

0　　　　　　　　　　18厘米

图七九　2 号棺出土 B 型漆床床立柱（2 号棺：55）

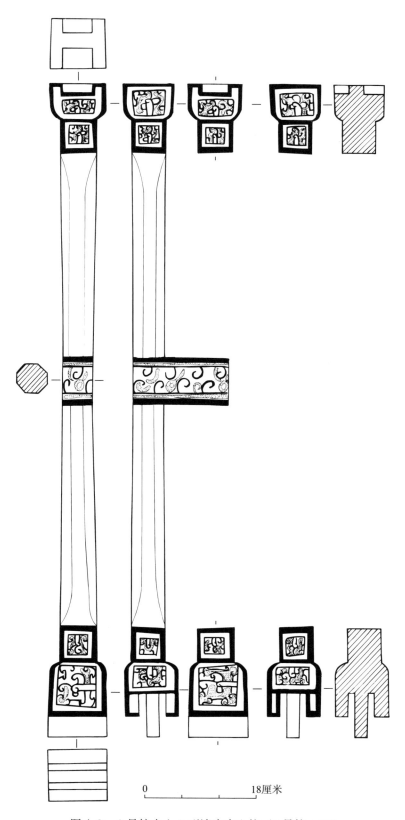

图八〇　2 号棺出土 B 型漆床床立柱（2 号棺：56）

9；图八一，1）。

标本 2 号棺：33，与标本 2 号棺：63 形制相同，用一整木制成，断面为方柱形，在器物两端的下部各有一长方形卯口和床顶盖的其他构件（如标本 2 号棺：54）相接，在上部一共也均匀分布着 10 个长方形的卯眼与床顶盖的其他构件（如标本 2 号棺：35、64、74、75、76、78、84）相接，其卯眼的结构呈楔形状，与这些构件的楔形榫头相吻合。而且在器体的另一侧、卯眼的附近也均匀分布 10 余个刻划符号，这些符号在相对应的构件上也有出现，说明这些刻划符号应是作为构件之间对接的记号。器物通体髹黑漆，在两头的侧面有彩绘。通长 320、宽 4.4、厚 5.2 厘米（见图七二，11；图八一，2）。

标本 2 号棺：63，与标本 2 号棺：33 形制相同，用一整木制成，断面为方柱形，在器物两端的下部各有一长方形卯口和床顶盖的其他构件（如标本 2 号棺：54）相接，在上部一共还均匀分布着 10 个长方形的卯眼与床顶盖的其他构件（如标本 2 号棺：66、67、72、73、85）相接，其卯眼的结构呈楔形，正好与标本 2 号棺：66、67、72、73、85 等构件的楔形榫头相吻合。而且在器体的另一侧、卯眼的附近也均匀分布 10 余个刻划符号，这些符号相对应地在标本 2 号棺：66、67、72、73、85 的器体上也有出现，说明这些刻划符号应是作为构件之间对接的记号。器物通体髹黑漆，在两头的侧面有彩绘。通长 318、宽 4.4、厚 5.2 厘米（见图七二，10；图八一，3）。

床顶盖构件　12 件。

标本 2 号棺：72，用一整木制成，断面为方柱形，一端为楔形榫头与标本 2 号棺：63 相接，在另一端的下部有一长方形卯口，在器物的上部还有一长方形榫头，榫头右侧有一刻划符号。通体髹黑漆，在一端的侧面有彩绘。通长 99、宽 3.6、厚约 2.2 厘米（见图七二，12；图八二，1）。

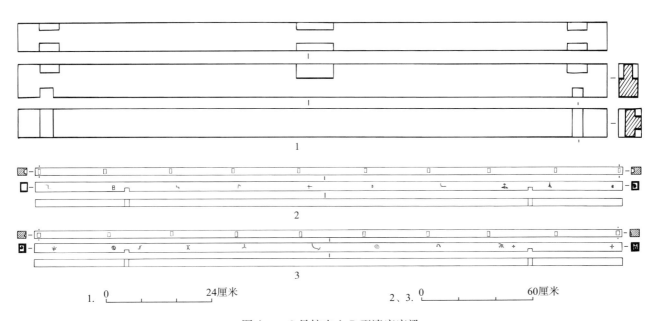

图八一　2 号棺出土 B 型漆床床梁

1～3.2 号棺：54、33、63

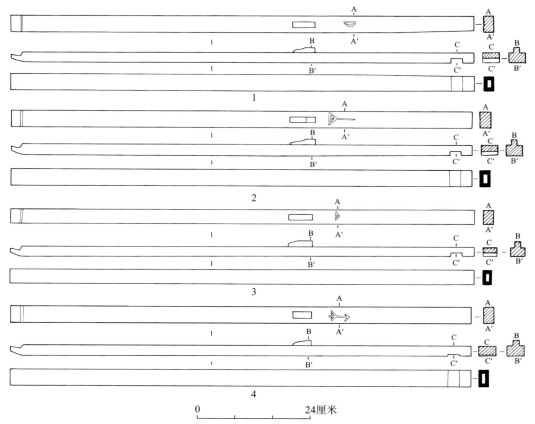

图八二　2 号棺出土 B 型漆床床顶盖构件

1～4.2 号棺：72、78、75、74

标本 2 号棺：78，与标本 2 号棺：72 形制相同，楔形榫头与标本 2 号棺：33 相接。通体髹黑漆，在一端的侧面有彩绘，另在长方形榫头的右侧有一刻划符号。通长 98.4、宽 3.6、厚约 2.2 厘米（见图七二，17；图八二，2）。

标本 2 号棺：75，与标本 2 号棺：72 形制相同，楔形榫头与标本 2 号棺：33 相接。通体髹黑漆，在一端的侧面有彩绘，另在长方形榫头的右侧有一刻划符号。通长 99.2、宽 3.4、厚约 2.1 厘米（见图七二，20；图八二，3）。

标本 2 号棺：74，与标本 2 号棺：72 形制相同，楔形榫头与标本 2 号棺：33 相接。通体髹黑漆，在一端的侧面有彩绘，另在长方形榫头的右侧有一刻划符号。通长 98.4、宽 3.6、厚约 2.2 厘米（见图七二，18；图八二，4）。

标本 2 号棺：67，与标本 2 号棺：72 形制相同，楔形榫头与标本 2 号棺：63 相接。通体髹黑漆，在一端的侧面有彩绘，另在长方形榫头的右侧有一刻划符号。通长 99.6、宽 3.6、厚约 2.2 厘米（见图七二，14；图八三，1）。

标本 2 号棺：66，与标本 2 号棺：72 形制相同，楔形榫头与标本 2 号棺：63 相接。通体髹黑漆，在一端的侧面有彩绘，另在长方形榫头的右侧有一刻划符号。通长 99、宽 3.6、厚约 2.2 厘米（见图七二，16；图八三，2）。

标本 2 号棺：85，与标本 2 号棺：72 形制相同，楔形榫头与标本 2 号棺：63 相接。通体

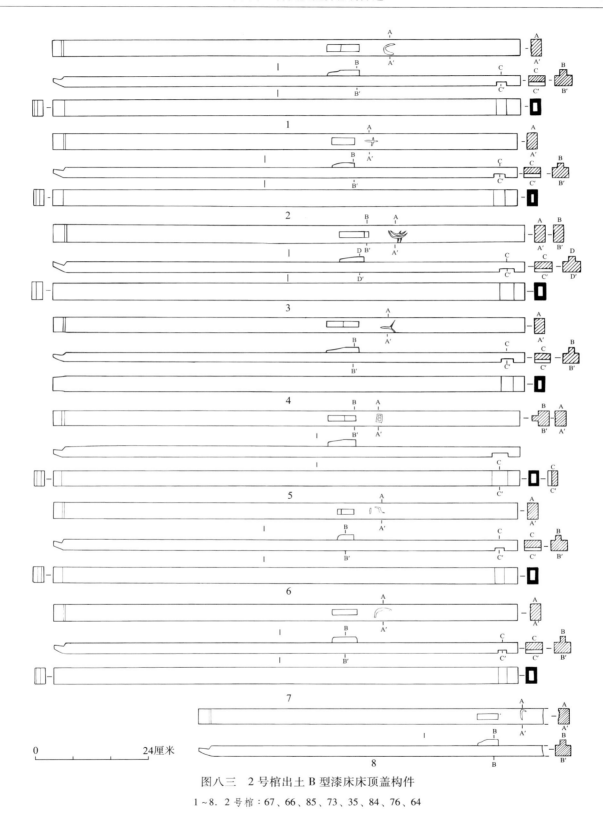

0　　　　　　　　24厘米

图八三　2 号棺出土 B 型漆床床顶盖构件

1~8. 2 号棺：67、66、85、73、35、84、76、64

髹黑漆，在一端的侧面有彩绘，另在长方形榫头的右侧有一刻划符号。通长 100、宽 3.6、厚约 2.2 厘米（见图七二，15；图八三，3）。

标本 2 号棺：73，与标本 2 号棺：72 形制相同，楔形榫头与标本 2 号棺：63 相接。通体髹黑漆，在一端的侧面有彩绘，另在长方形榫头的右侧有一刻划符号。通长 100、宽 3.6、厚约 2.2 厘米（见图七二，13；图八三，4）。

标本 2 号棺：35，与标本 2 号棺：72 形制相同，楔形榫头与标本 2 号棺：33 相接。通体髹黑漆，在一端的侧面有彩绘，另在长方形榫头的右侧有一刻划符号。通长 98.8、宽 3.4、厚约 2.2 厘米（见图七二，22；图八三，5）。

标本 2 号棺：84，与标本 2 号棺：72 形制相同，楔形榫头与标本 2 号棺：33 相接。通体髹黑漆，在一端的侧面有彩绘，另在长方形榫头的右侧有一刻划符号。通长 98.4、宽 3.6、厚约 2.2 厘米（见图七二，23；图八三，6）。

标本 2 号棺：76，与标本 2 号棺：72 形制相同，楔形榫头与标本 2 号棺：33 相接。通体髹黑漆，在一端的侧面有彩绘，另在长方形榫头的右侧有一刻划符号。通长 98.4、宽 3.6、厚约 2.2 厘米（见图七二，19；图八三，7）。

标本 2 号棺：64，与标本 2 号棺：72 形制相同，但一头残断，其楔形榫头与标本 2 号棺：33 相接。通体髹黑漆，在一端的侧面有彩绘，另在长方形榫头的右侧有一刻划符号。残长 73.2、宽 3.4、厚约 2.2 厘米（见图七二，21；图八三，8）。

C 型漆器座 1 件。标本 2 号棺：26，其形制有点类似 A 型漆案的案足（标本 1 号棺：41），大小也差不多，亦为一圆形底座，其平面形状为圆形，整木制成，器内中空，上有一长方形的卯眼，但与标本 1 号棺：41 不同的是，其上部平面为长方形。器表髹黑漆，饰用朱、赭二色单线勾填的蟠螭纹，以及用赭色绘制的一圈回首状龙纹。上部长 21.3、宽 13 厘米，底径 46.8、高 19 厘米，卯眼长 9、宽 6.5 厘米（图八四；彩版四〇）。

漆器杂件 21 件。除了标本 2 号棺：18、45、58、81 朽残严重，不辨器形外，其余 17 件保存相对好一些，但器形不一，分别介绍如下。

标本 2 号棺：24，木胎漆器。虎形构件，后部残断，可分为虎头、虎身前后两部分，各

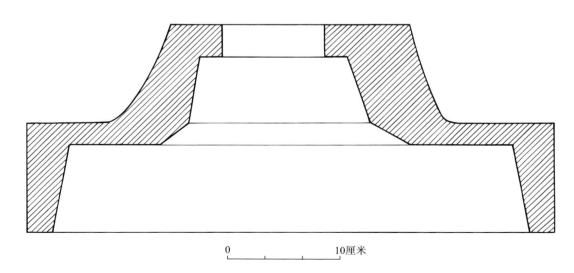

图八四 -1 2 号棺出土 C 型漆器座剖面图（2 号棺：26）

0　　　　　　　　10厘米

图八四－2　2号棺出土 C 型漆器座俯视、正视图（2号棺：26）

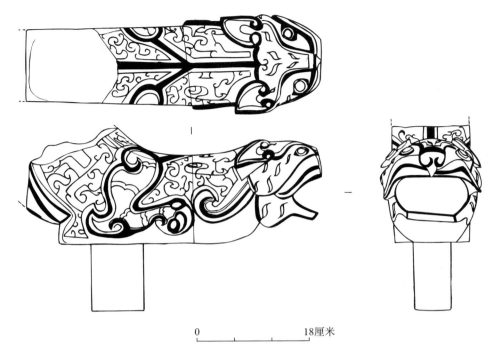

0　　　　　　　　　　　　　　18厘米

图八五－1　2号棺出土虎形漆器杂件正视、侧视、俯视图（2号棺：24）

用一整木雕刻而成，两部分再以榫卯相接，榫头在虎头部分，卯眼在虎身。从虎身尾部残断的痕迹来看，应为一横木。虎头大嘴张开，双目圆睁。虎身下部较为平整，且有一长方形榫头与身连为一体，榫头的大小与1号棺所出的 A 型器座（标本 1 号棺：40）上部榫头的尺寸几乎一致，估计两者属于同一件器物，有可能是某种悬挂乐器如编钟或编磬的架子。器身髹黑漆，再以朱色勾勒纹样。通体残长约48、最宽约16、高约30厘米（图八五；彩图一五；彩版四一）。

标本 2 号棺：50，木胎漆器。与标本 1 号棺：18、标本 11 号棺：24 形制基本相同，应为 A 型案面板与底座之间的连接部分，平面形状亦为近圆形，上下各有一个榫头分别与案面板和底座相接，其上部榫头上也有一长方形卯眼与案面板圆形座子上的两个卯眼相通，作用应为加固案面板与案足连接的稳定性。器表髹黑漆，饰用朱、赭二色勾填的蟠螭纹。上部直径14.4、下部直径15.2、通长25.6厘米（图八六）。

标本 2 号棺：57，木胎漆器，与标本 2 号棺：15 器形相同，亦为一柱形构件。器身髹黑漆，无彩绘。通体长26.4、宽4~8厘米（图八七，1）。

标本 2 号棺：88，木胎漆器。柱形构件，上下各有一方形柱头，一柱头上有一长方形卯眼，另一个柱头上则带有一圆柱形榫头。器身髹黑漆，无彩绘，但在一柱头上有一刻划符号。通体长26.4、宽4~8厘米（图八七，2）。

标本 2 号棺：12，木胎漆器。条形构件，一端残断，在其两头及中部都有多个卯口。通体髹黑漆，无彩绘。残长126、宽2.4、厚4.8厘米（图八八，1）。

标本 2 号棺：34，木胎漆器。柱形构件，两端各有一方形榫头。通体髹黑漆，两头有彩绘，并在构件一端有一刻划符号。通长140.4、宽5.6、厚4~4.8厘米（图八八，2）。

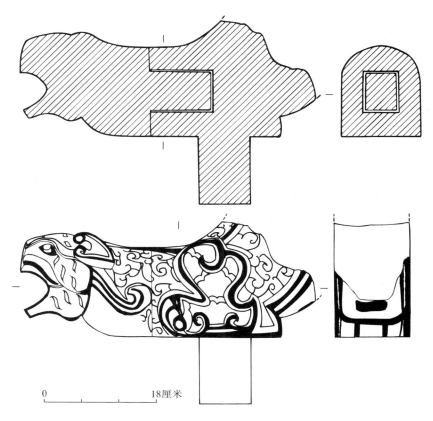

0 18厘米

图八五－2 2号棺出土虎形漆器杂件后视、侧视、剖面图（2号棺：24）

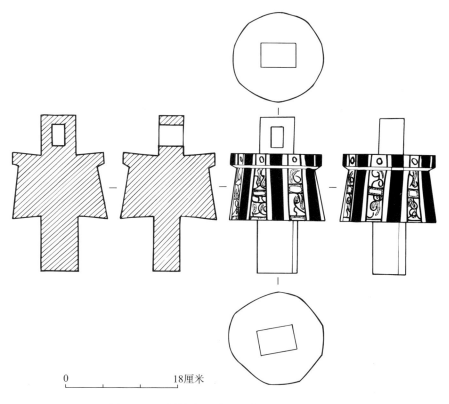

0 18厘米

图八六 2号棺出土漆器杂件（2号棺：50）

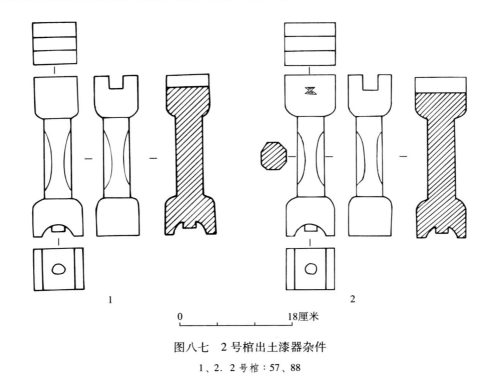

0   18厘米

图八七   2号棺出土漆器杂件

1、2. 2号棺：57、88

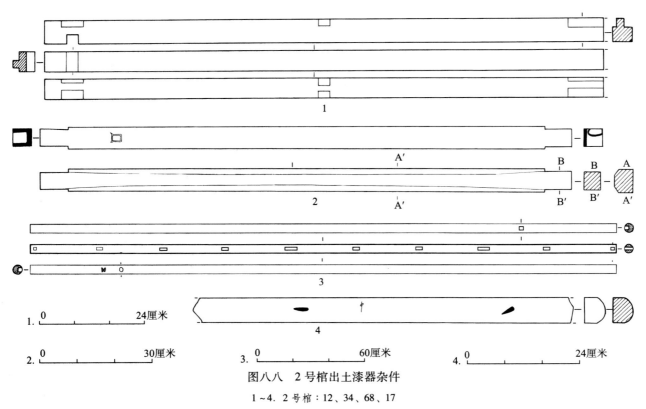

1. 0   24厘米

2. 0   30厘米   3. 0   60厘米   4. 0   24厘米

图八八   2号棺出土漆器杂件

1~4. 2号棺：12、34、68、17

　　标本2号棺：68，木胎漆器。圆柱形构件，上有10个长方形卯眼，另在上侧有一方形卯眼，下侧有一圆形卯眼和一刻划符号。通体髹黑漆，无彩绘。直径5.5、通长327厘米（图八八，3）。

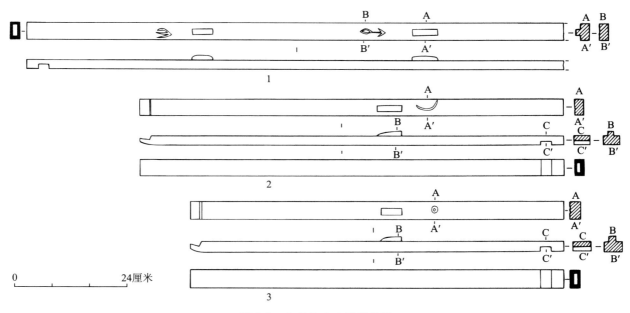

图八九　2号棺出土漆器杂件

1~3. 2号棺：59、70、80

标本2号棺：17，木胎漆器。柱形构件，两头残断。通体髹黑漆，一面有彩绘，并有一刻划符号。残长81.6、宽5.6、厚4.4厘米（图八八，4）。

标本2号棺：59，木胎漆器。条形构件，一端残断，在其一头有一长方形卯眼，而在中部的另一侧则有两长方形榫头，榫头旁各有一刻划符号。通体髹黑漆，一头有彩绘。残长114.4、宽3.8、厚2~3.2厘米（图八九，1）。

标本2号棺：70，木胎漆器。条形构件，在一端有一榫头，榫头略翘，在另一端有一长方形卯口，在中部的另一侧则有一长方形榫头，榫头旁有一刻划符号。通体髹黑漆，一头有彩绘。通长90.4、宽3.6、厚2~3厘米（图八九，2）。

标本2号棺：80，木胎漆器。条形构件，与标本2号棺：70形制相同，在一端有一榫头，榫头略翘，在另一端有一长方形卯口，在中部的另一侧则有一长方形榫头，榫头旁有一刻划符号。通体髹黑漆，一头有彩绘。通长80、宽4、厚2.4~3.6厘米（图八九，3）。

标本2号棺：65，木胎漆器。条形构件，与标本2号棺：82形制一样，但两头残断。通体髹黑漆，一面有彩绘。残长165、最宽2.4、厚4.8厘米（图九〇，1）。

标本2号棺：82，木胎漆器。条形构件，一端残断，在另一端中心处有一小的圆形穿孔。通体髹黑漆，一面有彩绘。残长152、最宽2.4、厚4.4厘米（图九〇，2）。

标本2号棺：69，木胎漆器。条形构件，形制与标本2号棺：77相近，在中部有一卯口，另一头较平整。在器身中部有三个圆形小穿孔。通体髹黑漆，一面饰有一组朱绘的窃曲纹。通长101.2、宽3.6、厚4.8厘米（图九〇，3）。

标本2号棺：77，木胎漆器。条形构件，形制复杂，在一端有一榫头，榫头略翘，在中部有一卯口，另一头较平整。在器身中部还有两圆形小穿孔。通体髹黑漆，一面饰有一组朱绘的窃曲纹。通长100.4、宽3.6、厚4.8厘米（图九〇，4）。

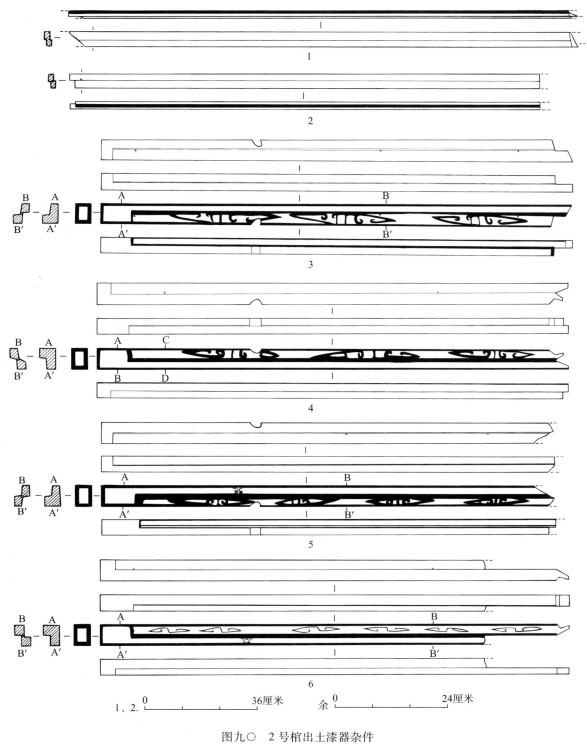

图九〇　2号棺出土漆器杂件

1~6. 2号棺：65、82、69、77、79、83

标本2号棺：79，木胎漆器。条形构件，一端残断，形制与标本2号棺：77相近，在中部有一卯口，卯口旁有一刻划符号，另一头较平整。在器身中部有两个圆形小穿孔。通体髹黑漆，一面饰有一组朱绘的窃曲纹。残长96.8、宽3.6、厚4.8厘米（图九〇，5）。

　　标本 2 号棺：83，木胎漆器。条形构件，略残，形制与标本 2 号棺：77 相同，在一端有一榫头，榫头略翘，在中部有一刻划符号，另一头较平整。在器身中部还有两圆形小穿孔。通体髹黑漆，一面饰有一组朱绘的窃曲纹。残长 100.4、宽 3.6、厚 4.8 厘米（图九〇，6）。

　　竹笆片　1 件。标本 2 号棺：86，朽残严重，已不辨其形。

第三节　3 号棺

　　属 A 型匣形棺，位于墓坑的西部，其东邻 5 号棺，南有 6 号棺。存有棺盖和棺身，但保存情况不好，棺盖塌陷，变形严重。棺身（连把手）长约 3.74、宽约 0.75、高约 0.49 米，棺室长约 2.98、宽约 0.55、深约 0.4 米。棺室内有 1 具人骨架，从人骨的情况看，应为一次葬，仰身直肢，头朝南，头骨被压碎。随葬器物只发现 1 件陶器盖、1 件铜带钩和 1 件铜削刀残片（图九一）。

　　（一）陶器

　　仅有 C 型器盖 1 件。标本 3 号棺：3，方唇，敞口，斜壁，顶近平，饼形纽。口径 15.6、纽径 5.6、通高 4.8 厘米（图九二，1；彩版四二，1）。

　　（二）铜器

　　2 件，分别为 1 件带钩和 1 件铜削刀的残片。

　　带钩　1 件。标本 3 号棺：1，鸭形带钩，整体细长，长颈，窄腹。通长 10.1、腹宽 0.85 厘米（图九二，2；彩版四二，2）。

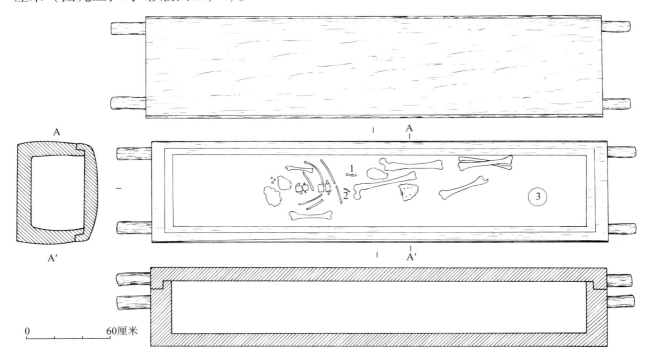

图九一　3 号棺平、剖面图
1. 铜带钩　2. 铜削刀　3. C 型陶器盖

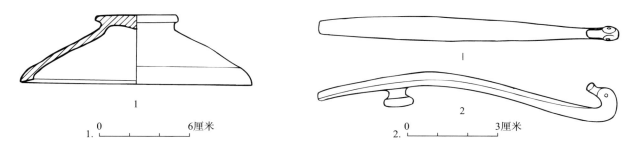

图九二　3号棺出土器物

1. C 型陶器盖（3 号棺：3）　　2. 铜带钩（3 号棺：1）

第四节　4 号 棺

位于墓坑的西部，其北靠大型方木，叠压在 5 号棺之上。4 号棺亦为 A 型匣形棺。棺身（连把手）长约 3.76、宽约 0.8、高约 0.56 米。棺室长约 2.7、宽约 0.62、深约 0.5 米。未见棺盖，东南角被一汉井打破。棺室的北部放有 1 具人骨架，系一次葬，仰身直肢，头朝南。只在棺室南部随葬 8 件陶尖底盏（图九三）。

（一）陶器

8 件，均为尖底盏，圆唇，口微敛，圆肩，弧腹，尖底。

标本 4 号棺：1，口径 9.8、高 3 厘米（图九四，1；彩版四二，3）。

标本 4 号棺：2，口径 10.5、高 3.5 厘米（图九四，2；彩版四二，4）。

标本 4 号棺：3，口径 10.3、高 3 厘米（图九四，3；彩版四三，1）。

标本 4 号棺：4，口径 10、高 3.1 厘米（图九四，4；彩版四三，2）。

标本 4 号棺：5，口径 10.2、高 3 厘米（图九四，5；彩版四三，3）。

标本 4 号棺：6，口径 10.4、高 2.9 厘米（图九四，6；彩版四三，4）。

标本 4 号棺：7，口径 10.2、高 3.2 厘米（图九四，7；彩版四三，5）。

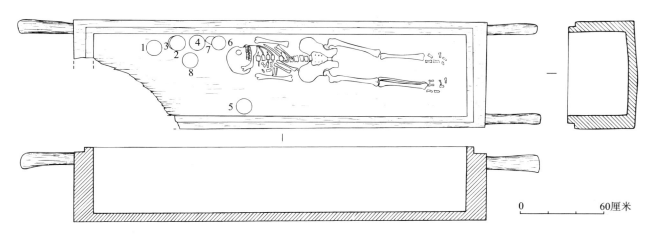

图九三　4 号棺平、剖面图

1～8. 陶尖底盏

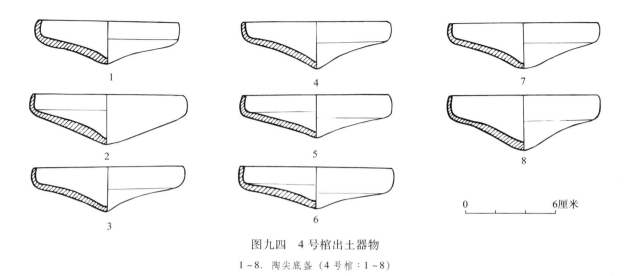

图九四　4号棺出土器物

1~8. 陶尖底盏（4号棺：1~8）

标本4号棺：8，口径10.3、高2.8厘米（图九四，8；彩版四三，6）。

第五节　5号棺

属A型匣形棺，位于墓坑的西部，其北靠大型方木，西邻3号棺，东南角有6号棺，4号棺叠压在其之上。棺身（连把手）长约3.3、宽约0.91、高约0.5米。棺室长约2.73、宽约0.73、深约0.43米。棺室北部有1具人骨架，系一次葬，仰身直肢，头向朝南。在棺室北部随葬有9件陶器，器形有尖底盏、圈足豆、圜底釜、瓮、器盖等，另外还出了一件葫芦笙，但朽得比较严重（图九五）。

（一）陶器

9件，计有B型瓮1件、尖底盏3件、圈足豆1件、A型和B型圜底釜3件、C型器盖1件。

B型瓮　1件。标本5号棺：7，方唇，敛口，束颈，鼓肩，腹部大部分已残，从残片上看应是鼓腹，器底为小平底。肩上饰一周压印纹。口径18.4、腹最大径31.2、残高11.2厘米（图九六，1）。

尖底盏　3件。圆唇，口微敛，圆肩，弧腹，尖底。

标本5号棺：6，口径11.3、高4.2厘米（图九六，2；彩版四四，1）。

标本5号棺：5，口径11.3、高3.4厘米（图九六，3；彩版四四，2）。

标本5号棺：3，口径11.6、高3.7厘米（图九六，4；彩版四四，3）。

圈足豆　1件。标本5号棺：2，方唇，口微敛，弧腹略深，圈足较矮。口部饰两周凹弦纹。口径10.5、腹最大径11、足径8.3、通高6.1厘米（图九六，5；彩版四四，4）。

A型圜底釜　1件。标本5号棺：9，器形较小。圆唇，口微侈，溜肩，弧腹，圜底。底部饰绳纹。口径9.7、腹最大径11.6、通高6厘米（图九六，6；彩版四五，1）。

B型圜底釜　2件。器形略大，圆唇，侈口，束颈，溜肩，扁腹，圜底。腹部及底部均饰绳纹。

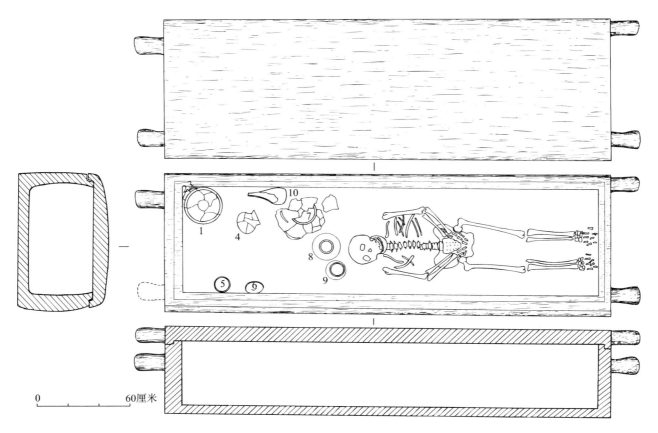

图九五 5号棺平、剖面图

1.C型陶器盖 2.陶圈足豆 3、5、6陶尖底盏 4、8.B型陶圈底釜 7.B型陶瓮 9.A型陶圈底釜 10.葫芦芋

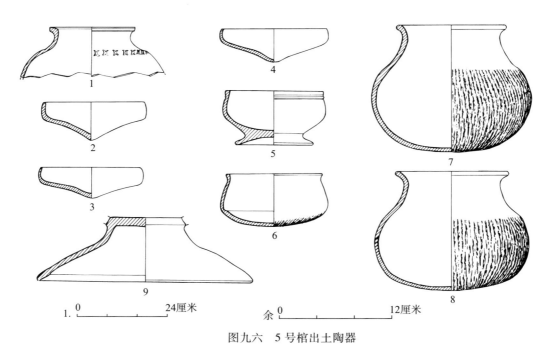

图九六 5号棺出土陶器

1.B型瓮（5号棺：7） 2~4.尖底盏（5号棺：6、5、3） 5.圈足豆（5号棺：2） 6.A型圈底釜（5号棺：9）

7、8.B型圈底釜（5号棺：4、8） 9.C型器盖（5号棺：1）

标本 5 号棺：4，口径 11.7、腹最大径 17.2、通高 14.2 厘米（图九六，7；彩版四五，2）。

标本 5 号棺：8，口径 12.2、腹最大径 16.6、通高 13.3 厘米（图九六，8；彩版四五，3）。

C 型器盖　1 件。标本 5 号棺：1，圆唇，敞口，斜壁，平顶，饼形纽。口径 23.4、纽径 8.8、通高 7.2 厘米（图九六，9；彩版四五，4）。

第六节　6 号棺

属 A 型匣形棺，位于墓坑的西部，北邻 3 号棺。破坏较严重，只存有部分棺身，没有发现棺盖。棺内亦无任何随葬器物，也不见人骨。

第七节　7 号棺

属 A 型匣形棺，位于墓坑的东部，叠压在 13 号棺之上，与 10、11 号棺相近。破坏最为严重，仅存一小段棺身，呈东西向摆放，方向与其他棺木明显不一致，7 号棺有可能是从其他地方被扰到 13 号棺之上的。棺内亦无任何随葬器物和人骨。

第八节　8 号棺

属 D 型船棺，位于墓坑的东北部，其北靠墓坑北壁，东与 9 号棺相邻，南有 10 号棺，西侧为 12 号棺。棺身长约 4.35、宽约 0.7~0.81、高约 0.54 米。棺室长约 2.68、宽约 0.49~0.56、深约 0.25~0.34 米。在棺身的北部即船头平面一前一后有两个刻划符号。棺盖长约 4.37、宽约 0.64~0.89、高约 0.54 米，内空长约 2.78、宽约 0.51~0.56、深约 0.3~0.37 米。棺盖的南端有一圆孔，从外面与内空相通，圆孔内塞入圆木。8 号棺没有被盗过，也未被扰动过，其棺室的北部随葬有 4 件陶器及一些漆木器构件，每个双耳瓮外有竹筐包裹，另外还发现一些竹筐，内盛有种子或兽骨。棺室的南部则有木梳、葫芦笮、竹筐和一些漆木器的构件等。人骨架放在南部，椎骨、腿骨等放在一起，头骨再放在其上，还属一人，其葬式为二次捡骨葬。总之，8 号棺棺内共出有 4 件陶器、25 件漆木及竹器，以及一些植物果核，但没有铜器，其中陶器类型有瓮、器盖；漆木器有箅、木梳、案足、俎形漆器以及杂件等，另外还出有葫芦笮、竹筐、竹篓等（图九七、九八；彩版四六、四七）。

（一）陶器

4 件，计有 A 型瓮 2 件、A 型器盖 2 件。

A 型瓮　2 件。即双耳瓮。侈口，尖圆唇，束颈，鼓肩，鼓腹内收成小平底，肩部饰有两个对称的桥形耳。通体素面。从出土时的情况看，两件双耳瓮的器身上都外套有一个竹编的筐子，但竹筐残朽很甚。

标本 8 号棺：4，口径 17.2、底径 11.8、腹最大径 31.8、通高 34 厘米（图九九，1；彩版四八，1）。

标本 8 号棺：1，口径 17、底径 12、腹最大径 34.6、通高 38.3 厘米（图九九，2；彩版四八，2）。

A 型器盖　2 件。与双耳瓮配套使用的。方唇，口近直，直壁，弧顶，桥形耳纽。有 1 件器盖上绘有红彩符号。

标本 8 号棺：3，盖上有一彩绘符号。口径 21.2、通高 10 厘米（图九九，3；见彩版四八，1）。

标本 8 号棺：2，口径 19.7、通高 9.6 厘米（图九九，4；见彩版四八，2）。

（二）漆木、竹器

纳入统一编号的共有 25 件，经过拼复后器类有漆篦、木梳、漆案足、俎形漆器、伞盖弓、漆器杂件、葫芦竽、竹篓、竹筐、竹笆片等。其中 12 号（葫芦竽）和 20 号（竽管）组合成 1 件完整的竽。这些漆木、竹器大多数保存完好，只有 3 件竹筐、漆器杂件 1 件，竹笆片朽残严重，已不辨其形。

俎形漆器　1 件。标本 8 号棺：5，整木制成，形体狭长，有两足，形似俎，可能为乐器的冥器。面板微凸，上有间距有规律的条形或椭圆形的槽子以及圆孔，其中有的穿透器身。两足与器身连为一体，成束腰状。髹黑漆，只在几面朱绘纹样，有三角纹、蝴蝶纹等。长 98、宽 11.8、通高 8.8 厘米（图一〇〇，1；彩版四九）。

木梳　1 件。木胎，未髹漆。平面呈长方形，上为弧形，下呈方形，侧面均为锥形。柄部靠上均有一小孔，并在与齿部交接处饰有两道平行的凹槽。标本 8 号棺：7，齿 18 根。柄部削成凹沿，其顶上也有一穿孔与小孔相连，在其中部还有一刻划符号。长 9.7、宽 6.25、最厚 0.9 厘米（图一〇〇，2；彩版五〇）。

漆篦　1 件。标本 8 号棺：30，木胎漆器，平面呈长方形，上为弧形，下部残断，侧面为锥形。柄上部有一小孔，并与其顶上的一穿孔相连，齿甚细密。黑漆底朱绘纹样，有两层纹饰，底层勾勒朱色线条，之上再涂抹颜色稍浅的赭色图案。残长 6.2、宽 4.7、最厚 0.9 厘米（图一〇〇，3；彩图一六）。

漆案足　1 件。由标本 8 号棺：6、25 组合而成（彩版五一），应为 B 型漆案或 C 型漆案的案足。

标本 8 号棺：6，案足的足座部分，正面呈梯形，上端有 5 个长方形卯眼以接 5 个方足。器表髹黑漆，正面饰有两层用朱、赭二色单线勾填的蟠螭纹。足座上宽 50.6、下宽 56.8、高约 21.6、厚约 5.2～6.4 厘米（图一〇〇，4）。

标本 8 号棺：25，为 5 个长方形扁足，其上接案面板，下接足座。除了上下两头插入卯眼的部分外，其余部位均髹黑漆，中部朱绘有宽带纹。方足长 16.5～18.2、宽约 5、厚约 2.5 厘米（图一〇〇，5）。

伞盖弓　5 件。其形状和大小基本一致，都用竹片制成，形体扁平窄长，中部稍宽，上端平整，可接伞顶，末端呈倒钩状。器表通体髹黑漆，在末端一侧满涂朱色。

标本 8 号棺：15，通体长约 55.8、中部最宽约 2.9、厚 0.55 厘米（图一〇一，1；见彩版五二，1）。

0

1

0   24

0   12厘米

1. 俎形漆器（8号棺：5）　2. 木

1.

2.

3.

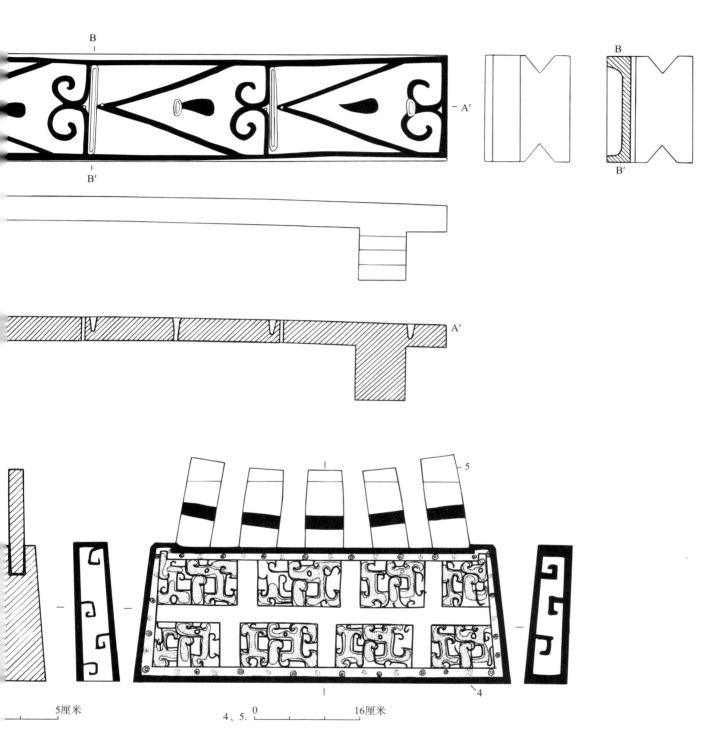

5厘米

4、5. 0 16厘米

图一〇〇　8 号棺出土漆木器

…（8 号棺：7）　3. 漆籩（8 号棺：30）　4、5. 漆案足（8 号棺：6、25）

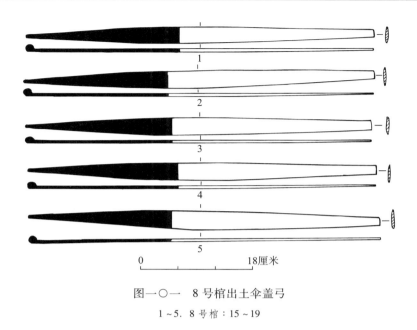

图一〇一　8 号棺出土伞盖弓

1~5. 8 号棺：15~19

标本 8 号棺：16，通体长约 56、中部最宽约 3.2、厚约 0.55 厘米（图一〇一，2；见彩版五二，1）。

标本 8 号棺：17，通体长约 55.7、中部最宽约 2.9、厚约 0.55 厘米（图一〇一，3；见彩版五二，1）。

标本 8 号棺：18，通体长约 56、中部最宽约 2.9、厚约 0.55 厘米（图一〇一，4；见彩版五二，1）。

标本 8 号棺：19，通体长约 56.5、中部最宽约 3.2、厚约 0.55 厘米（图一〇一，5）。

杂件　7 件。除了其中 1 件器物（标本 8 号棺：23）已朽残外，其余都保存较好。这 6 件器物均为木胎饼状漆器，用途不详，应属漆器的构件部分，相同的器物在 1 号棺也有出土（1 号棺：25、28）。平面为圆角近方形，器体较薄，分为两部分，并用细绳捆杂固定，器上有一圆形穿孔。通体髹黑漆，双面均在对角的四分之一处满涂朱色。

标本 8 号棺：21，漆器长 10.9、厚 0.7 厘米（图一〇二，1）。

标本 8 号棺：24，漆器长 10.5、厚 0.6 厘米（图一〇二，2；彩版五二，2）。

标本 8 号棺：22，漆器长 11.3、厚 0.8 厘米（图一〇二，3）。

标本 8 号棺：26，漆器长 10.8、厚 0.5 厘米（图一〇二，4；彩版五二，3）。

标本 8 号棺：27，漆器长 10.9、厚 0.7 厘米（图一〇二，5）。

标本 8 号棺：29，漆器长 11.5、厚 0.6~1 厘米（图一〇二，6）。

葫芦竽　1 件。由标本 8 号棺：12 号（葫芦竽）和标本 8 号棺：20 号（竽管）两部分组合而成。

标本 8 号棺：12，用一葫芦整器制成，可分为竽斗和竽嘴，两者连为一体，嘴部平整，斗的前后两侧各有两排圆形管孔，每排又各有 6 个管孔。通体未髹漆。葫芦竽通长 21.5、斗径 9.1、嘴径 2.5、管孔孔径 0.9 厘米（图一〇三）。

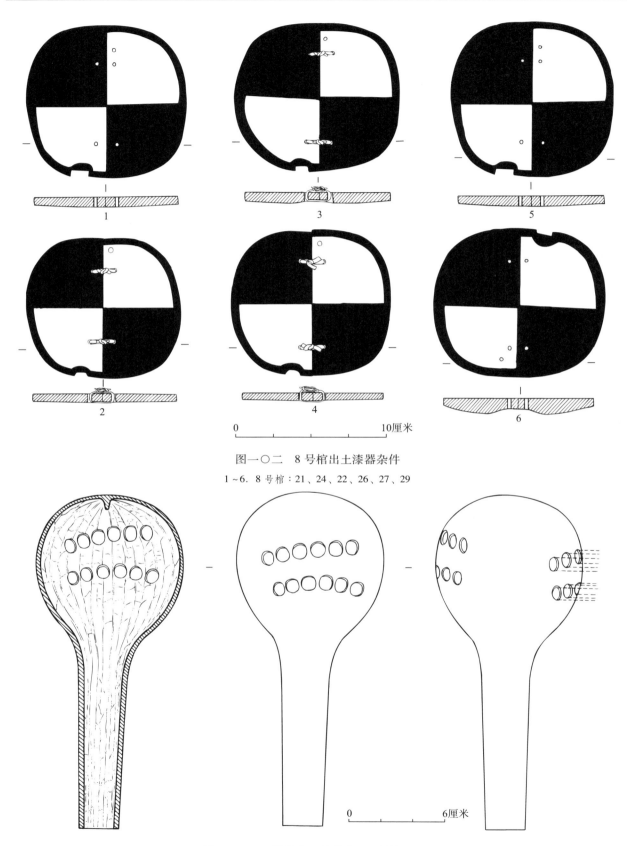

图一〇二　8 号棺出土漆器杂件

1~6. 8 号棺：21、24、22、26、27、29

图一〇三　8 号棺出土葫芦芋（8 号棺：12）

标本 8 号棺：20，一共 12 根芋管，但多已朽残，只有六七根要稍好一些。均由竹管制成，刮去表皮，中通，在竹管距头端约 3 厘米处，凿有一小孔，这一部位应是置于芋斗内的。芋管最长约 80 余厘米，最短约 10 余厘米，管径 0.8～0.9 厘米，孔径不详。

竹篓　1 件。由标本 8 号棺：8、9 组合而成，8 号为篓盖，9 号为篓身。器形较小，形制不一，出土时都已被压扁，变形比较严重，但整体保存尚好。

标本 8 号棺：8，篓盖。圆口，弧顶。编织方法为用 12 根长竹片为经，然后用细竹片为纬围织而成。另外，在盖口的位置又加编了 24 根短竹片为经，再特用三股细竹丝为纬。竹片宽约 0.25～0.3 厘米（图一〇四，1）。

标本 8 号棺：9，篓身。圆口，方形平底。编织方法为四周分别用 9 根长竹片为经（另外在四个角又加编了 4 根短竹片），然后再用细竹片以及 10 余股细竹丝为纬围织而成。长竹片宽约 0.3～0.4 厘米（图一〇四，2）。

竹筐　3 件。标本 8 号棺：10、11、28，已不辨其形。

竹笆片　1 件。标本 8 号棺：13，约有 10 余片，但朽残严重。

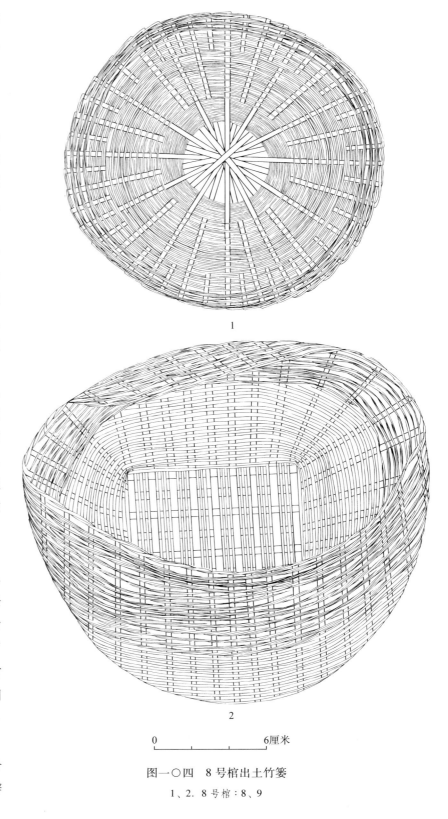

图一〇四　8 号棺出土竹篓

1、2. 8 号棺：8、9

（三）其他

植物果核　1件。标本8号棺：14，桃核。

第九节　9号棺

属D型船棺，位于墓坑的东北角，其北靠墓坑北壁，东为墓坑东壁，西邻8号棺，南有11号棺。棺身长约4.53、宽约0.78～0.92、高约0.57米。棺室长约2.72、宽约0.54～0.61、深约0.28～0.3米。在棺身北端即船头平面有刻划符号。棺盖长约4.47、宽约0.67～0.96、高约0.54米，内空长约2.99、宽约0.52～0.6、深约0.36～0.39米。同8号棺一样，9号棺也未被盗掘和扰动过，其棺室的北部随葬有竹筐，竹筐盛有植物种子、果核，南部有瓮、器盖等2件陶器。除陶器外，另有漆俎、漆案足、漆器杂件、竹席、竹片以及草垫等，加上北部的竹筐共计22件。9号棺未见人骨架，可能是用来专门放置随葬器物的（图一〇五、一〇六；见彩版四六；彩版五三，1、2）。

（一）陶器

2件，计有A型瓮1件、A型器盖1件。

A型瓮　1件。即双耳瓮。标本9号棺：1，侈口，尖圆唇，束颈，鼓肩，鼓腹内收成小平底，肩部饰有两个对称的桥形耳。在肩、腹部饰有篮纹。口径19.4、底径13.2、腹最大径35.6、通高37.5厘米（图一〇七，1；彩版五三，3）。

A型器盖　1件。与双耳瓮配套使用的。标本9号棺：18，方唇，口近直，直壁，顶近平，桥形耳钮，器盖上绘有一个红彩符号。口径21.8、通高9.2厘米（图一〇七，2；见彩版五三，3）

（二）漆木、竹器

22件，计有A型漆俎1件、漆案足1件、漆器杂件9件、竹笆片1件、竹席1件、竹筐7件，另外还有草垫2件。其中的竹筐和草垫以及1件漆器杂件朽残严重，已不辨其形。

A型漆俎　1件。标本9号棺：7，由一整块木板制成，面板为平面长方形，器底的左、右及前侧三边起沿成直壁，该沿部应起俎足的作用，其左右两侧稍宽，前部略窄。除器底外，器表髹黑漆，面板四周及足外侧均饰有蟠螭纹，绘法是先用朱色单线勾勒，再用赭色填涂。长86.8、宽19.2、高5.6厘米（图一〇八；彩版五四）。

漆案足　1件。标本9号棺：14，与标本2号棺：19（案面板）组合成C型漆案，为漆案的左案足，和面板以榫卯接合而成。可分为5个长方足和一个梯形足座，方足下插入足座之中，上接面板两侧的5个方孔。器表髹黑漆，5个方足外侧均朱绘有一宽带纹，足座外侧饰三层用朱、赭二色单线勾填的蟠螭纹。足座上宽52.1、下宽58.2、高约21.4、厚约5.6厘米，五方足长17.3～19.1、均宽约5.5、厚约2.5厘米（见图六〇；见彩图八）。

漆器杂件　9件。除了其中1件器物（标本9号棺：11）已朽残外，其余都保存较好。这些器物均为木胎漆器，其形状大小基本一致，相近的器物在2号棺也有出土（B型漆床盖顶

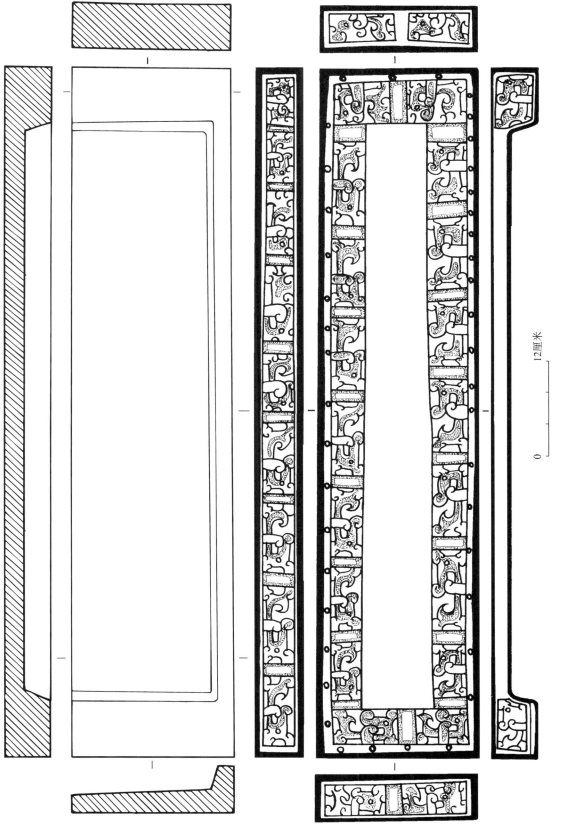

图一〇八　9 号棺出土 A 型漆俎（9 号棺∶7）

12厘米

0

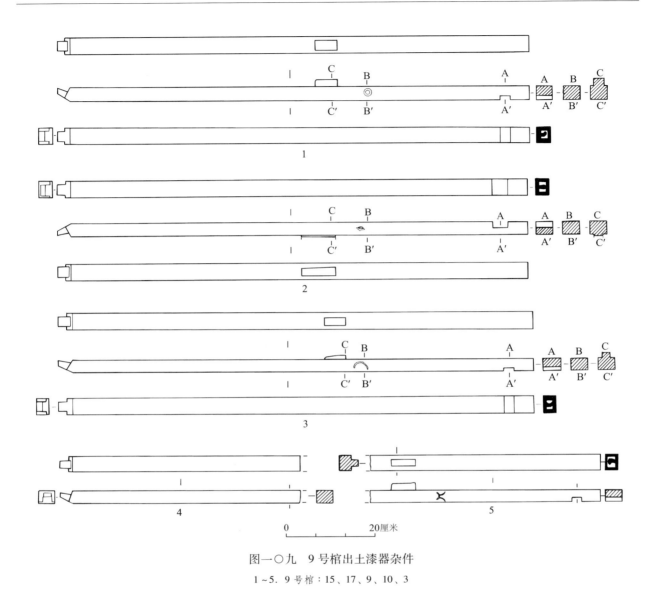

图一〇九　9号棺出土漆器杂件

1~5. 9号棺：15、17、9、10、3

构件，如标本2号棺：72），因此它们也应属床榻盖顶的构件部分。漆器形状为长条形，断面亦为长方形，在头端有一楔形榫头，末端平整，在漆器中部上方还有一长方形榫头，尾部的下方则有一长方形卯口。通体髹黑漆，在漆器末端有彩绘。

标本9号棺：15，漆器通长104.5、宽3.8、厚3.2厘米（图一〇九，1）。

标本9号棺：17，漆器通长114.3、宽3.8、厚3厘米（图一〇九，2）。

标本9号棺：9，漆器通长105.6、宽4、厚2.8厘米（图一〇九，3）。

标本9号棺：10，漆器残断。残长53.5、宽3.7、厚3厘米（图一〇九，4）。

标本9号棺：3，漆器残断。残长51、宽3.7、厚2.8厘米（图一〇九，5）。

标本9号棺：16，漆器通长114.5、宽4、厚3厘米（图一一〇，1）。

标本9号棺：12，漆器通长103.3、宽4、厚3厘米（图一一〇，2）。

标本9号棺：13，漆器通长103.2、宽3.4、厚3厘米（图一一〇，3）。

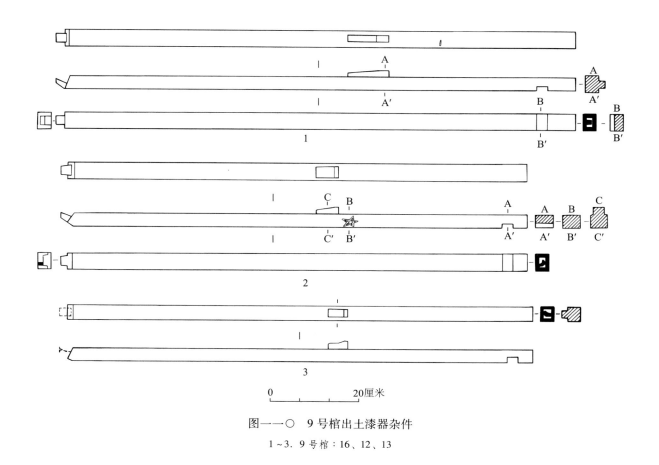

图一一〇　9号棺出土漆器杂件

1~3. 9号棺：16、12、13

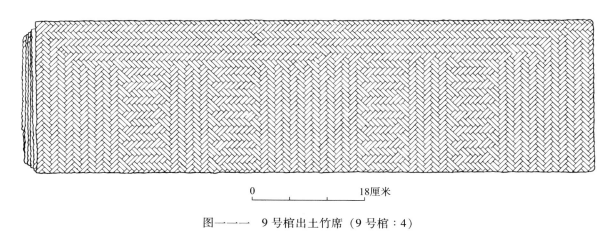

图一一一　9号棺出土竹席（9号棺：4）

竹席　1件。标本9号棺：4，保存较为完整，从其长宽大小来看，其作用可能是用在床榻之上的，下葬时折叠好后再放入棺内。编织方法为"人"字形交叉编织。长约200、宽90厘米（图一一一）。

竹箆片　1件，因朽残严重，出土时竹箆片都散落一地，保存尚好的约有20多片，从中选出了3片作为标本。这些竹箆片都是用竹片经过细致的加工而成，表面较为平整，其规格大小基本一致，在竹箆片的中部及两头的一侧分别有一凹槽，而且所有竹箆片的凹槽位置都

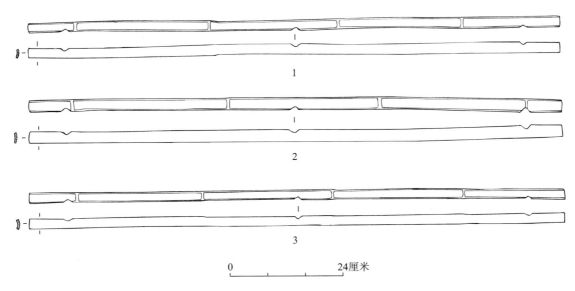

图一一二　9 号棺出土竹笆片（9 号棺：2 - 1 ~ 3）

对应得相当整齐。从竹笆片的长度来看，与 2 号棺出土的 A 型床宽度相当一致，因此，这件竹笆应是使用在 A 型床上的。标本 9 号棺：2 - 1 ~ 3，通长 114 ~ 114.8、宽 2 ~ 2.6、厚约 0.4 厘米（图一一二）。

　　竹筐　7 件。标本 9 号棺：8、19 ~ 24，数量较多，但均已朽残而不辨其形。

　　草垫　2 件。标本 9 号棺：5、6，朽残严重。

第一〇节　10 号 棺

　　属 D 型船棺，位于墓坑的东北部，其北邻 8 号棺，南有 13 号棺，西靠 12 号棺，东为 11 号棺。其棺身长约 4.81、宽约 0.61 ~ 0.78、高约 0.48 米。棺室长约 2.81、宽约 0.43 ~ 0.47、深约 0.25 ~ 0.27 米。在棺身北部船头平面上有刻划符号（彩版五五，1）。棺盖长约 4.82、宽约 0.63 ~ 0.76、高约 0.51 米。棺盖内空长约 2.81、宽约 0.48 ~ 0.5、深约 0.24 ~ 0.3 米。10 号棺在考古发掘之前就已被施工单位破坏，其棺内的随葬器物已全部被取出棺外，后在其棺外清理出瓮、器盖、圈足豆、圜底釜等 8 件陶器，以及一些漆木器的残块和人骨等，从骨骼的数量上看还是一人（图一一三、一一四；见彩版四六）。

　　（一）陶器

　　8 件，计有 A 型瓮 1 件、B 型圜底釜 2 件、圈足豆 1 件以及 A ~ C 型器盖 4 件。

　　A 型瓮　1 件。即双耳瓮。标本 10 号棺：5，侈口，尖圆唇，束颈，鼓肩，鼓腹内收，器底已残，肩部饰有两个对称的桥形耳。通体素面。口径 18.2、腹最大径 32.8、残高 25.2 厘米（图一一五，1）。

　　B 型圜底釜　2 件，但有 1 件（标本 10 号棺：8）较残。

　　标本 10 号棺：7，器形略小，圆唇，侈口，束颈，肩微折，扁腹，圜底。通体素面。口

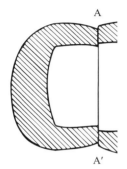

A

A′

0

0

图一一四　10号

径 9.6、腹最大径 12、通高 10.4 厘米（图一一五，2）。

圈足豆　1件。标本 10 号棺：2，方唇，口微敛，弧腹，圈足已残。口部有两周凹弦纹。口径 12.2、腹最大径 12.6、残高 5.1 厘米（图一一五，3；彩版五五，2）。

A 型器盖　1件。标本 10 号棺：3，圆唇，口近直，直壁，弧顶，桥形耳钮，器盖上绘有一个红彩符号。口径 19.2、通高 9 厘米（图一一五，4）。

B 型器盖　2件。其中标本 10 号棺：1，较残。标本 10 号棺：6，圆唇，敞口，弧壁，弧顶，圈钮。口径 20.8、通高 6.9 厘米（图一一五，5）。

C 型器盖　1件。标本 10 号棺：4，方唇，敞口，斜壁，顶近平，饼形钮。口径 13.5、通高 3.6 厘米（图一一五，6）。

第一一节　11 号棺

属 D 型船棺，位于墓坑的东北部，其北接 9 号棺，东靠墓坑东壁，西邻 12 号棺，南有 13 号棺。其棺身长约 4.65、宽约 0.67～0.9、高约 0.59 米。棺室长约 2.77、宽约 0.49～0.57、高约 0.29～0.32 米。在棺身的北部船头表面也刻有两个符号。棺盖长约 4.77、宽约 0.77～0.93、高约 0.49 米，棺盖内空长约 2.98、宽约 0.56～0.6、深约 0.26～0.31 米。在 11 号棺棺盖中部有一较小的盗洞，但棺内的器物基本没有被扰动过，共出土有 24 件陶器，11 件漆木器，以及一些植物果核，没有出土铜器。陶器放在棺室的底部，之上再放置漆木器。陶器类型有瓮、圜底釜、器盖。漆木器有案面板、俎、床头板、床尾板、器足、器座、杂件等。11 号棺内亦未见人骨，可能和 9 号棺一样，其性质可能仍是用来专门放置随葬器物的（图一一六；见彩版四六；彩版五六、五七）。

（一）陶器

24 件，计有 A 型瓮 11 件、B 型圜底釜 1 件、A 型和 C 型器盖 12 件。

A 型瓮　11 件。即双耳瓮。侈口，尖圆唇，束颈，鼓肩，鼓腹内收成小平底，肩部有两个对称的桥形耳。其中有的肩、腹饰篮纹，也有通体素面的。

标本 11 号棺：6，出土时有一件 A 型器盖（标本 11 号棺：8）扣在其上。通体素面。口径 16.8、底径 11.5、腹最大径 30.3、通高 34.4 厘米（图一一七，1；彩版五八，1）。

标本 11 号棺：13，通体素面。口径 17.3、底径 11.7、腹最大径 35、通高 43.2 厘米（图一一七，2；彩版五八，2）。

标本 11 号棺：26，肩、腹饰篮纹。口径 15.5、底径 10.6、腹最大径 27.7、通高 32.2 厘米（图一一七，3，彩版五八，3）。

标本 11 号棺：31，出土时有一件 A 型器盖（标本 11 号棺：32）扣在其上。通体素面。口径 17.2、底径 11、腹最大径 30.6、通高 32.8 厘米（图一一七，4；彩版五八，4）。

标本 11 号棺：16，通体素面。口径 16.1、底径 12、腹最大径 32.8、通高 36.1 厘米（图一一七，5；彩版五九，1）。

标本 11 号棺：23，通体素面。口径 14.9、底径 11.4、腹最大径 29.8、通高 29.3 厘米

（图一一七，6；彩版五九，2）。

标本 11 号棺：10，肩、腹饰篮纹。口径 16.3、底径 10.1、腹最大径 31.2、通高 34.4 厘米（图一一七，7；彩版五九，3）。

标本 11 号棺：7，肩、腹饰篮纹。口径 16.7、底径 11.5、腹最大径 30.3、通高 34.4 厘米（图一一八，1；彩版五九，4）。

标本 11 号棺：18，出土时有一件 A 型器盖（标本 11 号棺：15）扣在其上。肩、腹饰篮纹。口径 15.6、底径 11、腹最大径 29.4、通高 30.1 厘米（图一一八，2；彩版六〇，1）。

标本 11 号棺：11，肩、腹饰篮纹。口径 14.6、底径 10.6、腹最大径 29.4、通高 30.1 厘米（图一一八，3；彩版六〇，2）。

标本 11 号棺：29，肩、腹饰篮纹。口径 16、底径 10.6、腹最大径 31、通高 34.6 厘米（图一一八，4；彩版六〇，3）。

B 型圜底釜　1 件。标本 11 号棺：17，圆唇，侈口，束颈，折肩，扁腹，圜底。肩上饰一周压印纹。口径 12.8、腹最大径 18.5、通高 15.7 厘米（图一一八，5；彩版六〇，4）。

A 型器盖　11 件。圆唇，口近直，直壁，弧顶，桥形耳纽，器盖上有的绘有红彩符号。其中有 3 件器盖是扣在双耳瓮上共出的，此型器盖应是与双耳瓮配套使用的。

标本 11 号棺：8，器盖上有两个符号。口径 21.4、通高 9.8 厘米（见图一一七，1；见彩版五八，1）。

标本 11 号棺：25，器盖上有一个符号。口径 21.4、通高 9.6 厘米（见图一一七，3；彩版五八，3）。

标本 11 号棺：33，口径 20、通高 9.2 厘米（见图一一七，2；见彩版五八，2）。

标本 11 号棺：32，口径 20、通高 7.4 厘米（见图一一七，4；见彩版五八，4）。

标本 11 号棺：15，口径 22、通高 8.4 厘米（见图一一八，5；见彩版六〇，1）。

标本 11 号棺：28，口径 19.2、通高 9.6 厘米（见图一一八，4；见彩版六〇，3）。

标本 11 号棺：9，口径 19.8、通高 9.3 厘米（图一一八，6；见彩版五九，3）。

标本 11 号棺：34，口径 21.9、通高 10 厘米（图一一八，7；见彩版五九，1）。

标本 11 号棺：35，口径 21.4、通高 9.6 厘米（图一一八，8；见彩版五九，4）。

标本 11 号棺：36，器盖上有两个符号。口径 18.6、通高 9 厘米（图一一八，9；见彩版六〇，2）。

标本 11 号棺：22，口径 18.3、通高 8.3 厘米（图一一八，10；见彩版五九，2）。

C 型器盖　1 件。标本 11 号棺：14，方唇，敞口，弧壁，顶近平，饼形纽。口径 15.3、通高 4.2 厘米（图一一八，11；彩版六〇，5）。

（二）漆木器

共 11 件，均为木胎漆器，保存都相对完好，计有案面板 1 件、B 型俎 1 件、床头板 1 件、床尾板 1 件、器足 1 件、B 型器座 2 件、杂件 4 件。

案面板　1 件。标本 11 号棺：2，应为 B 型案的面板，平面呈长方形，四周起沿成斜坡状。案底四周也有沿，其外沿内弧，两侧的沿较宽，各凿有 5 个长方卯眼，以接下面的 5 个方

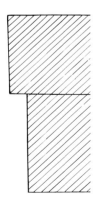

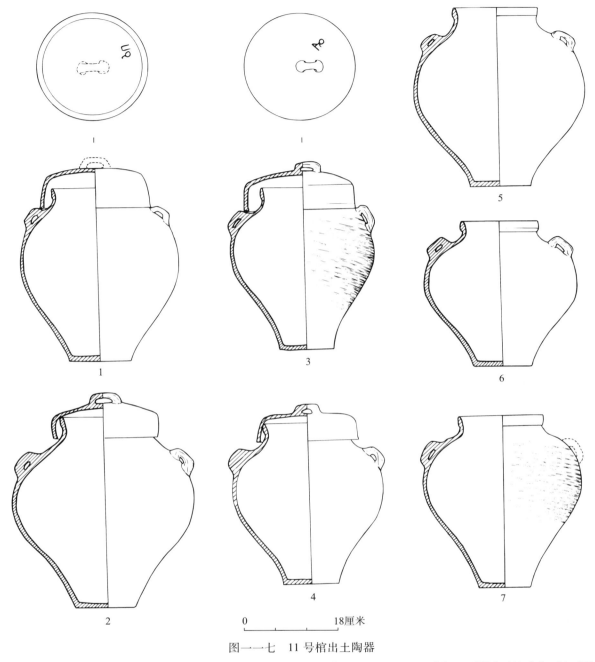

图一一七　11 号棺出土陶器

1. A 型瓮、A 型器盖（11 号棺：6、8）　　2. A 型瓮、A 型器盖（11 号棺：13、33）　　3. A 型瓮、A 型器盖（11 号棺：26、25）
4. A 型瓮、A 型器盖（11 号棺：31、32）　　5～7. A 型瓮（11 号棺：16、23、10）

足。器表髹黑漆，案上沿为分别用朱、赭两色绘制的回首状龙纹，上沿内侧及外侧沿先用朱色勾勒线条，再以赭色填涂的方法绘制蟠螭纹。案面板长 141.5、宽 37.6、厚约 8 厘米，卯眼长 4、宽约 2.4、深 3.6 厘米（图一一九；彩版六一，1）。

　　B 型俎　1 件。标本 11 号棺：4，由一整块木板制成，面板为平面长方形，器底的左、右及前侧三边起沿成直壁，中部也有一凸出的直板，这些部分应起到俎足的作用。整器通身髹黑漆，但无彩绘。俎长 129、宽 23.5、高 7 厘米（图一二〇）。

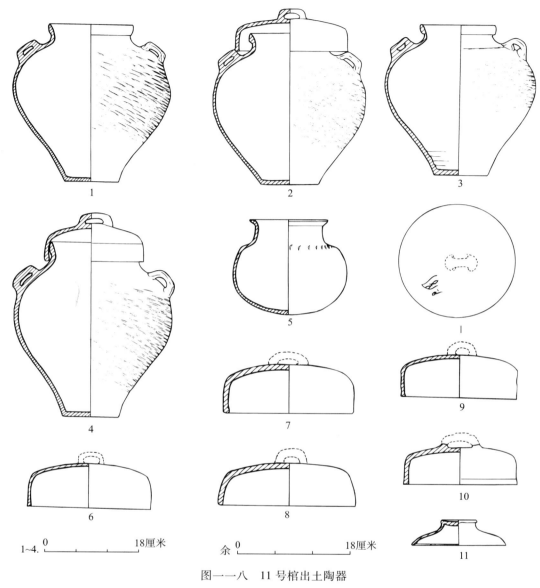

1~4. ⌞0　　　　　　　　18厘米⌟　　　余 ⌞0　　　　　　18厘米⌟

图一一八　11 号棺出土陶器

1、3. A 型瓮（11 号棺：7、11）　2. A 型瓮、A 型器盖（11 号棺：18、15）　4. A 型瓮、A 型器盖（11 号棺：29、28）

5. B 型圜底釜（11 号棺：17）　6~10. A 型器盖（11 号棺：9、34、35、36、22）　11. C 型器盖（11 号棺：14）

　　器足　1 件。标本 11 号棺：12，器身扁平，两足外撇，器底下弧与足连为一体，器上中部有一方孔。髹黑漆，器足前后两侧所饰图案一致，主要为蟠螭纹，绘法还是先用朱色勾勒线条，再以赭色和朱色两种颜色填涂，器底则是分别用朱色和赭色两色绘制的回首状龙纹。器足长 86.8、厚 6.8、高 19.2 厘米（图一二一；彩图一七；彩版六一，2）。

　　B 型器座　2 件。器形较小，其平面为圆形，整木制成，中空，长方形卯眼，有一件卯眼里还残存有柱子，器座上部呈瓜棱状，与圆形底座连为一体。

　　标本 11 号棺：5，与标本 1 号棺：42 形制基本一样，卯眼里还残存有一截柱子。器表外侧髹黑漆，器座上部绘有一圈朱色纹样，四周则饰有朱色窈曲纹。器座上部直径 11.2、底径 20.5 厘米，卯眼长 4.4、宽 3 厘米，器座高 6.6 厘米，柱子残长 30.7 厘米（图一二二；彩版六二，1）。

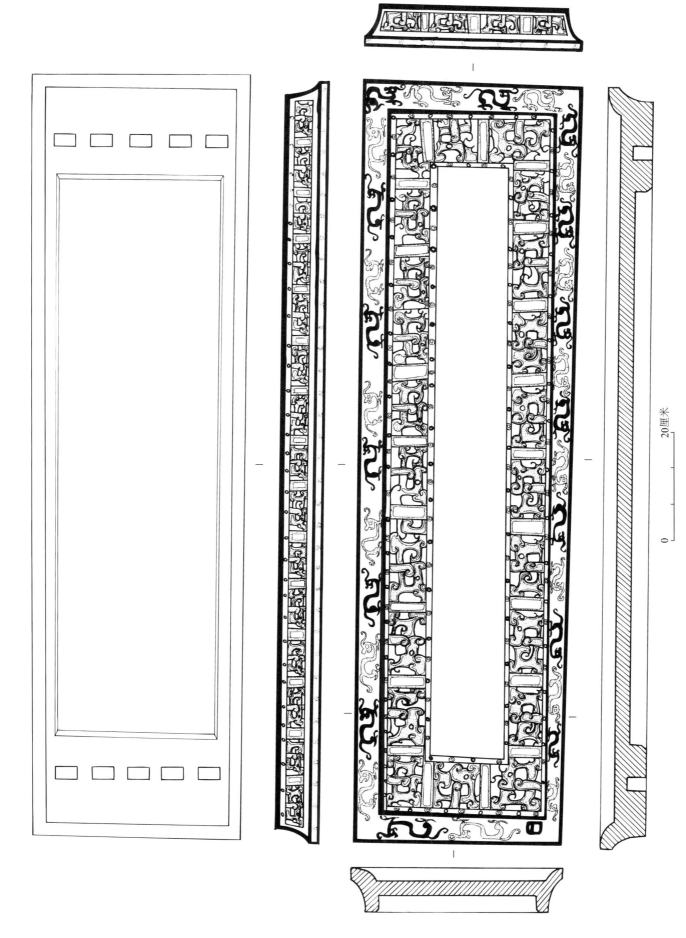

图一一九　11号棺出土漆案面板（11号棺：2）

0 ⎣_____⎦ 20厘米

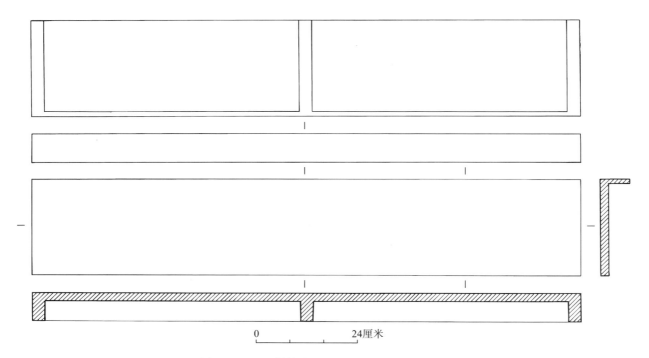

0　　　　　　　24厘米

图一二〇　11号棺出土 B 型漆俎（11号棺：4）

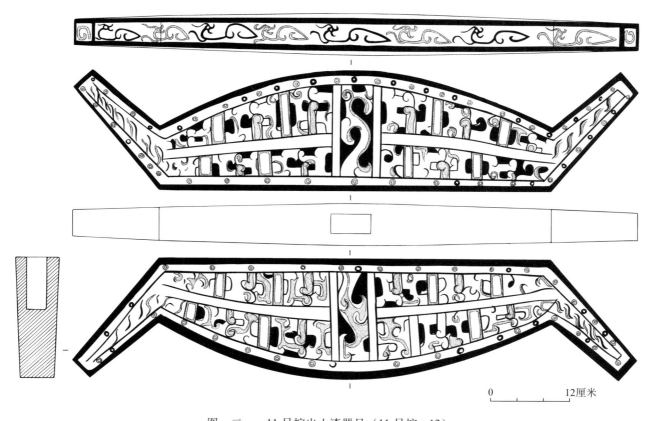

0　　　　　　12厘米

图一二一　11号棺出土漆器足（11号棺：12）

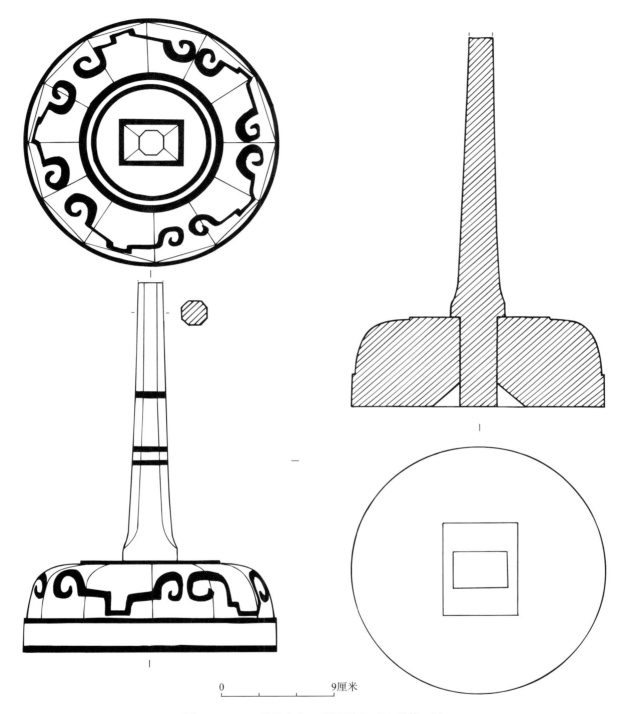

图一二二　11 号棺出土 B 型漆器座（11 号棺：5）

　　标本 11 号棺：30，器形略大。器表外侧髹黑漆，器座上部有一圈朱色纹样，四周饰有朱色窃曲纹，底座则是分别用朱、赭两色绘制的变形蟠螭纹。器座直径 21.9、高 8.25 厘米，卯眼长 7.4、宽 4.8 厘米（图一二三；彩图一八；彩版六二，2）。

　　床头板　1 件。标本 11 号棺：3，与床尾板（标本 11 号棺：21）形制相同，二者实为一张床的头板和尾板。相同的器物在 2 号棺也有出土，如 A 型床的床头板（标本 2 号棺：20）。

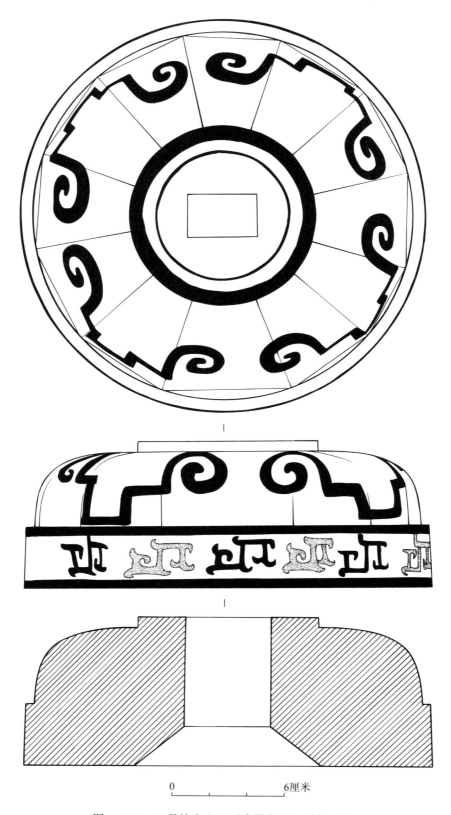

0 ⊢——┼——┼——┤ 6厘米

图一二三　11 号棺出土 B 型漆器座（11 号棺：30）

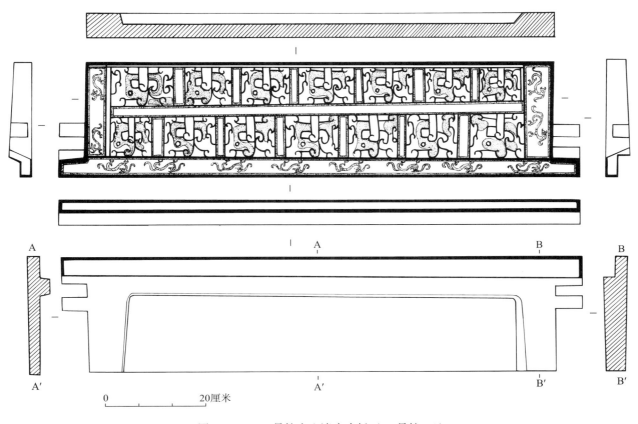

图一二四 11 号棺出土漆床头板（11 号棺：3）

用整木制成，形状呈长方扁形，两侧各有两个榫头，前面平整，后面有部分凸出。通体髹黑漆，但只有前面绘有纹样，上部及两侧为用赭色绘制的回首状龙纹，下部则饰先用朱色勾勒线条，再以赭色填涂的蟠螭纹。长 104、宽 24、最厚约 5.5 厘米（图一二四；彩版六三，1）。

床尾板 1 件。标本 11 号棺：21，与标本 11 号棺：3 实为一张床的尾板和头板，二者形制相同。亦用整木制成，形状呈长方扁形，两侧各有两个榫头，前面平整，后面有部分凸出。通体髹黑漆，前面绘有纹样，上部及两侧为用朱、赭二色绘制的回首状龙纹，下部则饰先用朱色勾勒线条，再以赭色填涂的蟠螭纹。长 103、宽 21.3、厚约 5 厘米（图一二五；彩版六三，2）。

杂件 4 件。形制都不一样，均为不知名的器物构件，其用途也不详。

标本 11 号棺：27，木胎漆器，器形较小。为一条形木块，中部有一方形透穿，上小下大，在其两侧还各有两个圆形卯眼以安装 4 根圆木棍。通身髹黑漆，在器表用朱色绘制纹样。器长 37.8、宽 3.7、高约 11.3 厘米（图一二六）。

标本 11 号棺：19，木胎漆器，器体可分两层，在四角各用 4 个柱子以榫卯相接，上层有两圆孔，下层底部中间有一方形榫头，榫头中部还有一方孔，因此推测此器还下接他物。通身髹黑漆，在器表用朱、赭两色绘制纹样。此器小巧精致，应是漆器上之部件。长 25、宽 12.5、高约 12.2 厘米（图一二七）。

标本 11 号棺：24，木胎漆器，与标本 1 号棺：18、标本 2 号棺：50 形制基本相同，应为 A 型案面板与底座之间的连接部分，平面形状亦为近圆形，上下各有一个榫头分别与案面板

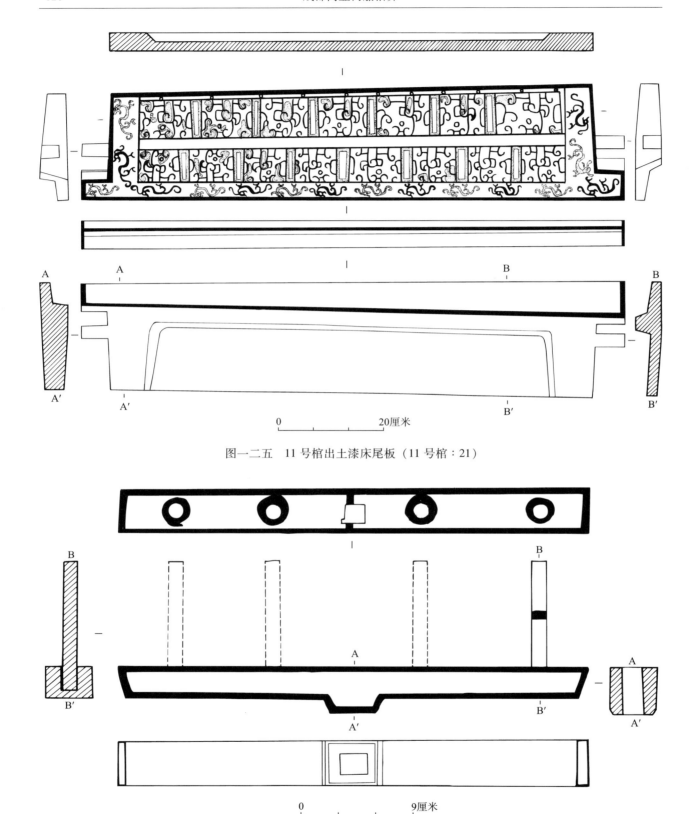

图一二五　11 号棺出土漆床尾板（11 号棺：21）

图一二六　11 号棺出土漆器杂件（11 号棺：27）

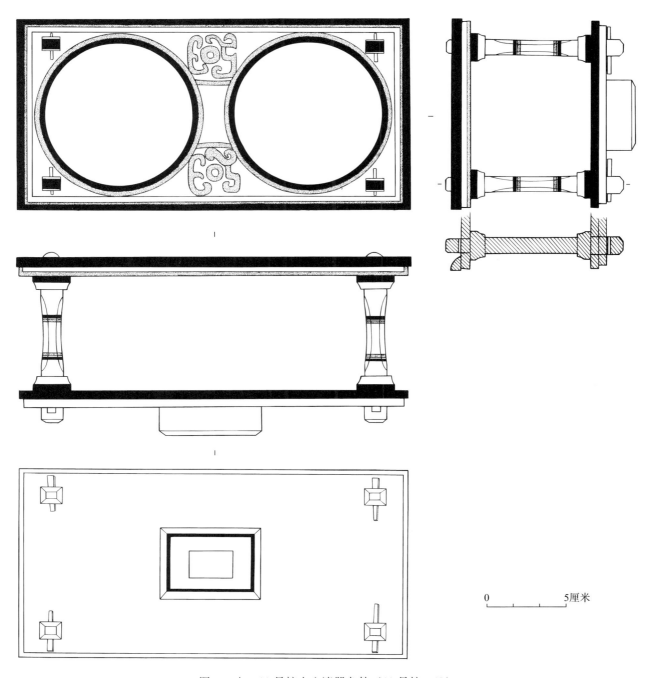

图一二七　11 号棺出土漆器杂件（11 号棺：19）

和底座相接，其上部榫头上也有一长方形卯眼与案面板圆形座子上的两个卯眼相通，作用应为加固案面板与案足连接的稳定性。器表髹黑漆，饰用朱、赭二色勾填的蟠螭纹。上部直径 14.4、下部直径 15、通长 30 厘米（图一二八，1）。

标本 11 号棺：20，柱状木胎漆器，一端呈手柄状，实为一长方形榫头，余为多边形柱体，过渡到了另一端则变成长方形。通身髹黑漆，在榫头一端则用朱色绘制纹样。器长 71.6、宽 2.8～5、厚约 2～2.4 厘米（图一二八，2）。

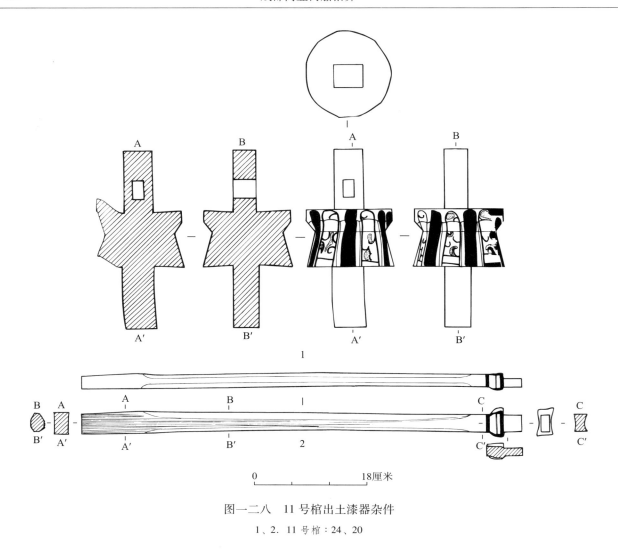

图一二八　11 号棺出土漆器杂件

1、2. 11 号棺：24、20

（三）其他

植物果核　1 件。标本 11 号棺：1，桃核。

第一二节　12 号 棺

　　属 C 型船棺，位于墓坑的东北部，其北靠墓坑北壁，东与 8 号和 10 号棺相邻，东南有 13 号棺，西侧的棺木已不存。其形制与其他船棺稍不一样，棺的前端没有上翘，两头比较平整，在其前端两侧也没有半圆形孔洞。在棺身的北部船头表面也刻有一个符号。12 号棺破坏较为严重，只存有棺身，不见棺盖，其棺身长约 11.3、宽约 1.44 ~ 1.78、高约 1.08 米，棺室长约 7.06、宽约 0.78 ~ 0.88、深约 0.6 ~ 0.68 米。在棺身两头各凿有一圆形方孔，孔内再塞入圆木，在其后部之上还有一凹槽。因破坏严重，只在其棺室底部的扰土里发现 1 件陶瓮、1 枚印章、2 件铜饰件、1 件角器、1 颗小玉珠，另还出有 2 件漆木器杂件残块。不见人骨（图一二九、一三〇；见彩版四六；彩版六四；彩版六五，1）。

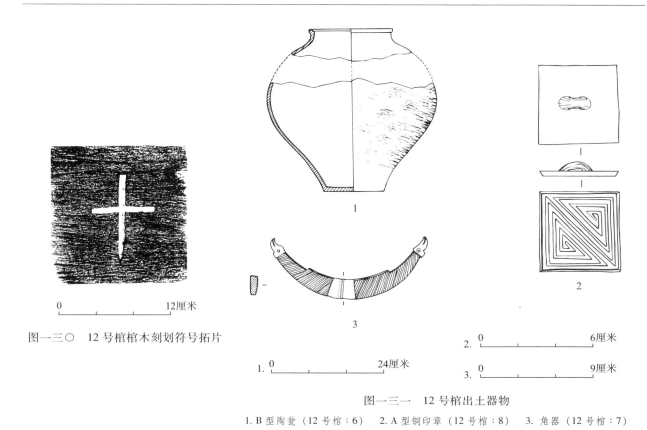

图一三〇　12 号棺棺木刻划符号拓片

图一三一　12 号棺出土器物

1. B 型陶瓮（12 号棺：6）　　2. A 型铜印章（12 号棺：8）　　3. 角器（12 号棺：7）

（一）陶器

1 件，为 B 型瓮。标本 12 号棺：6，方唇，口微侈，短颈，鼓肩，鼓腹，小平底。腹饰篮纹。口径 18.2、底径 13、腹最大径 36.5、通高 36 厘米（图一三一，1）。

（二）铜器

3 件，计有 A 型印章 1 枚、饰件 2 件，但饰件锈蚀严重，不辨其形。

A 型印章　1 件。标本 12 号棺：8，它和标本 1 号棺：31 号印章相近，亦为近方扁形，桥形纽，所铸内容也和其相同。边长 4.4、高约 0.8 厘米（图一三一，2）。

（三）其他

角器　1 件。标本 12 号棺：7，扁体弧形，两头为鸟头，身上有较密的刻槽。可能也是饰件。通长 12.7、厚约 0.4 厘米（图一三一，3；彩版六五，2）。

料珠　1 件。形体较小，中空。标本 12 号棺：5。

第一三节　13 号棺

属 B 型船棺，位于墓坑的东部，其北邻 10、11 和 12 号棺，东靠墓坑东壁，西侧没有发现棺木。13 号棺也是破坏较为严重，只保留了几块棺盖，余下的棺身其中部也被锯断，剩下前后两部分。其形制和其他船棺不完全一样，要比其他大型船棺还要长一些。其次，其棺盖

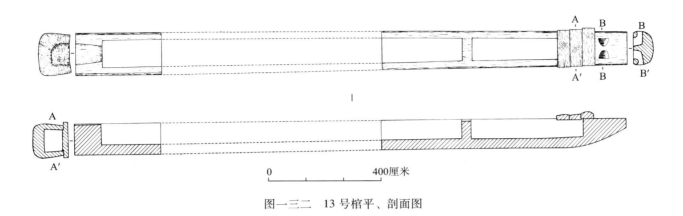

图一三二　13号棺平、剖面图

是一种带榫头的长方形盖板（但其缺失的其余棺盖是否也是这种盖板尚不清楚），上有卯槽与棺身相扣，这与船形棺盖并不一样。而且其棺室被分隔成几部分，犹如船的船舱有前舱、中舱、后舱之分，从保存下来的部分看现有两部分，但从比例上计算的话可能有前、中、后三室。整个棺身长约18.8、宽约1.18～1.5、高约1.12米，棺身被损部分长约7.5米。棺室总长约16.34米，其中前室长约3.84、宽约0.74～0.82、深约0.66～0.7米，后面一部分长约12.22、宽约0.8～0.98、深约0.68～0.76米。13号棺其棺身后半部分的外表弧度较小，其表面可看出明显的加工痕迹。棺身南部有一方槽，槽中再塞入方木。棺盖现存3个盖板，大小一致，长约1.3、宽约0.45、厚约0.22～0.26米，每块盖板之上均用竹席围裹。13号棺因扰乱严重，棺内未发现任何随葬器物和人骨（图一三二；见彩版四六；彩版六六）。

第一四节　14号棺

属D型船棺，位于墓坑的中部，其北靠大型方木，由于H1的破坏，其周围没有棺木。棺盖已不存，棺身的北部也稍有破坏，其残长约4.5、宽约0.62～0.86、高约0.5米，棺室长约2.93、宽约0.45～0.59、深约0.25米。14号棺由于早期被破坏，棺室内扰动较大，但仍出土有双耳瓮、器盖、圜底釜等5件陶器以及1件铜削刀，但铜削刀锈蚀严重。在棺室南部发现一些人骨，应为二次葬，但根据对人骨的鉴定共有2个个体，不知是原来就如此，还是扰乱所致（图一三三）。

（一）陶器

5件。计有A型瓮2件、B型圜底釜1件、A型器盖2件。

A型瓮　2件。侈口，尖圆唇，束颈，鼓肩，鼓腹内收成小平底，肩部有两个对称的桥形耳。肩腹饰篮纹。

标本14号棺：2，口径14.5、底径11.8、腹最大径28.4、通高31.4厘米（图一三四，1；彩版六七，1）。

标本14号棺：3，口径19、底径11.4、腹最大径33、通高34.4厘米（图一三四，2；彩版六七，2）。

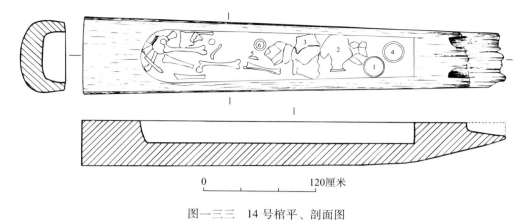

图一三三　14号棺平、剖面图

1、4. A型陶器盖　2、3. A型陶瓮　5. 铜削刀　6. B型陶圜底釜

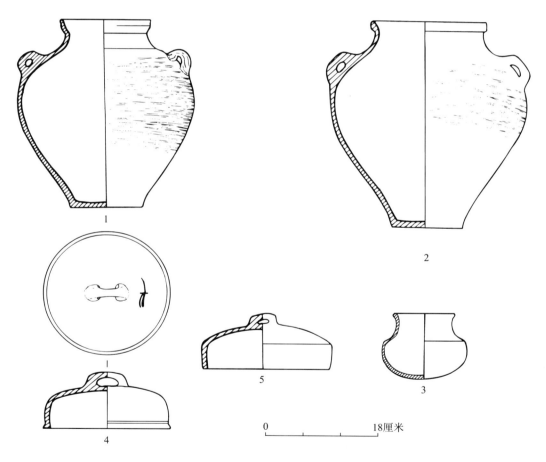

图一三四　14号棺出土陶器

1、2. A型瓮（14号棺：2、3）　3. B型圜底釜（14号棺：6）　4、5. A型器盖（14号棺：1、4）

B型圜底釜　1件。标本14号棺：6，器形较小。圆唇，侈口，束颈，折肩，扁腹，圜底。通体素面。口径9.6、腹最大径13.2、通高10.4厘米（图一三四，3）。

A型器盖　2件。应是与同棺所出双耳瓮配套使用的。方唇，口近直，直壁，弧顶，桥形耳纽。

标本 14 号棺：1，器盖上绘有一红彩符号。口径 20.4、通高 9 厘米（图一三四，4；见彩版六七，1）。

标本 14 号棺：4，口径 20、通高 9.2 厘米（图一三四，5；见彩版六七，2）。

第一五节　15 号 棺

属 B 型匣形棺，位于墓坑的西北部，其东部紧邻 2 号棺，北与 16 号棺相接，西侧没有发掘。棺身长约 2.34、宽约 0.71、高约 0.25 米，棺室长约 2.23、宽约 0.55、深约 0.21 米。棺

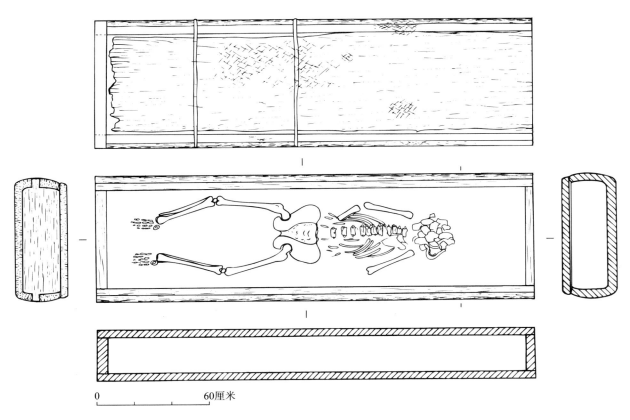

图一三五　15 号棺平、剖面图

盖残长约 2.29、宽约 0.66、厚约 0.05 米。从发掘情况看，整个棺身连同棺盖都用竹席紧紧包裹，并用几圈竹篾捆扎后下葬的。棺内有一具人骨，为一次葬，葬式为仰身直肢，头朝北，但头骨被压得极为破碎，棺内未见任何随葬品（图一三五）。

第一六节　16 号 棺

属 B 型匣形棺，位于墓坑的西北部，其东部紧邻 2 号棺，南有 15 号棺，北与 17 号棺紧紧相接，西侧没有发掘。棺身长约 2.20、宽约 0.78、高 0.19 米，棺室长约 2.37、宽约 0.7、深

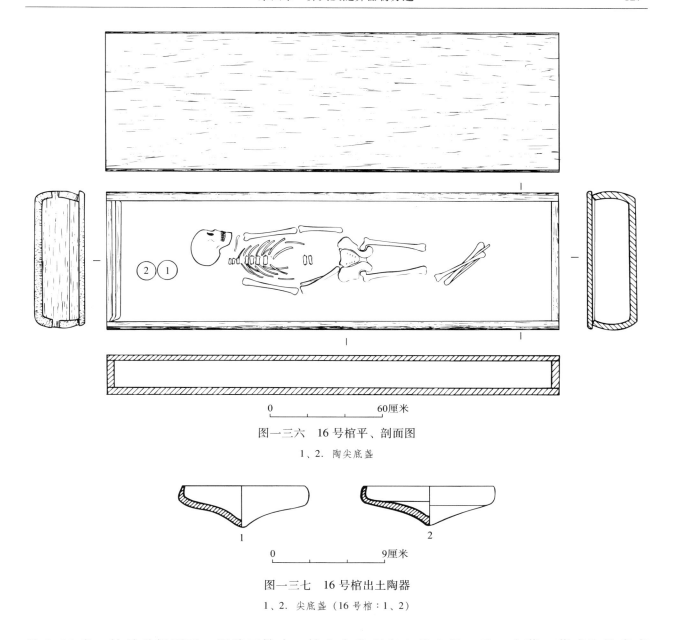

图一三六 16号棺平、剖面图

1、2. 陶尖底盏

图一三七 16号棺出土陶器

1、2. 尖底盏（16号棺：1、2）

约0.16米。棺盖破损严重，塌陷于棺内。棺室内发现有1具人骨，系一次葬，葬式为仰身直肢，头朝南。随葬器物相当简陋，仅在头前端放有2件尖底盏（图一三六；彩版六八，1）。

（一）陶器

2件。均为尖底盏，圆唇，口微敛，圆肩，弧腹，尖底。

标本16号棺：1，口径10.2、高3.4厘米（图一三七，1；彩版六八，2）。

标本16号棺：2，口径10.7、高3.3厘米（图一三七，2；彩版六八，3）。

第一七节 17 号 棺

属B型匣形棺，位于墓坑的西北部，其东部紧邻2号棺，南与16号棺相接，西侧没有发

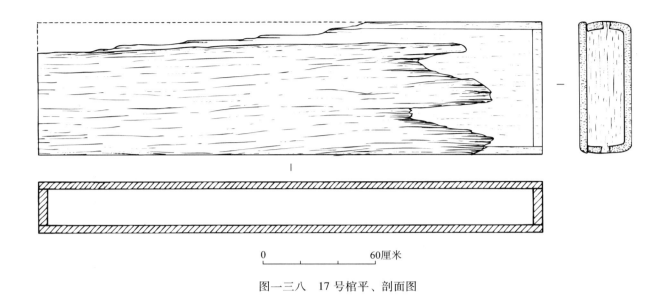

0　　　　　　　　　　60厘米

图一三八　17号棺平、剖面图

掘。因破坏再加上本身腐朽也较为严重，17号棺保存情况不好，其长约 2. 68、宽约 0. 72、高约 0. 28 米，棺内未见任何随葬品和人骨（图一三八）。

第五章 年代与性质

在成都市商业街船棺墓葬发现之前，船棺墓葬作为春秋战国至西汉前期古代巴蜀地区所特有的一种丧葬习俗，最早是在川东的巴县冬笋坝、广元昭化宝轮院被大量发现。后来在地处川西的成都、新都、大邑、蒲江、彭县、绵竹、郫县、什邡、荥经等地陆续也有了很多的发现。可贵的是，20世纪八九十年代随着成都市的建设发展，成都文物考古研究所在成都，尤其在其西郊，如抚琴、青羊住宅小区、金沙遗址等也发现了多处船棺墓葬，获得了大量的资料。亦有很多人据此对巴蜀船棺墓葬进行了一些研究①。这些都为我们对商业街船棺墓葬的年代、性质以及相关问题的研究打下了良好的基础。同时商业街船棺墓葬又以其宏大的规模、独特的墓葬形制、丰富的随葬器物等崭新的内容，为我们进一步研究古代巴蜀的历史文化、丧葬制度等提供了极其重要的实物资料。

第一节 年 代

成都商业街船棺墓葬虽然曾经遭到严重的盗掘和破坏，但其墓坑及其地面建筑相关的遗迹现象大部分还是保存了下来。墓坑中还保存有17具葬具，其中有多达6具以上的棺木保存相对完好，使我们至今仍能一窥其貌。同时在棺里也出土了大量丰富的陶、铜、漆木、竹器等随葬器物，为我们分析判断墓葬的年代、性质等提供了很好的材料。

在所出陶器中除了双耳瓮、A型器盖可能专为此墓烧制，其器形特别，在现有出土器物中尚无可对比材料外，其他如平底罐、圜底釜、尖底盏、圈足豆等器物都是巴蜀文化的典型陶器。它们中有的如尖底盏延续时间较长，从商末周初到战国早、中期的遗址和墓葬中都有发现。墓葬中1号、4号、16号棺所出的尖底盏皆为无沿，浅腹，属尖底盏中的晚期形制，与什邡城关②、成都中医学院③、成都无机校④、成都三洞桥青羊小区⑤、大邑五龙4号墓⑥等战国早、中期的船棺墓或土坑墓中的尖底盏形制相似。5号棺中所出的A型圜底釜与什邡城关战国早期墓葬M25、M69中的C型Ⅲ式釜⑦，成都中医学院战国土坑墓1号陶釜⑧，大邑五龙

---

① 相关内容参见本报告第一章第二节。
② 四川省文物考古研究院、德阳市文物考古研究所、什邡市博物馆：《什邡城关战国秦汉墓地》，文物出版社，2006年。
③ 成都市博物馆考古队：《成都中医学院战国土坑墓》，《文物》1992年1期。
④ 四川省文物管理委员会：《成都战国土坑墓发掘简报》，《文物》1982年1期。
⑤ 成都市文物管理处：《成都三洞桥青羊小区战国墓》，《文物》1989年5期。
⑥ 四川省文物管理委员会、大邑县文化馆：《四川大邑五龙战国巴蜀墓葬》，《文物》1985年5期。
⑦ 四川省文物考古研究院、德阳市文物考古研究所、什邡市博物馆：《什邡城关战国秦汉墓地》，文物出版社，2006年。
⑧ 成都市博物馆考古队：《成都中医学院战国土坑墓》，《文物》1992年1期。

4 号墓Ⅲ式釜[1]形式相同，还有 B 型圜底釜也与什邡城关战国墓 M10 中的 A 型Ⅱ式釜[2]相似。1
号棺中出的 A 型平底罐又与什邡城关战国早期墓葬 M25 中所出的 A 型平底罐[3]相近。墓中仅
有的两件圈足豆（5 号、10 号棺所出）与战国中期大量出现的深腹圈足豆有些相似，如成都
文庙西街战国墓 M2 中的 Ab 型豆[4]，但又有一些差异，其豆盘更像一个大口浅腹圜底釜下加
一个圈足。

　　铜器虽然出土不多，其中又有一些是冥器或小饰件，实用器较少，但还是有几件器物也
有其明显的时代特征，如 1 号棺中所出的钺、戈、矛分别与什邡城关战国早期墓葬 M25 中出
土的 Aa 型Ⅱ式钺、Ⅰb 式戈、A 型Ⅱb 式矛[5]相似或相近。另外，1 号棺中所出的铜斤也具有
战国早期器物的一些特征。

　　从商业街船棺墓葬出土的漆木器在时间上均应早于湖北江陵一带所出战国中期及晚期的
楚国漆器[6]，但却相似于湖北当阳所出春秋晚期的漆器[7]。这些漆器上的纹饰主要是蟠螭纹和
回首状龙纹，基本上以模仿春秋晚期至战国早期青铜器上的纹饰风格为主，而没有大的变化。
如蟠螭纹，类似寿县蔡侯墓出土的鼎腹部的纹饰[8]，以及战国早期曾侯乙墓中的青铜器和漆器
上的纹饰，如青铜钩形器（C.191）、陪葬棺（W.C.3）、漆豆圈足上纹饰（E.118）等[9]。还
有回首状龙纹，也接近于这一时期的三晋、燕、中山、楚国等地的镶嵌红铜工艺的青铜器上
的纹饰，如河南淅川下寺春秋晚期的 M2 出土的一件缶（M2：51）[10]、1980 年河北新乐中同村
战国初年墓出土的一件铜豆[11]，以及湖北曾侯乙墓出土的一件漆杯形器（E.159）[12] 等。

　　综上所述，我们可以看出成都商业街船棺墓葬中所出的随葬器物，无论是陶器、铜器，
还是漆木器都基本表明了此墓葬的年代应该是在战国早期。

第二节　性　质

　　成都市商业街船棺墓葬作为一个多棺合葬的大型土坑竖穴墓，其墓坑长 30.5、宽 20.3
米，面积达 620 平方米。在墓坑中现存船棺等葬具 17 具，其中除了有 5 具棺木因为破坏严重
没有发现人骨，以及另有 2 具专为盛放随葬器物的棺木外，其余的 10 具都发现有人骨，且均
是一棺葬一人。另外通过对在扰坑（H1）中收集到的人骨的鉴定其至少个体人数为 20 个。据
此推测，如果墓葬若不遭到盗掘和破坏，其墓坑中的葬具总量至少为 32 具以上。在大邑五龙

①　四川省文物管理委员会、大邑县文化馆：《四川大邑五龙战国巴蜀墓葬》，《文物》1985 年 5 期。
②　四川省文物考古研究院、德阳市文物考古研究所、什邡市博物馆：《什邡城关战国秦汉墓地》，文物出版社，2006 年。
③　四川省文物考古研究院、德阳市文物考古研究所、什邡市博物馆：《什邡城关战国秦汉墓地》，文物出版社，2006 年。
④　成都文物考古研究所：《成都市文庙西街战国墓葬发掘简报》，《2003 成都考古发现》，科学出版社，2005 年。
⑤　四川省文物考古研究院、德阳市文物考古研究所、什邡市博物馆：《什邡城关战国秦汉墓地》，文物出版社，2006 年。
⑥　湖北省荆州地区博物馆：《江陵雨台山楚墓》，文物出版社，1984 年。
⑦　湖北省宜昌地区博物馆、北京大学考古系：《当阳赵家湖楚墓》，文物出版社，1992 年。
⑧　安徽省文物管理委员会、安徽省博物馆：《寿县蔡侯墓出土遗物》，科学出版社，1956 年。
⑨　湖北省博物馆：《曾侯乙墓》，文物出版社，1989 年。
⑩　河南省文物研究所、河南省丹江库区考古发掘队、淅川县博物馆：《淅川下寺春秋楚墓》，文物出版社，1991 年。
⑪　河北省文物研究所：《河北新乐中同村发现战国墓》，《文物》1985 年 6 期。
⑫　湖北省博物馆：《曾侯乙墓》，文物出版社，1989 年。

也曾发现过一座三棺合葬的船棺墓葬①，但就其规模形制与之比较要远小得多。商业街船棺墓葬中出土的几具大型船棺长约 10.3～11.3、直径约 1.6～1.7 米，连盖高约 2 米，最大的一具更是长达 18.8 米，其规模、体量之大，令人叹为观止，而且棺木加工精致、制作极为规整，也是以往所有出土船棺所不能比拟的。在出土的葬具中还伴出有多具匣形棺，其随葬器物的种类以及数量相对船棺要少，甚至有的棺木中就没有随葬器物，再加上其棺木本身也要比船棺简陋许多，可以看出其主人的地位要比船棺的低下，很有可能就是殉葬（或陪葬）之人。同样更为重要的是，在 M1 宏大的墓坑之上还建有地面建筑，因为我们在其墓坑周围发现了一些具有一定分布形状和规律的基槽和木质基础，如中空的柱础、上带榫头的条形地栿等（这些地栿应当属于建筑的墙基部分）。从其建筑的基础来看，其布局是相当规整的，呈长方形分布，现总长约 38.5、宽 20.5 米，并可分为前后两部分，其前部位于墓坑的南边，后部正好位于整个墓坑的上面，范围与之也基本一致。从保留下来的几个巨大的木质柱础可以看出该建筑的规模也是相当大的，推测其用途可能是供祭祀所用，这应该跟古代的陵寝制度有关。此外，墓中所出漆木器不仅数量多，而且保存完好，其器形精美、色彩亮丽，纹饰斑斓，显得较为耀眼，这是在四川地区乃至全国同期出土漆器中所罕见的，因为漆器从设计到制作需要一整套复杂的工艺，在当时应属于上层统治阶层才能使用的奢侈品。总之，从这些诸如规模宏大的墓坑及其地面建筑、出土的巨大船棺、多具殉葬或陪葬的棺木还有精美亮丽的大型漆木器，都表明成都市商业街墓葬主人生前的地位是何等的显赫，充分显示出了墓主人作为上层统治人物的崇高社会地位。根据文献记载，此时正是古蜀国最后一个王朝——开明王朝的晚期，因此推测该墓葬很有可能就是一处极为罕见的古蜀国开明王朝王族甚或蜀王本人的家族墓。

另据《华阳国志·蜀志》记载：开明时"每王薨，辄立大石，长三丈，重千钧，为墓志。今石笋是也，号曰笋里。未有谥列，但以五色为主，故其庙称青赤黑黄白帝也"。说明当时蜀王的陵墓上应有大石为标志。在成都市区确有许多大石遗迹，但都只见大石而未见陵墓。如成都北校场的武担山是《华阳国志》中记载的蜀王妃所葬之地，曾有巨石"石笋"的根部，有以为此处即书中所说的"笋里"。还有地处成都少城的支机石街也原存巨石"支机石"，皆疑是开明时期的王陵，可惜的是均未见墓葬。商业街船棺墓葬相距它们都不远，商业街在武担山之南，与支机石遗址距离甚至只有数百米，之间定有某种联系，故不能排除从商业街船棺墓葬直到武担山的这片区域，在先秦时期很有可能就是蜀开明王朝的一处重要墓地。

① 四川省文物管理委员会、大邑县文化馆：《四川大邑五龙战国巴蜀墓葬》，《文物》1985 年 5 期。

第六章　相关问题的认识

成都平原青铜文化发展到战国时代，秉承三星堆文化、十二桥文化等早期蜀文化的传统，在新的历史时期和条件下又不断融合与创新，达到了一个繁荣的高峰时期，取得了辉煌的成就，在战国时代的中国西南地区独树一帜。史载，至战国早期，开明王九世徙治成都，到十二世，即公元前316年为秦所灭，历经四世，成都即为战国时期开明蜀国的都城。而位于成都市商业街的船棺墓葬，是首次在成都城市的中心部位也即古代成都少城范围发现的战国时期的大型墓葬，该墓葬极有可能就是战国早期古蜀国开明王朝王族甚或蜀王本人的家族墓地，其意义非同寻常。墓中所出的丰富材料，诸如独特的墓葬形制、布局规整的地面建筑、大量丰富的随葬器物、精美的漆木器以及葬具和漆器上众多彩绘或刻划的符号，都给我们在四川古代巴蜀文化的研究中平添了许多崭新的内容，同时也给我们带来一些新的启示。下面我们就其中相关问题谈几点认识，略抒管见，旨在抛砖，做一些尝试性的探讨，以求正于方家。

第一节　关于船棺墓葬的族属问题

在商业街船棺墓葬出土的船棺其棺头上很多都刻有"✳"的符号，这可能是墓主人的族属或族名的符号。从符号学的角度看，它是一个与太阳或上帝有联系的符号。在汉文字的符号体系中，作为天干的字首甲字写作"十"，沟通人神的巫师写作"十"，比人王更尊贵的上帝的帝字写作"✳"。船棺上的"✳"，一种可能是太阳或上帝的抽象符号，另一种可能则是一株符号化的太阳栖息的树木（如扶桑、若木）。根据汉晋时期的文献资料，蜀开明王朝以太阳作为王族和王朝的名称，所以刻有这种符号的船棺墓很有可能与蜀开明氏族有着密切的联系。

按照汉晋文献记录下来的先秦蜀国古史传说，古蜀国最后一个王朝统治者开明氏应当来自荆楚地区，这在《蜀王本纪》、《华阳国志》和《水经注》等古文献中都有记载，如《蜀王本纪》："荆有一人名鳖灵，其尸亡去，荆人求之不得。鳖灵尸随江水上至郫，遂活，与望帝相见，望帝以鳖灵为相。时玉山出水，若尧之洪水，望帝不能治，使鳖灵决玉山，民得安处……（望帝）自以为德薄不如鳖灵，乃委国受之而去，如尧之禅让。鳖灵即位，号曰开明"，其中道出了长于习水的开明氏族因治水有功，从而取代了杜宇的统治地位，而这些一直无考古材料印证，难以确信。成都市商业街船棺墓葬作为战国早期古蜀国开明王朝王族甚或蜀王本人的家族墓地，从一方面印证了开明氏族的确是一个习水的民族，死后仍以船为棺，从而也使我们更明确了船棺葬应是古蜀开明氏族所特有的一种墓葬习俗。另外《华阳国志·

蜀志》记载："九世有开明帝，始立宗庙，以酒曰醴，乐曰荆人"，荆人即楚人，更确切地说是从楚地迁徙至蜀国的人。

在四川地区自首次发现船棺墓以来，其很多墓葬的时间基本是在战国时期，最晚的至西汉初期，而近年来在金沙遗址发现的有些船棺墓年代要早，它们在墓地中往往与其他形式的土坑墓共存，其船棺葬具的形制具有一定的原始性，这为研究船棺墓葬的起源提供了十分宝贵的资料，其上限比较肯定的可到春秋中、晚期，如金沙遗址"国际花园"地点所出墓葬[1]，但其他地点的也有可能到达春秋早期甚至西周晚期[2]。这个时间段也正好是处于开明氏族在楚、秦、巴人的压迫下由楚迁入蜀国，在逐渐兴起后并最终取代蒲卑在蜀地的统治，建立开明王朝，直至灭亡这个时间范围内，两者的时间基本是相吻合的，这也算是对上述认识的一个佐证。商业街船棺墓葬出土的大量漆器，其纹饰和色彩，都是春秋晚期到战国早期楚文化流行的风格，这正与开明氏族来自楚地的背景相吻合。总之，川西蜀国区域内楚文化因素的出现和流行至少是在春秋时期尤其是中、晚期以后，这些楚文化从某种意义上说，是随着开明氏族的入蜀而来到川西平原的。比商业街船棺墓葬稍晚的新都马家木椁墓中其所用葬具也是整木挖凿而成的船棺，其时代为战国中期偏晚，也属开明王朝时期，墓主人至少也是王侯一级的，其墓葬形制以及众多出土遗物都表现出较多的楚文化的因素，这充分说明了蜀、楚文化间密切的关系，以及船棺墓葬与开明氏族的关系等问题，但商业街船棺墓葬中所体现的楚文化的因素并不是很多，这可能与之遭到严重的破坏和盗掘有着很大的关系。那么至于开明氏族的渊源以及是什么原因促使他们从楚地西迁进入蜀国等问题，孙华先生在其《蜀人渊源考（续）》一文中已有详细的论证[3]，在这里我们就不再一一赘述。

第二节　关于墓葬出土漆器及其相关问题

成都市商业街船棺墓葬中所出漆器不仅数量多，而且保存完好，其器形精美，色彩亮丽，这是国内同期出土漆器中所罕见的，在巴蜀墓葬中更是首次出土这么多漆器，过去曾在新都马家公社木椁墓中出过漆耳杯，时代在战国中期[4]，为楚漆器风格，在蜀地大量出土是在战国晚期到秦，可能属移民的墓葬中，如青川郝家坪[5]、荥经古城坪[6]等墓葬，以及秦到西汉早期的一些墓葬当中，器形有耳杯、盒、盘、奁、双耳长盒、扁壶、卮、梳、篦等，以容器类生活用器为主，漆器的风格也主要是楚和秦漆器的风格，与其他区域同时期漆器的风格基本一致。

商业街船棺墓葬出土漆器按其用途可分为家具、生活用具、乐器和兵器附件，但其中绝大部分都是家具和生活用具：床、案、几、俎、豆、盒、篓、伞、梳、篦，乐器能被确认的

① 成都文物考古研究所：《金沙遗址"国际花园"地点发掘简报》，科学出版社，2006年。
② 资料现存成都文物考古研究所。
③ 孙华：《蜀人渊源考（续）》，《四川文物》1990年5期。
④ 四川省博物馆、新都县文物管理所：《四川新都战国木椁墓》，《文物》1981年6期。
⑤ 四川省博物馆、青川县文化馆：《青川县出土秦更修田律木牍——四川青川县战国墓发掘简报》，《文物》1982年1期。
⑥ 荥经古墓发掘小组：《四川荥经古城坪秦汉墓葬》，《文物资料丛刊》第4辑，文物出版社，1981年。

有鼓、芋、鼓槌、编钟（磬）架，兵器附件有戈柲、矛杆。这些漆器均为木胎漆器，胎体都比较厚实，木胎的制法主要分为斫制、挖制和雕刻三种。有些器物是分别制作构件，然后用榫卯接合而成，如床、案、几等。木胎制成后，在黑漆底上朱绘纹样，彩绘的方法均为漆绘，绘画方法多是单线勾勒再加填涂，大部分器物只在器表外侧髹漆，也有小部分在器内侧髹漆的。纹饰也同样如此，其种类主要是成组的蟠螭纹和回首状龙纹两种，以及少量的窃曲纹，这些纹饰基本上是以模仿春秋晚期至战国早期青铜器上的纹饰风格为主，而没有大的变化。

　　从商业街船棺墓葬出土漆器的类型、制作技术和纹饰特点观察，都能感觉到一些楚器的风格，但又有明显的不同。将墓葬出土漆器与同时期的楚漆器比较，从器类来看，在战国早期前后，楚漆器主要有耳杯、豆、酒具盒、食具盒、鸳鸯盒、杯、勺、几、案、俎、禁、梳、篦等生活用器，还常见有镇墓兽、虎座飞鸟、虎座凤鸟悬鼓等明器[1]，如江陵雨台山第三期墓[2]，当阳赵家湖第四期墓[3]，除了几、案、俎、豆、梳、篦与商业街船棺相类似外，其他均不见于商业街船棺墓葬。从形制上看，商业街船棺墓葬出土的几、案、俎也与楚漆器略有差异，主要表现在足的形式上，楚漆器中的豆多为带柄高圈足式，而商业街船棺墓葬的豆为喇叭状无柄圈足，商业街船棺墓葬出土的分格式盒和簋也不见于楚漆器中。而且楚漆器在装饰上丰富多彩，纹样种类也较多，有龙纹、凤纹、鸟纹、羽毛纹、绚纹、涡纹、云雷纹、蟠螭纹、窃曲纹、三角雷纹等[4]，而且显得流畅，富于变化，而商业街船棺墓葬出土的漆器纹饰单一，完全是模仿青铜器上的纹饰风格，这种风格在楚漆器中主要见于偏早阶段，即战国早期以前。总之，商业街船棺墓葬出土漆器其风格有自身的特点，具有浓厚的地方色彩，应是蜀国本地所生产的。

　　根据很多古文献的记载和大量的考古发现证实，至少到了汉代，四川的漆器制造业是相当兴盛的，成都的产品也源源不断地大量销往外地，甚至远至朝鲜半岛也有发现。20世纪70年代在长沙马王堆汉墓中出土了大量西汉初年的漆器，根据上面的烙印文字，知道就是成都制造的。但成都的漆器究竟在何时发达起来，则并不很清楚。商业街船棺墓葬中所出的大量精美的漆器表明最迟在战国早期，蜀人的漆器制作工艺已经是非常发达了，已经达到很高的水平，甚至可以和同时期楚国出土的漆器相媲美，这就意味着由于成都市商业街船棺墓葬中随葬漆器的发现，把成都漆器工艺的发达时间从汉代提前到了战国早期，提早了近两三百年，

第三节　关于墓葬与古蜀开明时期成都城的问题

　　成都是古蜀国开明王朝的都城，其得名的由来已有多人著文论述，其中北京大学文博学院孙华先生考证，开明氏的祖神是鳖灵，而按照《华阳国志·蜀志》的记载，鳖灵又"号曰丛帝"，丛帝即崇帝，丛、崇二字古音相近，因而开明氏即是崇庸（墉）氏。墉也就是城，即

---

①　陈振裕：《试论湖北战国秦汉漆器的年代分期》，《江汉考古》1980年2期。
②　湖北省荆州地区博物馆：《江陵雨台山楚墓》，文物出版社，1984年。
③　湖北省宜昌地区博物馆、北京大学考古系：《当阳赵家湖楚墓》，文物出版社，1992年。
④　陈振裕：《试论湖北战国秦汉漆器的年代分期》，《江汉考古》1980年2期。

成。《路史·前纪》载有"庸成氏"这样一个古族。成都的"成"字，其含义应当是"庸成"之"成"，也就是开明氏的旧称——"崇墉"。"墉"字本义为"城"，抽象作为族名和国名后，才去掉所从之"土"成为"庸"和"成"。至于成都的"都"字，"人之所聚亦曰都"[①]，当然也具有首都的意思，如《左传·庄公二十八年》所说："凡邑有先君之主曰都"。这样，"成都"二字的含义可进而解释为庸成氏（即崇庸氏、开明氏）之国的都城。因此，成都的得名同许多古地名一样，最初都来源于古族名[②]。

据《路史·余论》卷一记载："开明子孙八代都郫，九世至开明尚，始去帝号称王，治成都"，《华阳国志·蜀志》："开明王自梦郭移，乃徙治成都"，此二文均记载了开明九世自郫邑徙治成都一事。虽然在《水经注·江水》："南安县（今乐山）……即蜀王开明故治也"，以及《太平寰宇记》卷七二引《蜀王本纪》："蜀王据有巴、蜀之地，本治广都樊乡（在今双流县境），徙居成都"，文中关于开明故治有不同的说法，但也都提到了开明时期有迁都至成都一事。那么开明九世之前的都城，以及开明九世迁都的具体方位又在哪里？也许，商业街船棺墓葬的发现就为我们讨论这些问题提供了重要的线索。

商业街墓葬的船棺中能明确葬式的只有二次葬（捡骨葬），而没发现有一次葬，只有在殉葬（或陪葬）的匣形棺中属于一次葬。另外，商业街船棺墓葬作为一个大型的合葬墓，其墓中葬具又皆是一次性葬入坑内的。这充分说明了此墓葬有可能属于一次大规模的迁葬，而它又作为一个古蜀国开明王朝王族的家族墓地，这就意味着它的形成肯定有其特殊的原因和背景。根据前面所述，我们知道商业街船棺墓葬准确的下葬年代推测是在战国早期，而这个阶段也正是古蜀国开明王朝的晚期。《华阳国志·蜀志》中还记载，开明王朝自建立到公元前316年被秦所灭，"凡王蜀十二世"。自此计算开明九世迁都的时间应该是在其后期，约相当于战国早期偏晚阶段，而这个时间正好与商业街船棺墓葬下葬年代是相吻合的，再加上该墓葬特殊的性质，这是否又意味着商业街船棺墓葬抑或与开明九世的迁都有着某种必然的联系。

根据近些年的考古发现，表明到了商代后期，尤其是西周时期在成都已形成继广汉三星堆古城之后——即十二桥文化时期的中心聚落，甚至都邑。在金沙遗址周边地区，尤其是遗址西北至郫县犀浦镇一带也发现了众多商周遗址群，这片区域很有可能就是开明王朝九世之前的都城所在地，到开明九世才将都城迁到了现成都市区商业街船棺墓葬以南的区域。如前所述，商业街船棺墓葬直至武担山在先秦时期可能是蜀开明王朝的一处重要墓地，而按照中国古代墓地的传统位置往往在城的北面，即所谓"葬于北方、北首，三代之达礼也"[③]，而且通过对该区域的考古发掘也确实出土有大量的战国时期遗存，如上汪家拐遗址[④]、方池街遗址[⑤]等等。古代成都由于地理环境的缘故，城的形状始终保持着略为偏东的格局，商业街船棺墓葬的方向为北偏东，这也正好与成都城的方向一致。

① 徐中舒：《巴蜀文化续论》，见徐中舒《论巴蜀文化》，四川人民出版社，1981年。
② 孙华：《成都得名考》，《成都文物》1991年3期。
③ 摘自《礼记·檀弓下》。
④ 成都市文物考古工作队、四川大学历史系：《成都市上汪家拐遗址发掘报告》，《南方民族考古》第5辑，四川科学技术出版社，1992年。
⑤ 成都市博物馆考古队、成都文物考古研究所：《成都方池街古遗址发掘报告》，《考古学报》2003年2期。

第四节　关于墓葬地面建筑与古代陵寝制度的起源问题

商业街船棺墓葬独特的形制以及其宏大的规模体现了墓主作为古蜀国开明王朝上层统治人物的崇高社会地位，与墓葬相得益彰的还有布局规整的地面建筑，虽然我们已不能看到它的全貌，但仍能感觉到它宏伟、庄重的气势。类似的墓上建筑所见材料不多，但在商代安阳小屯的妇好墓①、大司空村 311 号墓②，滕州前掌大商代墓③都发现了用夯土筑成的房基和础石，一直到战国河北省平山中山王墓④以及河南省辉县固围村魏国墓地⑤也有发现，可以推测这种墓上建筑是供祭祀所用，应看做是战国继承商代以来的旧制，并有了进一步的发展，它应与古代陵寝制度的起源有关。

关于先秦墓上建筑以及古代陵寝制度的起源问题，杨宽先生在其《中国古代陵寝制度史研究》一书中已作了翔实的考证和论述⑥，他指出从文献记载结合考古资料来看，中原地区最初墓葬是没有坟丘的，《易·系辞传下》载："古之葬者，厚衣之以薪，葬之中野，不封不树"，《礼记·檀弓上》亦说："古也，墓而不坟"。坟丘式墓葬的普遍推行是在战国时代，最早可追溯到春秋时期，但墓上的建筑早在商代就有了，到了战国时期墓地中高大华丽的建筑就更屡见不鲜了，《吕氏春秋·安死篇》是这么描述的："世之为丘垄也，其高大若山，其树之若林，其设阙庭为宫室，造宾阼也若都邑。以此观世示富则可矣，以此为死则不可也"。可以肯定这种建筑就是秦汉"陵寝"的"寝"的起源，因此，古代陵寝制度的创始应当在战国时期，其起源可早到商代。

最早讲到陵寝制度起源的是东汉的蔡邕。蔡邕《独断》说："宗庙之制，古学以为人君之居，前有'朝'，后有'寝'，终则前制'庙'以象朝，后制'寝'以象寝。'庙'以藏主，列昭穆；'寝'有衣冠、几杖、象生之具，总谓之宫……古不墓祭，至秦始皇出寝，起之于墓侧，汉因而不改，故今陵上称寝殿"。古代君王的宫殿包括前后两部分：前部是"朝"，是君王朝见群臣、举行朝议、处理政务的朝廷所在。后部是"寝"，是君王及家属起居之所。因为"事死如事生"，古人相信死人有灵魂，要如同活人一样，活着的时候有"朝"，死后也还要设"朝"，"朝"又称为"庙"；活着的时候有"寝"，死后也还要设"寝"，所以宗庙建筑如同宫殿一样也分为前后两部分，前部是"庙"，后部是"寝"，"庙"和"寝"是相连接的。《吕氏春秋·季春纪》高诱注说："前曰庙，后曰寝，《诗》云'寝庙奕奕'，言相通也。"《周礼·夏官·隶仆》郑玄注也说："《诗》云'寝庙绎绎'，相连貌也，前曰庙，后曰寝。"由于"庙"和"寝"的用途不同，建筑的结构也就不一样，《尔雅·释宫》说："室有东西厢曰庙，无东西厢有室曰寝"。"庙"之所以必须在"室"的两侧有东西"厢"，因为"庙"是按

---

① 中国社会科学院考古研究所安阳工作队：《安阳殷墟 5 号墓的发掘》，《考古学报》1977 年 2 期。
② 马德志、周永珍、张云鹏：《1953 年安阳大司空村发掘报告》，《考古学报》第 9 册，1955 年。
③ 中国社会科学院考古研究所山东工作队：《滕州前掌大商代墓地》，《考古学报》1992 年 3 期。
④ 杨鸿勋：《战国中山王陵及兆域图研究》，《考古学报》1980 年 1 期。
⑤ 中国社会科学院考古研究所：《辉县发掘报告》，科学出版社，1956 年。
⑥ 杨宽：《中国古代陵寝制度史研究》，上海古籍出版社，1985 年。

照"朝"的式样建筑的，"朝"在"室"的两侧有东西厢。

商业街船棺墓葬上的地面建筑与其他先秦时期墓上建筑大不相同，其格局与上述文献中所记载的宗庙建筑的寝庙是非常的相似，也分为前后两部分，前有"庙"，后有"寝"，"庙"的两侧还有东、西两厢，"寝"正好坐落在整个墓坑口上，范围与之也基本相等，以便墓主灵魂起居生活之用。当时人们在船棺的一端或者两端还凿有一圆（方）孔与棺室相通，亦是便于墓主灵魂的出入，取灵魂通道之意。总之，商业街船棺墓葬地面建筑的形式首先明确了宗庙建筑中"前庙（朝）后寝"且"寝"、"庙"相连的格局，使其在考古材料中真正得到了印证；其次也证明了至少在战国早期，人们在建造陵园时就已经开始模仿宗庙的建筑形式，这不仅使得陵寝制度进一步得到了确立，而且将陵寝制度中"寝"、"庙"结合的时间提前到了战国早期。这充分显示出了开明时期古蜀国的宗教礼仪制度也达到了相当的高度，从墓葬出土漆器纹饰均仿自中原青铜器纹饰风格的情况推知，此时的蜀文化当深受中原文化的影响无疑，反映了蜀上层统治阶层向慕中原文化的心理。《华阳国志·蜀志》记载："九世有开明帝，始立宗庙"，《左传·庄公二十八年》说："凡邑有宗庙先君之主者曰都"，这也从另一个方面说明了成都的"都"字的由来。

附录一

成都商业街船棺葬出土人骨研究

张君　王毅　颜劲松

（中国社会科学院考古研究所、成都文物考古研究所）

2000 年四川省省委办公厅在修建职工食堂地下室的施工中，发现了几具大型船棺，随后经过成都文物考古研究所的抢救性发掘，确定这是一处时代为古蜀开明王朝晚期（约相当于战国早期偏晚）的大型多棺合葬的船棺墓葬，初步推测应该是古蜀国开明王朝王族甚或蜀王本人的家族墓地[①]。所出葬具包括棺身和棺盖两部分，但因该墓葬曾遭到严重的盗掘和破坏，一些棺木只剩下棺身或部分棺身，没有棺盖，推测如果墓坑不遭破坏，葬具应该超过 32 具，而只保存下来完整和不完整的葬具 17 具。在出土的 17 具葬具中，有两种不同的形状，一种为船棺，即 "船形棺"，是在棺的前端由底部向上斜削，使之略微上翘，犹如船头。另一种为匣形棺，棺身由整木挖空制成，树棺两端截齐便可。这些棺的大小不等，其中有 2 个船棺专门放置随葬品而不放人骨，另有 5 具棺破坏严重未发现人骨，其余 10 具棺基本为单人葬。船棺全部为二次葬或称捡骨葬，而匣形棺均为一次葬，葬式为仰身直肢。另外，船棺中的随葬品相当丰富，包括陶、铜、漆木、竹器等，而匣形棺中没有漆木器，且随葬器物的数量也相对较少甚至没有，由此推测，匣形棺可能是陪葬或殉葬的棺木。

在清理墓葬的过程中，地下水大量渗透出来，一些人骨已散落在棺外，且肢体分解，出土位置不明确。在收集的骨骼中，一些头骨和体骨难以对应成为单个个体，所以，在人骨的鉴定中，以出现频率最多的骨骼为标准来统计整个墓葬中的最小个体数，并对其中一些个体进行了颅面和牙齿形态特征的观察及头骨的测量。

一　性别、年龄的鉴定

共采集了 20 个个体的骨骼，保存情况较好的且明确棺木的有 9 个个体，棺外的最小个体数为 11 人。在骨骼鉴定中发现，很多个体的肢骨骨骺还没有完全愈合，这说明个体的年龄普遍都不大，有 6 个未成年儿童（不超过 15 岁）。具体的鉴定结果出现在附表一。

在 20 个个体中，可能为男性的 10 个，可能为女性的 6 个，性别不明的 4 个。14 号船棺中出现了两个个体，可能是采集中混入的。

全部个体的性别、年龄分布见附表二。

---

① 成都文物考古研究所：《成都市商业街船棺、独木棺墓葬发掘报告》，《2000 成都考古发现》，科学出版社，2002 年。

附表一　　　　　　　　　　　　　　　　个体的鉴定情况

人骨编号	木棺编号	性别	年龄（岁）	人骨编号	木棺编号	性别	年龄（岁）
No. 1	1 号船棺	男	15、16	No. 11	棺外	男	17 ~ 20
No. 2	3 号匣形棺	男	13 ~ 15	No. 12	棺外	男	17 ~ 20
No. 3	4 号匣形棺	男	20 ~ 22	No. 13	棺外	男	17 ~ 20
No. 4	5 号匣形棺	男	17 ~ 19	No. 14	棺外	男？	小于 14
No. 5	12 号船棺	男	20 左右	No. 15	棺外	女	35 ~ 44
No. 6	8 号船棺	性别不明	5、6	No. 16	棺外	女？	30 ~ 35
No. 7	10 号船棺	性别不明	8、9	No. 17	棺外	女	15 ~ 16
No. 8	14 号船棺	性别不明	小于 25	No. 18	棺外	女	15 ~ 16
No. 9	14 号船棺	女	13 ~ 15	No. 19	棺外	女	14 ~ 15
No. 10	棺外	男	16 ~ 18	No. 20	棺外	性别不明	成年

附表二　　　　　　　　　　　　　　　　个体的性别、年龄分布

年龄分期	男	女	性别不明	合计
未成年（<15 岁）	2	2	2	6（30%）
青年期（15 ~ 23 岁）	8	2	1	11（55%）
壮年期（24 ~ 35 岁）	0	1	0	1（5%）
中年期（36 ~ 55 岁）	0	1	0	1（5%）
老年期（>55 岁）	0	0	0	0
只确定为成年	0	0	1	1（5%）
合计	10	6	4	20

从附表二中反映的情况看，超过半数的个体处于青年期，未成年个体所占比例较大，接近 1/3，23 岁以前的个体占 85%，而壮年期和中年期合计只占 10%，没有老年个体。总的来说，这个人群的年龄普遍年轻。

二　颜面形态特征

对 17 个个体的形态特征进行了观察。其中，有些个体的颅骨残缺严重，只能观察到个别几项特征，这里对保存情况较好的头骨做了简单的颜面形态描述。

1 号　出自 1 号船棺的 15、16 岁的男性个体。偏长的卵圆形颅，眉弓和眉间突度弱，额坡度较直，斜方形眼眶，侧视眶口平面位置与 FH 平面垂直，鼻根凹陷浅，鼻梁凹型，鼻骨低平，具有中等发达程度的犬齿窝，颧骨小，齿槽突颌。该头骨的测量数据显示的颜面形态特点是：中颅—狭颅—高颅相配合的颅型特点，垂直颜面指数小，面指数为中上面类型，水平方向的面部扁平度中等，矢向上为正颌型，阔鼻类型，鼻根指数很小，眼眶为中眶型，阔腭

及短齿弓类型。

4 号　出自 5 号匣形棺的 17~19 岁的男性个体。眉弓和眉间突度弱，额坡度较直，斜方形眼眶，鼻根凹陷浅，凹型鼻梁，鼻棘发达，鼻骨中等程度隆起，鼻孔较狭，阔鼻类型，颧骨小，面高较低，面部水平方向扁平度较大，眼眶为中眶类型。

11 号　17~20 岁的男性个体，采集于棺外。近似五角形的颅型，颅长而宽，颅指数和宽高指数都代表了中颅型，长高指数代表了正颅型，眉弓和眉间突度弱，眶低，长方形的低眶类型，鼻根凹陷浅，鼻骨角小，面低而狭长，为狭上面类型，面部水平方向的扁平度不大，齿槽突颌。在冠状缝和顶结节之间有一条带状的凹陷区域，一直延续到颞骨下部。

12 号　17~20 岁的男性个体，采集于棺外。偏长的卵圆形颅，眉弓和眉间突度中等发达程度，鼻根凹陷略深，凹型鼻梁，具有中等深度的犬齿窝，短宽齿弓，齿槽略突。测量数据显示的颅面形态特点为中颅—正颅—中颅型相配合，垂直颅面指数较低，中上面类型，水平方向的面部扁平度中等，矢向为正颌型，眶为中眶型。

15 号　35~40 岁的女性个体，采集于棺外。卵圆形颅，中颅型，眉弓突度中等，眉间突度Ⅱ级，额坡度较直，鼻根凹陷平，鼻棘中等发达，鼻梁凹型，圆形眶，中眶类型，颧骨小，面中等高，水平方向扁平度中等，齿槽前突较明显。

16 号　30~35 岁的可疑女性个体，采集于棺外。偏长的卵圆形颅，眉弓和眉间突度弱，额坡度较直，眼眶上下缘的位置基本呈水平状，中眶或低眶类型，鼻根凹陷浅，凹型鼻梁，鼻根突度很小，阔鼻型，面较低，中面部的水平方向突度中等，上面部的水平向扁平度较大。

附表三为成年个体颅面部的主要形态特征的分类。从这些特征看，男、女性的主要形态特征没有显著差异，只是女性以圆形眼眶常见，且眶口的正面位置基本水平，而男性的眶口正面位置较倾斜。

附表四为指数和角度代表的颅面类型的分类情况。

从附表四看，男、女性表现出的颅面类型无太大的差异，直观地感觉鼻形和面形都比较狭，而指数显示的阔鼻类型和中上面类型可能是由于面高值较小造成的。总体上，这些头骨的形态类型较一致，大致表现为中颅—正、高颅—正、狭颅的颅型特点，低、狭面，面部水平方向的扁平度不十分强烈，矢向上为正颌型，中、低眶类型的眼眶特点，齿槽有些突颌。这样的综合特征与具有高狭面和高眼眶的现代蒙古人种东亚类型之间有较大的区别。

附表三　　　　　　　　　　　头骨颅面部的形态分类

	No. 1 男 16±	No. 4 男 17~19	No. 11 男 17~20	No. 12 男 17~20	No. 15 女 35~40	No. 16 女 30~35
颅形	长卵圆形	—	五角形	长卵圆形	卵圆形	长卵圆形
眶口平面与 FH 平面位置	垂直	后斜	后斜	后斜	后斜	后斜
眶口正面位置	倾斜	倾斜	倾斜	倾斜	水平	水平
额坡度	直	直	直	直	直	直

（续附表三）

乳突	大	中等	小	特小	大	小
枕外隆突	缺如	稍显	缺如	中等	中等	—
眶形	斜方形	斜方形	长方形	圆形	圆形	圆形
梨状孔	梨形	梨形	—	梨形	—	梨形
梨状孔下缘	锐形	钝形	—	钝形	锐形	钝形
鼻棘	—	显著Ⅳ级	—	—	中等Ⅲ级	—
犬齿窝	中等	浅	—	中等	中等	中等
鼻根凹	无	浅	浅	较深	无	浅
鼻梁	凹型	凹型	凹型	凹型	凹型	凹型
鼻骨	Ⅰ型	Ⅰ型	Ⅰ型	Ⅰ型	Ⅰ型	Ⅲ型
腭形	椭圆形	椭圆形	椭圆形	—	椭圆形	椭圆形
腭圆枕	无	无	无	瘤状	无	无

附表四　　　　　　　　　　　　指数和角度的颅面类型分类

	No. 1 男 16 ±	No. 4 男 17 ~ 19	No. 11 男 17 ~ 20	No. 12 男 17 ~ 20	No. 15 女 35 ~ 40	No. 16 女 30 ~ 35
颅指数	中颅型	—	中颅型	中颅型	中颅型	—
颅长高指数	高颅型	—	正颅型	正颅型	—	—
颅宽高指数	狭颅型	—	中颅型	中颅型	—	—
鼻指数	阔鼻型	阔鼻型	—	—	—	阔鼻型
鼻根指数	很小	中等	—	中等	—	很小
眶指数 L	中眶型	中眶型	低眶型	中眶型	中眶型	中眶型
垂直颅面指数	小	—	小	中等	—	—
上面指数	中上面型	—	狭上面型	中上面型	—	—
面突度指数	正颌型	—	—	正颌型	—	—
腭指数	阔腭型	—	—	—	—	—
齿槽弓指数	短齿弓	—	—	—	—	—
颧上颌角	中等	大	—	大	—	中等
鼻颧角	中等	大	—	中等	中等	很大
鼻骨角	—	小	小	小	—	—

三　　与亚洲蒙古人种地域类型的比较

以男性颅面部的 16 项主要测量指标与亚洲蒙古人种各类型的变异范围进行比较（附表五）。

附表五　　　颅面部的测量指标与亚洲蒙古人种各类型的比较（男）

马丁号	比较项目	亚洲蒙古人种					
		本文人骨	北亚类型	东北亚类型	东亚类型	南亚类型	亚洲蒙古人种范围
1	颅长	183.0	176.7~192.7	181.8~192.4	175.0~180.8	168.4~181.3	168.4~192.7
8	颅宽	139.4	142.3~154.6	134.3~142.6	137.6~142.6	135.7~143.6	134.3~154.6
8：1	颅指数	76.1	75.4~85.9	69.8~79.0	77.1~81.5	76.6~83.4	69.8~85.9
17	颅高	136.8	125.0~135.8	133.8~141.1	136.4~140.2	134.0~140.9	125.0~141.1
17：1	颅长高指数	74.9	67.4~74.8	73.2~75.6	75.3~80.2	75.8~80.2	67.4~80.2
17：8	颅宽高指数	98.3	83.5~94.5	92.1~100.0	96.8~100.3	94.4~101.3	83.5~101.3
9	最小额宽	91.3	89.0~97.0	94.6~98.2	89.0~93.7	89.7~95.4	89.0~98.2
32	额倾角	–	77.5~84.2	77.9~80.2	83.3~86.4	82.5~91.7	77.5~91.7
45	颧宽	128.0	139.0~143.7	137.5~142.4	130.6~136.7	131.4~136.2	130.6~143.7
48	上面高	68.2	73.3~79.6	74.5~79.2	71.0~76.6	59.8~71.9	59.8~79.6
48：17	垂直颅面指数	49.8	56.1~61.2	54.1~58.5	51.7~54.9	43.8~52.5	43.8~61.2
48：45	面指数	53.3	51.2~55.4	51.3~56.2	51.7~56.8	45.1~53.7	45.1~56.8
77	鼻颧角	145.2	144.3~151.4	146.2~152.0	144.0~147.3	141.0~147.8	141.0~152.0
52：51	眶指数	右81.2	79.6~86.0	81.3~84.5	80.7~85.0	78.2~86.8	78.2~86.8
54：55	鼻指数	53.1	47.2~50.7	42.7~47.3	45.2~50.3	47.7~55.5	42.7~55.5
SS：SC	鼻根指数	29.3	26.7~49.7	34.8~45.8	31.7~37.5	26.1~43.2	26.1~49.4
75—1	鼻骨角	22.8	16.9~24.9	14.8~23.9	13.7~19.8	12.0~18.3	12.0~24.9

与北亚蒙古人种比较，有 8 项指标落在它的变异范围内，包括颅长、颅指数、最小额宽、面指数、鼻颧角、眶指数、鼻根指数和鼻骨角。事实上，本文材料的颅面形态与北亚蒙古人种的典型低颅特点和高而宽且较为扁平的面部特点以及与后者的高眶和较为突起的鼻根突度

等形态特征都明显不同。

　　与东北亚蒙古人种比较，有 8 项指标落在其变异范围内，主要集中表现在代表颅型的指标上，这与后者的变异范围较广泛有关。实际上，本文头骨的颅型特点与东北亚类型具有的较大额宽、倾斜前额、高而宽且扁平的面部特点以及高眶、狭鼻和较大的鼻根隆起等形态特征也有明显的区别。

　　与东亚蒙古人种比较，有 7 项指标落在其变异范围内，包括颅宽、颅高、颅宽高指数、最小额宽、面指数、鼻颧角和眶指数，而这 7 项指标也同时落在其他类型的变异范围中。从形态上看，本文头骨的低狭面和低眶特点与东亚类型的高狭面、高眶特点也存在显著的差别。

　　与南亚蒙古人种比较，有 11 项指标落在其变异范围中，由于颅长较长而略超出南亚类型的变异区域，致使颅指数和颅长高指数也低于其下限，而鼻、面部的形态特征指标大多数都在南亚类型的波动范围中。此外，额倾角虽没有测量值，但观察特征显示的直额类型也与具有较大额倾角的南亚类型相吻合，鼻骨角的平均值虽然高出变异范围，依然属于"小"的分类中，本文头骨具有的颅型特征和低狭面、中低眶及鼻部的形态特征大部分与南亚类型表现出相当的一致，特别是小的垂直颅面指数和低的面高及较大的鼻指数 3 项只落在南亚类型中，而与其他三种地区类型明显不同。

　　所有的比较指标中，仅一项颧宽值由于过小而游离在亚洲蒙古人种的变异范围之外，其余均在波动范围之内。由于本文材料的样本数量太小，有些测值仅是一个个体的反映，因此，比较结果可能有一定的样本偏差。

四　本文人骨与不同地点、不同时代人群的多元统计分析

（一）与古代人群的聚类分析和主成分分析

参与对比的古代人群的地点和时代见附表六。

附表六　　　　　　　　　　　　　　　对比组群的时代和地点

对比组	时代	对比组	时代
本文材料	战国时期	河南殷墟	青铜时代
山东大汶口	新石器时代	江苏龙虬庄	新石器时代
山东西夏侯	新石器时代	青海阳山	新石器时代
陕西宝鸡	新石器时代	青海阿哈特拉山	青铜时代
陕西华县	新石器时代	湖北长阳	青铜时代
福建昙石山	新石器时代	安徽尉迟寺	新石器时代
广东河宕	新石器时代		

　　参加分析的 13 个测量项目包括颅长、颅宽、颅高、颅底长、面底长、眶高、眶宽、鼻宽、鼻高、上面高（sd 点）、面宽、最小额宽和鼻颧角（附表七）。所有的统计分析都在 SPSS9．0 for windows 下完成。

　　聚类方法选择了最近邻法（Nearest neighbor），对组群距离的测度方法选择了皮尔逊相关（Pearson correlation），即首先合并相似系数最大的两组，表示这两组最相似。所有用于统计的数据均经过标准化。根据皮尔逊相关系数产生的组群之间的相互关系表现在聚类图（附图一）上。

　　本文材料在所有组群中因与长阳人群之间的相关系数量大（0.583）而与长阳组首先聚类，这两个组群的相似程度小于青海两组群的相似度（0.656），接近西夏侯与华县之间的相似度（0.589），而大于西夏侯和尉迟寺之间的相似度（0.546）。对长阳青铜时代人群研究后认为，它与黄河流域及其以北地区的同时代居民的形态特征有明显的差别而与中国南部地区不同时代的颅骨性状和东南亚人的颅骨性状有一定的相似性，可视为南部地区类型。这一结论与本文人骨对比现代亚洲蒙古人种地区类型的结果基本吻合，即与现代蒙古人种的南亚类型最为接近。

　　以同样 13 个测量项目进行了主成分分析。主要提取前 3 个主成分因子，其累积贡献率为73.4%，代表了大部分变量所包含的信息。前 3 个因子的载荷矩阵如附表八。

附表七　　　　　　　　　　　成都船棺、独木棺人骨与古代人群的颅骨比较（男）

（长度：毫米　角度：度）

	颅长	颅宽	颅高	颅底长	面底长	眶高	眶宽	鼻宽	鼻高	上面高	面宽	最小额宽	鼻颧角
本文材料	183.9	139.4	136.8	101.6	96.9	34.1	42.0	26.7	50.2	68.2	128.0	91.3	145.2
大汶口	181.1	145.7	142.9	105.0	98.3	35.1	42.8	27.5	54.7	77.3	140.6	91.6	149.8
西夏侯	180.3	140.9	148.3	106.0	101.7	34.3	44.4	27.7	57.1	74.3	139.4	93.9	145.0
宝鸡	180.2	143.2	141.5	102.6	102.0	33.9	43.6	27.3	52.1	72.1	137.1	93.2	144.1
华县	178.8	140.7	144.3	105.6	103.4	33.1	42.9	28.5	53.5	75.2	133.9	94.2	145.2
昙石山	189.7	139.2	141.3	101.2	103.5	33.8	42.2	29.5	51.9	71.1	135.6	91.0	143.8
河宕	181.4	132.5	142.5	104.5	103.2	33.0	41.4	26.7	51.9	67.9	130.5	91.5	142.6
殷墟	184.5	140.5	139.5	102.3	99.2	33.8	42.8	27.3	53.8	74.0	135.4	91.0	144.4
龙虬庄	178.3	141.9	140.2	102.1	102.1	33.9	43.8	28.0	55.1	73.0	141.3	96.0	148.3
阳山	181.7	133.3	133.9	100.5	96.7	33.3	42.2	25.9	54.8	75.6	131.7	87.7	146.6
阿哈特拉山	182.9	140.3	138.2	101.4	95.9	35.2	42.8	26.1	55.2	74.8	133.7	90.0	147.4
长阳	186.4	143.3	141.3	101.1	99.6	35.7	44.9	26.3	52.1	70.8	134.5	96.6	146.9
尉迟寺	185.3	137.4	144.5	105.8	100.2	35.3	42.6	27.7	53.8	70.3	133.8	92.1	142.7

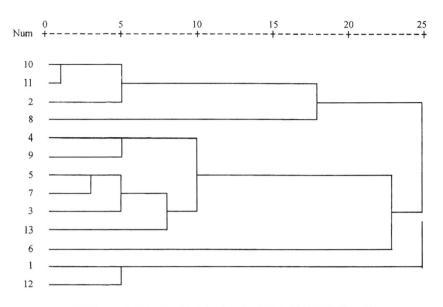

附图一　成都船棺、独木棺人骨与古代人群的聚类谱系图

1. 本文材料　2. 大汶口　3. 西夏侯　4. 宝鸡　5. 华县　6. 昙石山　7. 河宕
8. 殷墟　9. 龙虬庄　10. 阳山　11. 阿哈特拉山　12. 长阳　13. 尉迟寺

附表八　　　　　　　　　　　古代组群的主成分载荷矩阵

	主成分				主成分		
	1	2	3		1	2	3
颅长	− 0.093	0.019	0.311	鼻宽	0.087	0.202	− 0.004
颅宽	0.170	− 0.078	0.199	鼻高	0.135	− 0.100	− 0.271
颅高	0.152	0.193	0.000	上面高	0.119	− 0.164	− 0.258
颅底长	0.107	0.165	− 0.177	面宽	0.203	− 0.023	− 0.042
面底长	0.072	0.275	− 0.014	最小额宽	0.154	0.091	0.230
眶高	0.077	− 0.138	0.297	鼻颧角	0.101	− 0.243	− 0.024
眶宽	0.171	− 0.062	0.207				

　　第 1 因子的重要载荷变量有颅宽（0.170）、眶宽（0.171）和面宽（0.203），主要代表颅面宽度特征。第 2 因子的重要载荷变量有面底长（0.275）、鼻宽（0.202）和鼻颧角（− 0.243），主要表示鼻部宽度和面部水平及矢向突度。第 3 因子的重要载荷变量有颅长（0.311）、眶高（0.297）、鼻高（− 0.271）和上面高（− 0.258），主要表示颅型的长度特征和鼻、面、眶的高度特点。

　　各组群的相互关系体现在以 3 个主成分因子形成的三维空间中（附图二）。从该图中可直观地看出本文人骨组与湖北长阳组存在最近的形态关系，这一点与聚类分析的结果是一致的。本文材料与河宕和昙石山两个代表南亚类型的组群比较，他们在第 1 主成分上较为接近，第 2 主成分上存在较大的距离，第 3 主成分上本文人骨与昙石山位置趋同。也就是说，这三个组群在颅、眶和面的宽度特征上最相似，而在鼻形宽度和面部突度特点上存在最大的差异，在颅长、眶、鼻和面的高度特点上，本文人骨与昙石山更为相近。

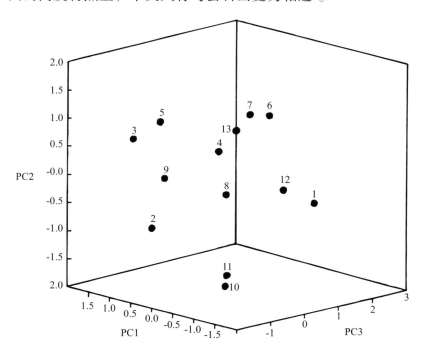

附图二　成都船棺、独木棺人骨与古代人群的主成分三维散点图

1. 本文材料　2. 大汶口　3. 西夏侯　4. 宝鸡　5. 华县　6. 昙石山　7. 河宕
8. 殷墟　9. 龙虬庄　10. 阳山　11. 阿哈特拉山　12. 长阳　13. 尉迟寺

（二）与现代人群的聚类分析和主成分分析

参加对比的现代人群包括藏族 A 型、藏族 B 型、近代华北组、香港组、蒙古族、太原组、西安组、湖南组、福建组（近代华南）、广西壮族、高山族。作为变量的测量项目包括颅长、颅宽、颅高、颅底长、面底长、面宽、上面高、眶宽、眶高、鼻宽和鼻高共 11 项（表九）。统计方法同上。

以皮尔逊相关系数为距离的聚类分析结果见附图三。在该聚类图中，本文人骨组与香港组首先聚类，它们之间的接近关系（0.652）小于藏族 A 和湖南组的相似程度（0.760），而大于藏族 B 和蒙古族的相似度（0.603），也比太原、西安和近代华北人群间的相互关系（0.621）更接近。在全部现代人群中，本文材料与南方人群的关系（福建、广西组）比与北方人群（太原、西安、蒙古等）更为接近。

以同样 11 项测量项目进行了主成分分析。主要提取前 3 个主成分因子，累积贡献率为77.7%，代表了大部分变量所包含的信息。前 3 个因子的载荷变量如附表一〇。

第 1 主成分上的重要载荷变量包括上面高（0.192）、眶高（0.182）、鼻高（0.201），主要代表了一些高度特征。第 2 主成分上的重要载荷变量包括颅高（0.316）、颅底长（0.356）、面底长（0.267），表示颅的高度特点及面颅的突度。第 3 主成分上的重要载荷变量有颅长（0.219）、颅宽（0.411）、面宽（0.203）、鼻宽（0.412），主要代表一些宽度特点。

附表九　　　　　　　　　　　**成都商业街墓葬人骨与现代人群的颅骨比较（男）**

（长度：毫米）

	颅长	颅宽	颅高	颅底长	面底长	面宽	上面高	眶宽	眶高	鼻宽	鼻高
本文人骨	183.0	139.4	136.8	101.6	96.9	128.0	68.2	42.0	34.1	26.7	50.2
藏族 A	174.8	139.4	131.2	96.9	92.9	131.0	68.7	41.5	34.3	25.7	51.0
藏族 B	185.5	139.4	134.1	99.2	97.2	137.5	76.5	43.4	36.7	27.1	55.1
近代华北	178.5	138.2	137.2	99.0	95.2	132.7	75.3	44.0	35.5	25.0	55.3
香港	179.3	139.6	140.2	101.4	97.8	133.4	70.4	43.3	33.7	26.2	53.3
蒙古族	182.5	140.1	132.3	100.6	97.4	142.1	77.2	43.6	35.8	27.4	56.3
太原	175.5	137.7	135.2	99.2	96.8	132.0	73.5	41.8	35.7	24.5	54.2
西安	180.7	138.8	137.0	99.3	95.9	133.9	72.0	42.5	35.7	26.1	54.5
湖南	179.5	141.2	134.8	97.4	92.9	134.5	72.0	41.6	34.4	26.4	53.9
福建	179.9	140.9	137.8	98.3	96.0	132.6	73.8	41.3	34.8	25.2	52.6
广西壮族	178.3	140.6	136.6	98.8	95.2	135.5	66.4	43.0	33.9	26.2	51.8
高山族	178.0	139.4	134.7	99.6	94.6	133.0	71.9	41.0	34.6	27.4	51.9

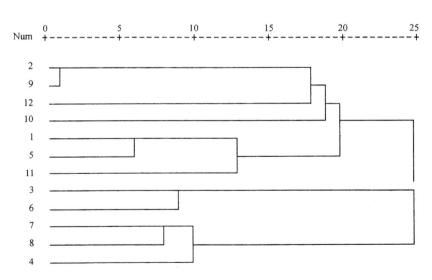

附图三　成都船棺、独木棺人骨与现代人群的聚类谱系图

1. 本文材料　2. 藏族 A　3. 藏族 B　4. 近代华北　5. 香港　6. 蒙古族　7. 太原
8. 西安　9. 湖南　10. 福建　11. 广西壮族　12. 高山族

　　所有组群在前 3 个主成分形成的三维空间中的相互关系如附图四。本文材料与香港、广西壮族两组距离最近，这一点与上面的聚类分析结果相一致。具体说，在第 1 主成分代表的

面、鼻和眶的高度特点上，文本材料与广西壮族、福建、高山族和湖南等南方组群有相当一致的表现，但在颅高和面突度特点上（PC2），它们相互之间存在一些差异，本文材料与香港组在后者上表现出一致的变异趋势。在第 3 主成分代表的颅长和颅、面、鼻的宽度特征上，本文材料与上述南方组群也基本相近，与香港组有一定的偏差，后者的各项宽度特点更小一些。在眶形特点上，本文材料与藏族 A 和湖南组表现最相近。

附表一〇　　　　　　　　　　　　　　古代组群的主成分载荷矩阵

	主成分				主成分		
	1	2	3		1	2	3
颅长	0.161	0.141	0.219	上面宽	0.192	−0.162	−0.083
颅宽	−0.042	−0.010	0.411	眶宽	0.168	0.091	−0.066
颅高	−0.013	0.316	−0.156	眶高	0.182	−0.185	−0.134
颅底长	0.098	0.356	−0.001	鼻宽	0.077	0.067	−0.412
面底长	0.156	0.267	−0.096	鼻高	0.201	−0.141	−0.104
面宽	0.177	−0.129	0.203				

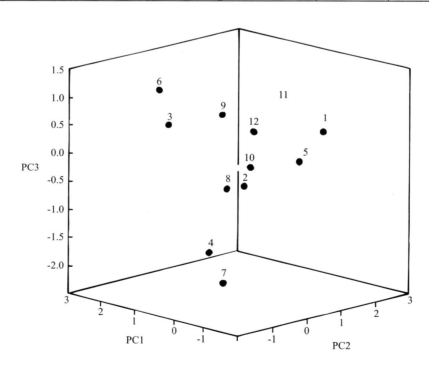

附图四　成都船棺、独木棺人骨与现代人群的主成分三维散点图

1. 本文材料　2. 藏族 A　3. 藏族 B　4. 近代华北　5. 香港　6. 蒙古族　7. 太原
8. 西安　9. 湖南　10. 福建　11. 广西壮族　12. 高山族

五　主要结论与讨论

（1）本文墓葬中出土人骨的年龄普遍年轻，除两个女性个体的年龄在 30～40 岁之间外，其余 18 名个体均在 25 岁以下。

（2）墓葬中的人骨显示出的颅面部形态比较一致。主要表现为中颅型、正颅或高颅型及中颅或狭颅的颅型特点，额坡度较直。直观地感觉鼻形和面形都比较狭，而指数显示的阔鼻类型和中上面类型可能是由于面高值较小造成的。面部形态表现为低而狭的面，面部水平方向的扁平度不十分强烈，矢向上为正颌型。中、低眶类型的眼眶特点，齿槽有些突颌。鼻根凹陷浅，鼻骨角小。这样的综合特征与具有高狭面和高眼眶的现代蒙古人种东亚类型之间有较大的区别而与南亚蒙古人种类型相似。这一点在与亚洲蒙古人种各类型的比较中也反映了出来，如颅型特点和低狭面、中低眶及鼻部的形态特征大部分与南亚类型的表现出相当的一致，特别是小的垂直颅面指数和低的面高及较大的鼻指数 3 项只落在南亚类型中，而与其他三种蒙古人种地区类型明显不同。

（3）与古代人群的聚类和主成分分析结果表明，本文人骨与湖北长阳组的颅骨形态具有最明显的相关性，并表现出最为接近的形态距离。与河宕和县石山两个代表南亚类型的古代组群比较，他们在第 1 主成分上较为接近，第 2 主成分上与县石山的位置趋同，第 3 主成分上彼此存在较大的距离。也就是说，这三组群在颅、眶和面的宽度特征上最相似，而在鼻形宽度和面部突度特点上存在较多的差异，而在颅长、眶、鼻和面的高度特点上，本文人骨与县石山更为相近。

（4）与现代人群的比较结果显示，本文人骨与香港和广西壮族两组的形态相关性最大，在主成分因子形成的三维空间中，他们处于比较靠近的距离。本文人骨与广西壮族、福建、高山族和湖南等南方组群在面、鼻和眶的高度特点上存在相当一致的表现，在颅长和颅、面、鼻的宽度特征上，他们之间也基本相近，只与香港组有一定的偏差，后者的各项宽度特点更小一些。在颅和面突度特点上，这些组群存在一些差异，而本文人骨与香港组在后者上表现出较一致的变异趋势。在眶形特点上，本文人骨与藏族 A 和湖南组最相近。

总体来说，无论与古代人群还是现代人群比较，本文人骨基本表现出与南方人群的关系更为接近的关系。

在该墓葬发现以前，船棺墓葬作为春秋至西汉前期古代巴蜀地区所特有的一种丧葬习俗，最早是在川东的几个地点有大量的发现①，后来在川西的成都②、大邑③、彭县④、绵竹⑤、郫

---

①　四川省博物馆：《四川船棺葬发掘报告》，文物出版社，1960 年；四川省文物考古研究所、广元市文物管理所：《广元市昭化宝轮院船棺葬发掘简报》，《四川考古报告集》，文物出版社，1998 年；四川省博物馆、重庆市博物馆、涪陵县文化馆：《四川涪陵地区小田溪战国土坑墓清理简报》，《文物》1974 年 5 期。

②　四川省博物馆：《成都百花潭中学 10 号墓发掘记》，《文物》1976 年 3 期。

③　四川省文管会等：《四川大邑五龙战国巴蜀墓葬》，《文物》1985 年 5 期。

④　四川省文管会赵殿增、胡昌钰：《四川彭县发现船棺葬》，《文物》1985 年 5 期。

⑤　四川省博物馆王有鹏：《四川绵竹县船棺葬》，《文物》1987 年 10 期。

县①等地也陆续发现。本文墓葬以其宏大的规模体现了墓主家族的高等社会地位，其中匣形棺的随葬器物种类和数量都较船棺要少，有的甚至根本没有随葬品，且匣形棺的制造也比船棺简陋，因此推断，两种不同形式的棺木主人可能具有不平等的地位，匣形棺中的个体也许是殉葬或陪葬之人②。从本文人骨的研究看，所观察分析的个体基本具有比较一致的颅面部形态特征，但由于多数骨骼散落在棺外，所以，个体的性别、年龄和形态特点与棺木形制的关系也就无从比较。最近，对本文人骨的^{13}C 和^{15}N 同位素食性分析有了结果③，有意思的是，船棺和独木棺中的主人的确显示了不同的食物性质，即船棺墓主的食物营养成分比匣形棺墓主的高，从而推测船棺和匣形棺的个体可能有不同的社会地位，这个结论与考古学对两种不同形式墓葬主人身份的推断相吻合。

那么，船棺中的主人是否为具有血缘关系的家族人群以及船棺和匣形棺中的个体是否有不同的基因来源，这些疑问有待人骨 DNA 的研究为我们揭晓谜底。

（原文发表于《新世纪的中国考古学——王仲殊先生八十华诞纪念论文集》，
题目和部分内容略作修改）

---

① 郫县文化馆：《四川郫县发现战国船棺葬》，《考古》1980 年 6 期。

② 成都文物考古研究所：《成都市商业街船棺、独木棺墓葬发掘报告》，《2000 成都考古发现》，科学出版社，2002 年。

③ 魏彩云、吴小红：《稳定同位素分析中国部分地区古代居民饮食结构》（摘要），《全国第七届科技考古学术讨论会论文摘要集》（未刊）。

附录二

成都商业街船棺葬出土人骨病理分析报告

魏东　张林虎

（吉林大学边疆考古研究中心人类学实验室）

　　成都商业街船棺墓葬位于成都市商业街58号。2000年7月至2001年初，成都文物考古研究所对该墓葬进行了发掘，确认其为一座大型的多棺合葬墓。发掘者通过研究认为，其年代应在战国早期偏晚，是古蜀国开明王朝的晚期，可能是开明王朝王族甚或蜀王的家族墓地①。

　　发掘过程中出土了一批人骨标本。由于埋藏环境比较适合人骨形态的保存，这批标本的形态多数比较完整，是成都地区非常重要的一批古代人骨材料。对这批材料的形态学测量和观察已有学者做了专项的研究②。

　　2006年12月，笔者对这批资料进行了病理状况的观察，附表一是笔者观察标本的保存现状。

附表一　　　　　　　　商业街船棺墓葬中出土人骨的保存现状（部分）

序号	标本编号	标本现存情况
1	2000CSSM1，1号棺	一个个体的大部分骨骼
2	2000CSSM1，2号棺	一个个体的大部分骨骼
3	2000CSSM1，3号棺	大部分标本属于一个未成年个体，另发现属于一个25岁左右个体的下颌骨和右侧的肱骨上部残段
4	2000CSSM1，5号棺	一个个体的大部分骨骼
5	2000CSSM1，8号棺	大部分标本属于一个7~8岁个体，另发现有属于另一个成年个体的左侧胫骨和腓骨
6	2000CSSM1，10号棺	大部分标本属于一个10岁左右个体，该个体缺少左侧腓骨，部分肋骨，另发现一根不属于该个体的左侧成人肋骨
7	2000CSSM1，12号棺	大部分标本属于一个成年个体，另发现少量另一个个体的体骨
8	2000CSSM1，15号棺	一个个体的大部分骨骼
9	2000CSSM1，16号棺	一个个体的大部分骨骼
10	2000CSSM14：1	大部分标本属于一成年个体，另发现属于另一成年个体的锁骨、桡骨各一根
11	2000CSSM14：2	一个个体的大部分骨骼

　　（说明：表中仅包含未被盗扰的墓葬）

---

①　颜劲松：《成都市商业街船棺、独木棺墓葬初析》，《四川文物》2002年3期，25~33页。
②　张君、王毅、颜劲松：《成都市商业街战国时期船棺、独木棺墓葬的人骨》，《新世纪的中国考古学——王仲殊先生八十华诞纪念论文集》，科学出版社，2005年，952~966页。

所观察到的病理及异常现象见附表二。

附表二　　　　　　　　　　　商业街船棺墓葬中出土人骨的病理和异常现象（部分）

序号	标本编号	性别	年龄（岁）	病理或异常现象
1	2000CSSM1，1 号棺	♂	15～20	
2	2000CSSM1，2 号棺	♀?	25±	眶上筛状样变
3	2000CSSM1，3 号棺	?	未成年	
4	2000CSSM1，5 号棺	♂?	25±	
5	2000CSSM1，8 号棺	?	7～8	
6	2000CSSM1，10 号棺	?	10±	
7	2000CSSM1，12 号棺	♂?	成年	右侧肱骨异常粗壮、两侧胫骨有异常弯曲
8	2000CSSM1，15 号棺	♂	30±	犬齿结节发育明显
9	2000CSSM1，16 号棺	♀?	17～18	
10	2000CSSM14：1	♂?	成年	
11	2000CSSM14：2	♀	14～17	

　　（表中仅包含未被盗扰的墓葬。2000CSSM1 中仅包括有全身大部分骨骼的个体。性别推断有？者系通过颅骨形态判断，其他个体是通过骨盆形态判断。成年的判定标准是 18 岁以上。异常现象指与人体正常形态有区别）

　　在早期盗扰形成的扰坑中也出土了一些人骨，混杂散乱，无法判断是埋葬在大型船棺还是独木棺中。在对这些骨骼的观察中发现了两例眶上筛状样变（附图一）。

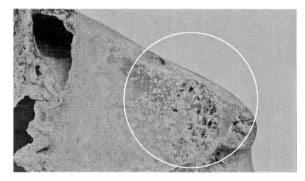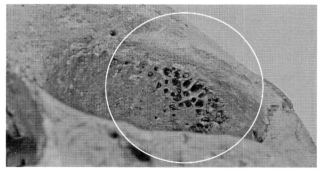

附图一　扰坑中出土人骨的眶上筛状样变

　　对出现的病理现象分析如下：

　　（一）2000CSSM1　12 号棺墓主右侧肱骨异常粗壮和两侧胫骨有异常弯曲。胫骨严重的 S 状弯曲可能是由于钙等微量元素缺乏造成的。根据弯曲的程度判断，应该已经影响到该个体的正常行走。右侧肱骨的异常粗壮可能与其利用拐杖等工具辅助行走有关（附图二）。

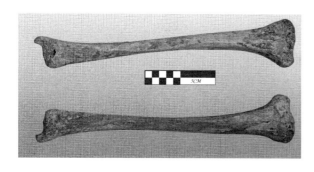

附图二　12 号棺肱骨与胫骨

　　（二）眶上筛状样变，可由多种原因引起。在蜀王家族墓地中出现了三例这种情况。基于以上事实可以推测有两种情况，其一是食物结构不合理，其二是该家族可能有遗传性的贫血。

　　通过对葬俗和葬式的分析，笔者认为该墓地中有明确出土关系的墓葬多数为单人葬。因为绝大部分的骨骼是属于一个个体。14 号棺木中其他个体骨骼混入的原因最可能的是在殓葬过程中由于缺乏解剖学的知识没有正确地将属于该个体的骨骼全部搜集，同时混入了其他的个体。或者还有一种情况是在殓葬的过程中有意将另一个等级较低个体的少部分骨骼放在墓主棺中殉葬。

　　（感谢成都文物考古研究所提供本文研究的材料，并在工作过程中给予了大力支持）

附录三

成都商业街船棺葬主人食性分析研究报告

送样单位：成都文物考古研究所

实验室编号	样品	样品原编号	棺号	δ^{13} 测定值	食物中 C_3 植物所占比例（估算值）
BA01056	人骨	11# （2000CSSM1）	8 号棺	− 19. 94	97. 04
BA01057	人骨	12# （2000CSSH1）		− 19. 88	97. 04
BA01058	人骨	13# （2000CSSM1）	1 号棺	− 19. 15	97. 10
BA01059	人骨	14# （2000CSSM1）			
BA01060	人骨	15# （2000CSSM1）	5 号棺	− 18. 49	97. 14
BA01061	人骨	16# （2000CSSM1）	3 号棺	− 19. 20	97. 09
BA01062	人骨	17# （2000CSSH1）		− 22. 16	96. 88
BA01063	人骨	18# （2000CSSH1）		− 20. 48	97. 00
BA01064	人骨	19# （2000CSSM1）	14 号棺	− 16. 57	97. 28
BA01065	人骨	20# （2000CSSM1）	12 号棺	− 19. 69	97. 06
BA01066	人骨	21# （2000CSSM1）			

（根据 δ^{13} 值说明成都商业街船棺葬主人的饮食中主要以 C_3 类食物为主）

（北京大学考古文博学院实验室）

附录四

成都商业街船棺葬出土人骨及兽骨^{14}C 测试报告

送样单位：成都文物考古研究所

实验室编号	样品	样品原编号	^{14}C 年代（BP）	误差
BA01056	人骨	11$^{\#}$（2000CSSM1）	2310	70
BA01057	人骨	12$^{\#}$（2000CSSH1）	2100	80
BA01058	人骨	13$^{\#}$（2000CSSM1）	2370	70
BA01059	人骨	14$^{\#}$（2000CSSM1）	2060	60
BA01060	人骨	15$^{\#}$（2000CSSM1）	2400	120
BA01061	人骨	16$^{\#}$（2000CSSM1）	2430	110
BA01062	人骨	17$^{\#}$（2000CSSH1）	2060	120
BA01063	人骨	18$^{\#}$（2000CSSH1）	2190	60
BA01064	人骨	19$^{\#}$（2000CSSM1）	1790	60
BA01065	人骨	20$^{\#}$（2000CSSM1）	2110	100
BA01066	人骨	21$^{\#}$（2000CSSM1）	2600	110
BA01067	兽骨	16$^{\#}$-1（2000CSSH1）	2220	130

（计算年代采用的^{14}C 半衰期为 5568 年，年代数据未做树轮年代校正）

（北京大学加速器质谱实验室第四纪年代测定实验室）

附录五

成都商业街船棺葬出土动物骨骼鉴定报告

何锟宇

（成都文物考古研究所）

2000 年成都文物考古研究所在成都市商业街抢救性发掘出一大型多棺合葬的船棺墓葬（2000CSSM1），年代相当于战国早期偏晚，初步推测为古蜀国开明王朝王族甚或蜀王本人的家族墓地①。该墓开口于第⑥层汉代文化层下，直接打破生土，由于该墓被开口于同层下的汉代灰坑 H1 打破，加上被盗，破坏较为严重，但随葬动物骨骼分布较为集中，出土于以下 8 个单位内：2 号棺的 53 和 47 号罐，8、12 号棺间的 1 和 2 号罐，8 号棺的竹框，1 号棺室北部，1 号和 2 号棺后端间的填土以及 H1 内。在 H1 的底部填土中，另发现有不少的小型骨器饰件、铜器以及许多大型漆器的残片，也应是被取出棺外遗弃在坑内的，故在 H1 发现的动物骨骼应是墓葬的肉食随葬品所残留下的。出土的动物骨骼详见附表一、二。

一 动物属种鉴定与测量

出土的动物骨骼共 265 件，可鉴定标本（The Number of Identified Specimen ，简称 NISP）206 件，另有肋骨 59 件（我们没有鉴定到属种，但多为鹿科和家猪的），代表动物最小个体数（THE Minimum Number of Individual，简称 MNI）32 个。可鉴定标本包括头骨，上、下颌骨和肢骨等，动物骨骼保存较为完整，骨骼部位比较单一集中。计鸟纲有鸡（Gallus gallus），哺乳纲有水鹿（Cervus unicolor）、麂（Muntiacus sp.）、家猪（Sus domestica）、羊（Caprinae）、牛（Bos sp.）、马（Equus sp.）、狗（Canis familiaris）和藏酋猴（Macaca thibetana），现分述于下。

（一）鸟纲（*AVES*）

1. 鸡形目（*GALLIFORMES*）

A. 雉科（Phasianidae）

鸡（*Gallus gallus*）

可鉴定标本 41 件，代表最小个体数为 4 个。

头骨 4 件，均保存眼眶以后部分。

喙骨 3 件，左侧 2 件，右侧 1 件。标本 00CSSM1：120，左侧喙骨，长 60.23 毫米；标本

---

① 成都文物考古研究所：《成都市商业街船棺、独木棺墓葬发掘报告》，《2000 成都考古发现》，科学出版社，2002 年。

附表一　商业街船棺和独木棺出土鸡骨统计表

骨骼部位 / 出土单位	头骨 颅骨	头骨 上颌骨 左	头骨 上颌骨 右	头骨 下颌骨 左	头骨 下颌骨 右	头骨 联合部	前肢骨 喙骨 左	前肢骨 喙骨 右	前肢骨 肱骨 左	前肢骨 肱骨 右	前肢骨 尺骨 左	前肢骨 尺骨 右	前肢骨 桡骨 左	前肢骨 桡骨 右	前肢骨 腕掌骨 左	前肢骨 腕掌骨 右	胸骨	后肢骨 髋骨 左	后肢骨 髋骨 右	后肢骨 股骨 左	后肢骨 股骨 右	后肢骨 胫骨 左	后肢骨 胫骨 右	后肢骨 跗蹠骨 左	后肢骨 跗蹠骨 右	后肢骨 其他附骨 左	后肢骨 其他附骨 右	NISP	MNI
扰坑	1																		1								2	5	1
1号2号棺后端之间				3		1	2	1	2	2	2	3		1			2		1	2	3	3	3	2	1			36	3

附表二　商业街船棺和独木棺出土哺乳动物骨骼统计表

出土单位	属	头骨 上颌骨 左	上颌骨 右	下颌骨 左	下颌骨 右	联合部	脊椎骨	前肢骨 肩胛骨 左	肩胛骨 右	肱骨 左	肱骨 右	尺骨 左	尺骨 右	桡骨 左	桡骨 右	腕骨 左	腕骨 右	掌骨 左	掌骨 右	指骨 左	指骨 右	后肢骨 髋骨 左	髋骨 右	股骨 左	股骨 右	髌骨 左	髌骨 右	胫骨 左	胫骨 右	跗骨 左	跗骨 右	跖骨 左	跖骨 右	趾骨 左	趾骨 右	距骨 左	距骨 右	跟骨 左	跟骨 右	NISP
扰坑	水鹿						1	1		1				1	1			1	1			1		2	1			15	8			10	8	2				2	3	57
	麂							1	1	2		2													1				1				1							8
	猪					1					1		1					1							1											1				6
	狗	1								1	1																													3
	马	1																																						1
	藏酋猴									1	1																													2
2号棺53号罐	猪							1		1		2											1		1				1								1			8
2号棺47号罐	猪									1	1	1																1									1			5
	羊														1																1		1							3
1号棺北棺室	水鹿						10	1	1															1								1						1		6
	猪									3	1	1	1					1																						7
8与12号棺间的1号罐	水鹿																											1				1								2
	牛																						1																	1
8与12号棺间的2号罐	水鹿						10																																	10
	猪																	1				1	1																	2
	羊																	1																						1
8号棺竹框	羊																								1				1											2
1号2号棺后端之间	水鹿																							2			1	1	2	9		1	2	8	9	1	2	1	2	41
																																								165

注：59件肋骨未鉴定到种。

00CSSM1：119，右侧喙骨，长 60.97 毫米。

肱骨 5 件，左侧 2 件，右侧 3 件。标本 00CSSM1：116，右侧肱骨，长 84.98 毫米，上端长和宽分别为 14.5 和 23.12 毫米，下端长和宽分别为 10.49 和 18.09 毫米（附图一）。

股骨 6 件，左、右各 3 件。标本 00CSSM1：102，左侧股骨，长 98.78 毫米，上端长和宽分别为 16.04 和 19.31 毫米，下端长和宽分别为 17.67 和 18.5 毫米（附图二）。

附图一　00CSSM1：116　　　　　　　　　　　附图二　00CSSM1：102

胫骨 5 件，左侧 3 件，右侧 2 件。标本 00CSSM1：95，左侧胫骨，长 144.25 毫米，上端长和宽分别为 23.38 和 21.78 毫米，下端长和宽分别为 14.68 和 13.58 毫米（附图三）。

跗蹠骨 2 件，左、右各 1 件，呈细棒状，跗蹠骨的距发达，应该为公鸡。标本 00CSSM1：36，左侧跗蹠骨，保存完整，长 102.08 毫米，上端长和宽分别 14.09 和 14.58 毫米（附图四）。

附图三　00CSSM1：95　　　　　　　　　　　附图四　00CSSM1：36

其他骨骼包括尺骨 6 件，左、右各 3 件；桡骨 3 件，左侧 1 件，右侧 2 件；胸骨和跗骨各 2 件；下颌骨、髋骨和腕掌骨各 1 件。

（二）哺乳纲（*MAMMALIA*）

1. 灵长目（*PRIMATES*）

A. 猴科（*Cercopithecidae*）

藏酋猴（*Macaca thibetana*）

股骨 2 件，左、右各 1 件，2 件标本中，00CSSM1：39 下关节愈合，而 00CSSM1：40 下关节未愈合，所代表年龄应该是不一样的，所以代表最小个体数为 2。

标本 00CSSM1：39，左侧股骨，上端残，下端完整，关节愈合，残长 140.32、下端长 24.56、宽 29.20 毫米（附图五）。

标本 00CSSM1：40，右侧股骨，上端从关节处残断，下端关节未愈合，关节面脱落，残长 153.93 毫米（附图六）。

附图五　00CSSM1：39　　　　　　　　　　　附图六　00CSSM1：40

　　2. 食肉目（*CARNIVORA*）

　　　　A. 犬科（*Canidae*）

　　　　　　狗（*Canis familiaris*）

　　可鉴定标本 3 件，头骨、股骨和下颌骨各 1 件，代表最小个体数为 1。

　　标本 00CSSM1：55，头骨，残，前腭联合部破损，框后突以后的颅后部分破损。左侧保存 C—M1，右侧保存 P2—M2，但右 P4 破损，左 P4 长 19.51 毫米（附图七）。

　　标本 00CSSM1：41，左侧股骨，下端愈合保存完整，但股骨头和大转子有部分残破，长 156 毫米，下端长和宽分别是 27.86 和 25.74 毫米（附图八）。

　　3. 奇蹄目（*Perissodactyla*）

　　　　A. 马科（*Equidae*）

　　　　　　马（*Equus sp.*）

　　可鉴定标本 1 件，马的左侧第三掌骨（00CSSM1：57），上端保存完整，下端残，残长 110.18 毫米，上端长和宽分别是 33.11 和 50.88 毫米。

　　4. 偶蹄目（*ARTIODACTYLA*）

　　　　A. 鹿科（*Cervidae*）

　　　　　Ⅰ. 鹿亚科（*Cervinae*）

　　　　　　　鹿属（*Cervus Linnaeus*）

　　　　　　　水鹿（*Cervus unicolor*）

附图七　00CSSM1：55

附图八　00CSSM1：41

　　可鉴定标本 105 件，其中后肢骨 97 件，前肢骨 8 件，代表最小个体数 16 个。由于未发现鹿角，给鹿种属的判定带来了一定的困难，为此，我们选取了骨骼保存完整且关节已经愈合的胫骨和跖骨做了测量，发现个体差异并不大，应为同一个种（见附表三、四）。通过对比十二桥遗址出土的各种鹿角和鹿科肢骨[①]，并结合成都平原及其周围的地理环境、中国动物地理的分布状况[②]，我们认为商业街所出土的大型鹿与十二桥遗址出土的同为水鹿。

　　肱骨 3 件，左侧 2 件，右侧 1 件。1 号棺室北部 2 号标本，左侧肱骨，长 30.8 毫米，上端长和宽分别为 98.63 和 76.36 毫米，下端长和宽分别为 55.85 和 64.46 毫米。

---

①　四川省文物管理委员会、四川省文物考古研究所、成都市博物馆：《成都十二桥商代建筑遗址第一期发掘简报》，《文物》1987 年 12 期。成都十二桥遗址第⑫层出土大量动物骨骼，鹿角数量较多，从鹿角形态可以鉴定的包括大型鹿的水鹿、中型鹿的斑鹿、小型鹿的麂和麝，资料存于成都文物考古研究所。

②　张荣祖：《中国动物地理》，科学出版社，1999 年。

　　掌骨2件，左、右各1件。标本00CSSM1：15，右侧掌骨，长262毫米，上端长和宽分别是33.73和50.62毫米，下端长和宽分别是30.45和46.99毫米，滑车长和宽分别为31.90和45.85毫米（附图九，上）。

　　股骨4件，左侧3件，右侧1件。标本00CSSM1：16，左侧股骨下端，关节正愈合，残长14.27毫米（附图一〇）。

附图九　上00CSSM1：15　下00CSSM1：20　　　　　　附图一〇　00CSSM1：16

附表三　　　　　　　　　　　　H1 出土部分水鹿胫骨测量数据

（单位：毫米）

标本号	左	右	长	上端宽	上端长	中部宽	中部长	下端宽	下端长
00CSSM1：1	左		397	85.15	79	32.81	29.2	54.89	42.32
00CSSM1：10		右	366	87.64	76	33.28	28.08	51.54	39.55
00CSSM1：4	左		375	76.15	75	32.16	29.77	47.12	37.29
00CSSM1：6	左		345	65.99	65	26.94	25.59	40.88	31.65
00CSSM1：7		右	329	61.05	62	24.03	22.12	40.14	32.93
00CSSM1：77	左		409	85.99	90	38.19	33.24	55.41	43.02
00CSSM1：78	左		362	79.5	74	35.99	26.19	52.25	39.12
00CSSM1：79		右	382	89.3	77	36.43	27.24	57.89	43.39
00CSSM1：9		右	367	81.09	76	34.04	25.8	51.53	38.64
平均值			370.22	79.1	74.89	32.65	27.47	50.18	38.66

　　胫骨26件，其中左侧16件，右侧10件，保存都比较完整，有些上、下端关节因为未愈合而脱落。标本00CSSM1：1，左侧胫骨，保存完整，上下关节愈合，长397毫米，上端长和宽分别是79和85.15毫米，下端的长和宽分别是42.32和54.89毫米（附图一一，上）。部分标本测量数据见附表三。

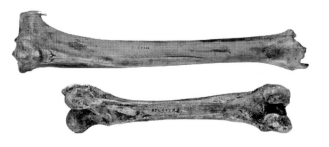

附图一一　上：00CSSM1：1　下：00CSSM1：44

附表四　　　　　　　　　　　　　H1 出土部分水鹿跖骨测量数据

（单位：毫米）

标本号	左	右	长	上端宽	上端长	中部宽	中部长	下端宽	下端长	滑车宽	滑车长
00CSSM1：11	左		284	41.6	40.55	26.82	27.96	43.96	29.68	43.86	31
00CSSM1：12		右	270	32.49	34.03	22.31	24.78	35.43	22.87	34.53	22.7
00CSSM1：13		右	297	45.25	43.27	30.3	31.13	48.78	32.33	44.28	30.35
00CSSM1：14	左		270	35.69	38.2	21.58	27.14	40.15	28.69	38.91	28.52
00CSSM1：17	左		298	42.8	44.87	27.44	32.67	48.31	34.45	46.75	34.73
00CSSM1：18	左		266	39.97	38.22	28.2	28.7	43.75	28.72	41.67	28.44
00CSSM1：19	左		263	40.79	41.39	27.19	28.63	41.51	28.85	41.61	28.93
00CSSM1：20	左		295	40.31	43.13	30.83	29.5	46.62	30.32	44.6	31.69
00CSSM1：21		右	285	39.75	38.71	26.16	30.17	45.35	28.39	43.61	27.37
00CSSM1：22	左		273	41.7	41.75	24.2	29.55	42.61	27.83	42.31	28.58
00CSSM1：23		右	262	40.71	41.12	27.84	28.28	44.92	30.12	43.57	31.35
00CSSM1：80		右	271	38.45	40.29	23.15	28.58	45.56	30.52	44.05	30.32
平均值			277.83	39.96	40.46	26.34	28.92	43.91	29.38	42.48	29.5

　　跖骨 21 件，其中左侧 11 件，右侧 10 件，多数保存比较完整，部分上、下关节因未愈合而脱落。标本 00CSSM1：20，左侧，保存完整，上下关节愈合，长 295 毫米，上端长和宽分别是 43.13 和 40.31 毫米，下端长和宽分别是 30.32 和 46.42 毫米（附图九，下）。部分标本测量数据见附表四。

　　跟骨 8 件，左侧 3 件，右侧 5 件，保存较完好。标本 00CSSM1：27，右侧跟骨，结节已经愈合，保存完整，长 134.67、宽 39.16、高 50.96 毫米。

　　距骨 4 件，左、右各 2 件。标本 00CSSM1：75，右侧距骨，外侧长和内侧长分别为 67.05 和 63.72 毫米，前宽和后宽分别为 42.19 和 41.59 毫米，厚 34.17 毫米。

　　第一趾骨 8 件，8 件中有 6 件出于 1 号、2 号棺后端之间的填土里，5 件保存完整，测量数据见附表五。标本 00CSSM1：138，保存完整，关节愈合，长 68.56 毫米，上端长和宽分别为 29.47 和 22.23 毫米，下端长和宽分别是 19.79 和 23.29 毫米。其他标本的测量数据与该标本接近，应同为水鹿的第一趾骨，见附表五。

附表五　　　　　　1 号、2 号棺之间填土出土部分水鹿第一趾骨测量数据

（单位：毫米）

标本号	全长	上端长	上端宽	下端长	下端宽
00CSSM1：138	68.56	29.47	22.23	19.79	23.29
00CSSM1：139	62.84	30.32	22.03	19.95	21.22
00CSSM1：140	65.04	28.89	21.62	18.84	22.62
00CSSM1：141	53.06	26.18	19.22	16.81	19.12
00CSSM1：142	54.72	27.5	20.41	17.18	19.74
平均值	60.84	28.47	21.1	18.51	21.2

第二趾骨 6 件，保存完整的 4 件，均出于 1 号、2 号棺后端之间的填土里，测量数据见附表六。标本 00CSSM1：144，保存完好，上下端愈合，长 50.67 毫米，上端长和宽分别为 30.41 和 22.32 毫米，下端长和宽分别为 23.11 和 15.7 毫米。其他标本的测量数据与该标本接近，应同为水鹿的第二趾骨，见附表六。

附表六　　　　　　　　　1 号、2 号棺之间填土出土部分水鹿第二趾骨测量数据

（单位：毫米）

标本号	全长	上端长	上端宽	下端长	下端宽
00CSSM1：144	50.67	30.41	22.32	23.11	15.7
00CSSM1：145	51.24	29.46	21.73	23.2	16.56
00CSSM1：146	46.04	26.32	19.5	22.66	15.37
00CSSM1：147	51.03	28.26	20.85	26.91	19.26
平均值	49.75	28.61	21.1	23.97	16.72

第三趾骨 5 件，保存很好，均出于 1 号、2 号棺后端之间的填土里，测量数据见附表七。标本 00CSSM1：133，长 57.35、宽 17.68、高 30.7 毫米。

附表七　　　　　　　　　1 号、2 号棺之间填土出土部分水鹿第三趾骨测量数据

（单位：毫米）

标本号	长	宽	高
00CSSM1：133	57.35	17.68	30.75
00CSSM1：134	55.76	19.2	30.15
00CSSM1：135	48.67	16.57	28.2
00CSSM1：136	43.98	14.88	22.09
00CSSM1：137	44.32	16.05	25.38
平均值	50.02	16.88	27.31

另有肩胛骨、尺骨和桡骨各 1 件，髋骨 2 件，髌骨 4 件和其他跗骨 10 件（不含跟骨和距骨）。

Ⅱ. 麂亚科（*Muntiainae*）

麂（*Muntiacus sp.*）

可鉴定标本 8 件，均为肢骨，其中前肢骨 3 件（肱骨 2 件、肩胛骨 1 件），后肢骨 5 件（右股骨 2 件、左右胫骨各 1 件和右距骨 1 件），代表最小个体数 2 个。

标本 00CSSM1：33，左侧肱骨，上关节未愈合，下端保存完整。

标本 00CSSM1：32，左侧胫骨，保存完好，上下关节愈合，长 204 毫米，上端长和宽分别

为 38.71 和 40.95 毫米，下端长和宽分别是 18.27 和 23.61 毫米（附图一二）。

标本 00CSSM1∶43，右侧股骨，上端稍残，下关节未愈合脱落，残长 199.7 毫米（附图一三）。

　　B. 猪科（*Suidae*）

　　　家猪（*Sus domestica*）

附图一二　00CSSM1∶32　　　　　　　　　　附图一三　00CSSM1∶43

可鉴定标本 28 件，代表最小个体数为 4 个。

下颌 1 件，标本 00CSSM1∶56，下颌前部，联合面完整，左侧保存 I1—P3，右侧保存 I1—C，但左、右第三门齿均残缺，为成年个体。

肱骨 7 件，左侧 4 件，右侧 3 件。标本 00CSSM1∶5，长 21.4 毫米，上端长和宽分别为 64.51 和 50.74 毫米，下端长和宽分别为 40.19 和 38.06 毫米（附图一四）。

股骨 5 件，左侧 1 件，右侧 4 件。标本 00CSSM1∶44，猪右侧股骨，上、下关节愈合，保存完整，长 271.2 毫米，上端长和宽分别是 49.36 和 72.3 毫米，下端的长和宽分别是 67.14 和 60.85 毫米（附图一一，下）。

胫骨 5 件，左侧 4 件，右侧 1 件。标本 00CSSM1∶46，猪左侧胫骨，下残，胫骨脊前后均有砍痕（附图一五）。

附图一四　00CSSM1∶5　　　　　　　　　　附图一五　00CSSM1∶46

尺骨 3 件，桡骨 4 件，保存状况较差，应为未成年猪，另外有髋骨 2 件和距骨 1 件。

　　C. 牛科（*Bovidae*）

　　　Ⅰ. 羊亚科（*Caprinae*）

可鉴定标本 6 件，股骨 2 件，胫骨、距骨、掌骨和髋骨各 1 件，代表最小个体数 1 个。

2 号棺 47 号双耳瓮 8 号标本，右距骨上端，上端长和宽分别为 19.44 和 18.64 毫米。其他骨骼保存较残。

　　　Ⅱ. 牛亚科（*Bovinae*）

　　　　牛（*Bos sp.*）

仅左侧胫骨 1 件，残破严重，保存不好。

二　几点认识

（一）从出土动物骨骼看成都平原周围的生态环境和动物资源

成都平原地处四川盆地西部，河流纵横，植被茂密，这次商业街船棺出土的动物骨骼为复原战国早期成都平原及其周围的生态环境提供了很好的材料。先看野生动物，水鹿现群栖息于针阔混交林、阔叶林和稀林草原等生境；麂栖息于常绿阔叶林和针阔混交林，灌丛和河谷灌丛；藏酋猴系猕猴的一种，生活在较温暖湿润的地区，这几种野生动物都说明成都平原及其周围环境温暖湿润，林草茂密，野生动物资源丰富，是人类栖息的好场所。另外，鸡、猪、狗、牛、马、羊等家养动物说明当时农业生产发达，家禽和家畜也应颇具规模，为人们日常生活提供稳定的肉食来源。总之，这些野生哺乳动物、家畜和家禽为研究当时成都平原及周围的生态环境、动物资源、饮食结构提供了很好的材料。

（二）出土动物骨骼分析

195 件可鉴定标本中哺乳动物占 154 件，其余为鸡的骨骼。通过附表八、九我们可以看到随葬动物以水鹿和鸡为主：水鹿 105 件，占可鉴定标本总数的 58.95%，代表最小个体 16 个，占 50%；鸡 41 件，占可鉴定标本总数的 21.03%，代表最小个体 4 个，占 12.5%。

附表八　　　　　　　　　　　　　　　出土动物骨骼可鉴定标本数据

（可鉴定标本总数为 195，单位：件）

动物种属	水鹿	麂	家猪	羊	牛	马	狗	猕猴	鸡
NISP	105	8	28	6	1	1	3	2	41
百分比（%）	53.85	4.1	14.36	3.08	0.51	0.51	1.54	1.03	21.03

附表九　　　　　　　　　　　　　　　出土动物骨骼的最小个体数数据

（总个体数为 32，单位：个）

动物种属	水鹿	麂	家猪	羊	牛	马	狗	猕猴	鸡
MNI	16	2	4	1	1	1	1	2	4
百分比（%）	50	6.25	12.5	3.13	3.13	3.13	3.13	6.25	12.5

从动物骨骼出土的情况来看，我们认为该墓葬出土的动物骨骼可以分为三个部分，第一部分是用鹿类的后肢（不含股骨）与整只公鸡举行某种祭祀活动，而且个体数均为 3；藏酋猴也应该是用来祭祀的。第二部分是牛和马的骨骼，有可能是墓葬填土中夹带进来的。第三部分是发现于双耳瓮或竹框内，或直接置于棺室内的，包括猪、狗、羊、鸡、藏酋猴和鹿类的头骨、肢骨和肋骨，这些骨骼标本中有些发现有人工砍痕，破碎状况接近日常生活中食用

的砍切模式，与第一部分专门用于祭祀的水鹿后肢、完整的鸡和藏酋猴股骨在性质上有根本的差别。

先看第一部分，所有鹿的肢骨均未发现有人工砍痕、动物咬痕和烧痕等痕迹，而且绝大部分保存完整，只是少部分由于骨骼关节未愈合导致埋藏后关节脱落，说明鹿应是专门从关节处肢解下来用于祭祀和随葬的。水鹿可鉴定标本105件中，后肢骨占97件；麂可鉴定标本8件中，后肢骨占5件。从1号棺和2号棺后端填土中的出土情况来看，当时应是将鹿后肢从股骨与髌骨处肢解，与完整的公鸡一起埋于填土中举行祭祀活动。但由于其他鹿的后肢骨多发现于扰乱的汉代灰坑，墓葬破坏严重，不能观察到是否每两个棺之间的填土都有举行同种祭祀活动，或不同的棺之间所用牺牲的数量是否一致。另外，2件藏酋猴的股骨保存完整，应该是专门为随葬准备的；而鹿类的后肢骨中很少见股骨，而藏酋猴则不一样，出土2件均为股骨，这可能与两类动物的身体结构有关，鹿类属于偶蹄目，胫骨和跖骨是行走的主要骨骼，行走方式属于蹄行式；而藏酋属于灵长目猕猴属，行走方式为跖行式，身体结构的不一样使得在肢解行为模式有区别。猕猴比水鹿更难于猎获，说明该墓多随葬难于获得的野生动物，家畜并不是主要的，这也反映了该墓等级很高。关于肢解动物，《周礼》有些记载，《周礼·夏官·小子》："凡沉辜侯禳，饰其牲。"郑玄注："辜，谓磔牲以祭也。"《说文》："磔，辜也。"段玉裁注："凡言磔也，开也，张也，剔其胸腹而张之，令其干枯不收。"但"辜"从段玉裁的注来看，不是对肢骨的肢解，对于这种肢解四肢骨的祭祀方式还有待研究。不管怎样，我们认为这种用水鹿后肢骨与完整公鸡的祭祀方式，其目的可能是通过祭祀地祇来保佑墓主在另一个世界平安地生活的推测是大致不误的。

再看第三部分，在1号棺室的北部，发现有3件双耳瓮、4件尖底盏、6件平底罐和11件器盖，其中有的双耳瓮带有子母口盖，瓮内均装有植物种子。我们认为在棺木之间的填土里发现的装有鹿骨骼的两个双耳瓮与棺室内的装有种子的瓮性质相同，将现实生活中食用的食物置于墓中，是古人"事死如事生"的一种表达方式。迄今，在巴蜀地区战国墓里未发现随葬鹿后肢的现象，在广元昭化宝轮院①、涪陵小田溪②、成都百花潭中学十号墓③、新都战国木椁墓④、大邑五龙战国墓⑤、郫县⑥、绵竹⑦、彭县⑧、什邡⑨、荥经⑩等地的船棺葬中均未发现随葬鹿肉的现象。甚至随葬动物或肉食的情况也少见，从已发表的报告和简报来看，仅在战

① 四川省文物考古研究所、广元市文物管理所：《广元市昭化宝轮院船棺葬发掘报告》，《四川考古报告集》，文物出版社，1998年。
② 四川省博物馆等：《四川涪陵地区小田溪战国土坑墓清理简报》，《文物》1974年5期。
③ 四川省博物馆：《成都百花潭中学10号墓发掘记》，《文物》1976年3期。
④ 四川省博物馆等：《四川新都战国木椁墓》，《文物》1981年6期。
⑤ 四川省文物管理委员会等：《四川大邑五龙战国巴蜀墓葬》，《文物》1985年5期。
⑥ 郫县文化馆：《四川郫县发现战国船棺葬》，《考古》1980年6期。
⑦ 四川省博物馆王有鹏：《四川绵竹县船棺墓》，《文物》1987年10期。
⑧ 四川省文物管理委员会赵殿增、胡昌钰：《四川彭县发现船棺葬》，《文物》1985年5期。
⑨ 四川省文物考古研究所、什邡市文物保护管理所：《什邡市城关战国秦汉墓葬发掘报告》，《四川考古报告集》，文物出版社，1998年。
⑩ 四川省文物考古研究所、荥经严道古城博物馆：《荥经县同心村巴蜀船棺葬发掘报告》，《四川考古报告集》，文物出版社，1998年。

国晚期的东笋坝和宝轮院随葬的铜釜中发现少量，釜出土时塞满淤泥，泥中往往有食物痕迹，如猪的下颌骨及牙齿、兽（獐）的上颚骨及牙齿、鱼骨、果核等[①]；涪陵小田溪 9 号墓出土的铜釜（M9：37）内残留有兽骨[②]；在成都羊子山 172 号墓出土的一件大铜鼎内也发现有供食用的肉类的骨头[③]。另外，在新都战国木椁墓[④]和蒲江战国土坑墓[⑤]发现随葬少量桃核的现象，但均是散置于墓葬填土中，非盛于容器内。我们认为，造成这种现象的原因是其他地区发现的墓葬的等级没有商业街发现的高，而鹿肉是一种高蛋白、低脂肪、味鲜美的食品，一般的人是不可能大规模享用的，更不可能大量宰杀用于随葬或举行祭祀活动。从目前的发现情况来看，用鹿类和猴类随葬的现象极度少见，如安阳殷墟武官大墓随葬有马 28 匹、猴 3 只、鹿 1 只及其他禽兽 15 只[⑥]；秦始皇陵园从葬坑中的珍禽异兽坑发现有食草类的鹿、麋和杂食了的动物，也有飞禽[⑦]。从最小个体数来看，商业街船棺随葬的鹿类代表至少宰杀了 18 个个体，这也反衬了该墓等级之高。

墓葬的随葬品中出土盛有肉食的现象较早见于宝鸡北首岭，例如在陶罐 77M4：（5）里有两只鸡，陶罐 77T2M17：（13）中盛有两条鱼，骨骼松散地与黑色的物质胶结混杂在一起，有可能是当时人们煎熟的菜肴残留痕迹[⑧]。到商代的时候这种现象更为多见，殷墓中经常发现祭牲，祭牲有的是煮熟后盛于铜陶器皿中，或宰杀后生置于铜陶器皿中，或放墓主棺木前头，或放墓主棺前二层台上，或放椁顶上，或埋填土中[⑨]。对于汉墓中相似的随葬现象，即在棺上填土中或墓尽头处用竹笥等容器盛置兽骨、果核等食品，有研究者认为"或为瘞埋祭祀所置"[⑩]，或是"填坑时用于祭祀的物品"[⑪]；也有研究者称其为"熬"[⑫]。瘞，为祭地祇之礼，是将牺牲（当取血之牲）、玉、帛掩埋于土，方法是挖一坎，或深或浅，然后将祭品埋藏[⑬]。《诗·大雅·云汉》："不殄禋祀，自郊徂宫；上下奠瘞，靡神不宗。"《毛传》："上祭天，下祭地，奠其礼，瘞其物。"高享注："把祭品埋在地下以祭地神为瘞。"《礼记·祭法》："瘞埋于泰折，祭地也。用骍犊。"孔颖达疏："瘞埋于泰折，祭地也者，谓瘞缯埋牲祭神州地祇于北郊也。"墓葬中的这种牺牲随葬模式似乎与文献记载的"瘞"并不完全吻合，但其目的应与佐佑死者在另一个世界继续过上美好的生活，正所谓"丧礼者，以生者饰死者也"。

总之，由于墓葬破坏较严重，我们不能完全复原该墓随葬动物的情况，但通过以上分析，我们可以看到成都市商业街船棺随葬动物主要分置于墓葬中的三个方位，一是棺室内用双耳

① 四川省博物馆：《四川船棺葬发掘报告》，文物出版社，1960 年。
② 四川省文物考古研究所等：《涪陵小田溪 9 号墓发掘简报》，四川省文物考古研究所：《四川考古报告集》，文物出版社，1998 年。
③ 四川省文物管理委员会：《成都羊子山 172 号墓发掘报告》，《考古学报》1956 年 4 期。
④ 四川省博物馆等：《四川新都战国木椁墓》，《文物》1981 年 6 期。
⑤ 四川省文物管理委员会等：《蒲江县战国土坑墓》，《文物》1985 年 5 期。
⑥ 中国社会科学院考古研究所编：《新中国的考古发现和研究》，文物出版社，1984 年，227 页。
⑦ 王学理、尚志儒、呼林贵等著：《秦物质文化史》，三秦出版社，1994 年，291 页。
⑧ 周本雄：《宝鸡北首岭新石器时代遗址中的动物骨骸》，中国社会科学院考古研究所：《宝鸡北首岭》，文物出版社，1983 年。
⑨ 黄展岳：《古代人牲人殉通论》，文物出版社，2004 年，116～117 页。
⑩ 陕西省文物管理委员会等：《咸阳杨家湾汉墓发掘简报》，《文物》1977 年 10 期。
⑪ 长江流域第二期文物考古工作人员训练班：《湖北江陵凤凰山西汉墓发掘简报》，《文物》1974 年 6 期。
⑫ 纪烈敏等：《凤凰山 176 号墓所见汉初地主阶级丧葬礼俗》，《文物》1976 年 10 期。
⑬ 张辛：《礼与礼器》，《考古学研究》（5），科学出版社，2003 年。

瓮或竹框装置，二是棺之间的填土中用双耳瓮装置，三是在填土间用完整的公鸡和鹿后肢举行祭祀活动。用三只鹿后腿和三只公鸡祭祀的现象目前在其他地区还未找到对比材料，我们推测可能为祭祀地祇的一种方式，可能代表蜀国贵族阶级丧葬礼仪的一种定制，至于其他更深层次含义的探讨有待材料的进一步增多。

（摄影：李绪成、李升）

附录六

成都商业街船棺葬出土植物残体鉴定报告

一　果核类

（1）2#核　卵圆形、略扁，基部较对称，顶端稍偏斜，有小尖头，两侧有明显的脊棱。长约 1.5~1.9、宽约 1.1、高约 0.8 厘米，果核表面有蜂窝状点穴。根据以上特征鉴定为梅（*Prunus mume* ＝*Armeniaca mume*）核。

（2）7#果核　卵圆形、略扁，基部较对称，顶端稍偏斜，有小尖头，两侧有明显的脊棱。长约 1.1、宽约 1.1、高约 0.8 厘米，果核表面有蜂窝状点穴。根据以上特征鉴定为梅（*Purnus mume* ＝ *Armeniaca mume*）核。

梅系蔷薇科落叶果树，核果，广泛分布于我国南方各省。我国梅的应用已有 3000 多年的历史，《书经》、《周礼》、《礼记》、《诗经》等古书中多有食用的梅的记载，2500 年前的春秋时代，已开始引种驯化梅使之成为家梅。出土的梅核比现代种小。

（3）4#果核　尖卵形，长约 2.1、宽约 1.5、高约 1.1 厘米；基部圆形，两侧不对称，顶端尖头向上面偏斜；果核一侧具 3 条纵脊棱，另一侧具 1 条纵棱；核表面具明显的纹沟与孔穴。

（4）5#果核　扁圆形，长约 2.5~2.8、宽约 1.8、高约 1.5 厘米；基部近圆形、稍对称，顶端渐尖，对称，有小尖头；果核一侧具 2~3 条纵棱，另一侧具 1~2 条纵棱，表面有纹沟和孔穴。

上述两种桃核均属普通桃（*Prunus persica*）。桃原产我国陕甘黄土高原一带，华中、西南山区也有野生桃。桃为蔷薇科落叶果树，栽培历史悠久，我国约有 1000 多个品种。4# 的核比现代野生种的核还要小，5# 的核也比现代桃核小。

二　瓜类种子

（5）1#瓜籽（稍大者）　黄白色，尖椭圆形，基部近圆形、对称，顶端钝，长约 5~7.5、宽约 2.8~3.5 毫米，估计千粒重约 15 克。种子大小与现代甜瓜籽接近。

（6）8#瓜籽（小）　黄白色，尖椭圆形，基部近圆形、对称，顶端稍尖，长约 4~5、宽约 2 ～2. 5 毫米，估计千粒重约 10 ～15 克。种子明显小于现代的甜瓜类瓜籽。

根据种子大小，初步认为上述两者均为薄皮甜瓜（*Cucumis melo*）的籽。

据前人研究，甜瓜起源于非洲，青铜时代西南亚和埃及已栽培甜瓜。另据《中国农业百科全书》记载，我国为薄皮甜瓜的次级起源中心。我国古书《诗经·小雅》中已有瓜类的记载，如《南有嘉鱼》篇中有"南方樛木甘瓠累之"的句子。其中的"甘瓠"不应为甜葫芦，可能指甜瓜。另外，《信南山》篇中有"中田有庐，疆场有瓜"，此处的瓜是腌制后祭祖的，显然不是甜瓜，可能是菜瓜一类。甜瓜的确切证据见于汉代，如长沙马王堆汉墓中发现的甜瓜籽。

三　谷类

（7）9#样品　为炭化的稻谷。为灰黑色结块，在镜下可清晰地看出谷粒，谷壳与米粒尚可分离。长约 6、宽约 3 毫米，长宽比例为 2∶1，按此比例应属粳稻类。与稻谷一起的还有扭曲的竹篾条，已经炭化，可能是盛稻谷的竹筐的残留部分。

四　菜类

（8）10#样品　为与泥土粘叠在一起的菜叶，种类已无法辨认，根据泥块表面有白色的盐结皮判断，可能为腌菜。

五　植物碎片

（9）3#样品　为含在淤泥中的炭化植物碎片，多已中空，薄片状、有纵条纹，可能是茎或根的皮，无法鉴定出种类。

（鉴定工作主要由北京大学城环系崔海亭老师完成。在鉴定过程中，北京市农科院蔬菜研究所的孙盛湘、王永建先生，中国农科院蔬菜花卉所的方秀娟先生给予大力帮助，在此谨致谢意）

附录七

成都商业街船棺葬出土棺木

及垫木树种检验报告

NO 委 2000—14

产品名称	棺木、垫木	型号规格	——
		商标	——
委托单位	成都文物考古研究所	检验类别	委托检验
生产单位	——	样品等级	——
抽样地点	成都商业街船棺葬	抽样日期	2000 年 8 月 25 日
样品数量	6 个	抽样者	诸有谦、陈厚仁
抽样基数	——	原编号或生产日期	——
检验依据	GB/T16734—1997	鉴定项目	棺木、垫木树种鉴定
检验结论	根据 GB/T16734—1997 标准鉴定，所抽棺木、垫木样品，其树种为桢楠（拉丁学名 Phoebe zhennan，樟科 Lauraceae） 四川省技术监督局林产品及家具质量监督检验站 签发日期　2000 年 9 月 4 日		
备注			

附录八

成都商业街船棺葬出土青铜器的初步检测分析

白玉龙　王宁　肖磷

（成都文物考古研究所）

一　引　言

商业街船棺葬遗址共出土青铜器 20 件，有印章、带钩、兵器等几种类型。部分青铜器上还有"巴蜀"符号①。这些青铜器对于研究该遗址以及古蜀文化都有重要的参考价值。

商业街船棺葬遗址出土的青铜器文物，多数外形较为完整，所有器物均有不同程度的锈蚀。从外观上来看，部分青铜器通体呈黑褐色，另有一些则呈现黄色的金属色泽，还有一些为常见的青铜绿色。从一些青铜器的残破茬口处，可以清楚地观察到青铜器的金属胎体，说明其保存状况比较好。

从发掘时的现场资料来看，商业街船棺葬遗址内填有大量的青膏泥，墓葬形成初期的文物存放环境状况较好。之后随着地层的堆积，墓葬逐渐被掩埋在地面下，并被地下水淹没保护起来。对遗址环境地下水进行检测，结果显示中性。所有的这些因素，对遗址内的文物都有一定的保护作用。该遗址虽然在历史上多次被盗，但仍出土了大量的漆木竹器，就是一个很好的说明。

对于该遗址出土青铜器文物的合金成分以及制作工艺技术，则需要进一步的分析研究。对青铜器基本信息的研究，除了应用考古学传统手段外，还可以借用现代分析技术。如成分检测、金相分析等手段，可以获取更为详尽的文物信息。本文选取了商业街船棺葬遗址出土的一部分青铜器，做了一些分析检测，以此来探讨该遗址出土青铜器的制作工艺。

二　样品概况

商业街船棺葬遗址出土的 20 件青铜文物中，大多数的器形完整，表面多呈黄褐色，或者黑褐色，锈蚀情况不是很严重（见附图一、二）。少数器物有残破茬口。另有一些器物，表面呈黄色，局部斑驳，疑似某种后期装饰手段。总体来讲，这批青铜器的成分、加工技术和表

---

① 成都文物考古研究所：《成都市商业街船棺、独木棺墓葬发掘报告》，《2000 成都考古发现》，科学出版社，2002 年。

 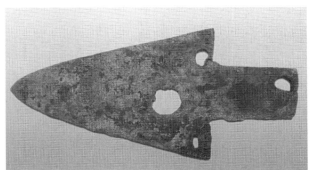

附图一 3[#]样品   附图二 5[#]样品

面装饰工艺都值得研究。

对青铜器进行检测，可以运用扫描电镜、金相分析等手段。考虑到这批器物都较为完好，本文采用了无损分析的技术，检测部分青铜器的成分。根据文物的状况，本文选取了五件器物进行分析，其中从两件器物的破损茬口处取样分析，另外三件做无损分析。样品编号及信息如下表。

附表一   **样品编号以及信息**

样品编号	取样器物名称	样品处理	检测项目
1[#]	铜戈（1号棺盗洞：1）	取样	基体合金成分分析
2[#]	铜钺（1号棺盗洞：2）	取样	基体合金成分分析
3[#]	铜饰件（1号棺：35）	无损	表面成分分析
4-1[#]	印章（1号棺：31）背面	无损	基体成分和表面成分分析
4-2[#]	印章（1号棺：31）正面	无损	基体成分和表面成分分析
5[#]	铜戈（1号棺：50）	无损	表面成分分析

三 分析结果与讨论

本文委托四川大学分析测试中心扫描电镜室，使用 S-450 型扫描电镜，以及 PV9100/65 型 X 射线能量色散谱仪，依据 JY/T 010-1996 分析型扫描电子显微镜方法通则，对五件器物的样品进行了成分分析。具体分析结果见附表二。

（一）兵器基体成分分析

1[#]、2[#]样品，原器物表面为青绿、草绿、灰绿色锈蚀物，从取样时的状况来看，这两件器物的基体保存的较为完好，锈蚀情况不是很严重。对 1[#]、2[#]样品进行分析，可以了解样品所对应的两件器物的基体成分。

5[#]样品表面没有常见的铜绿，器形完好，仅能对表面进行无损分析。

附表二　　　　　　　　　　　样品的合金成分分析检测结果（WT%）

元素＼样品	1#	2#	3#	4－1#	4－2#	5#
Cu	69.8	78.4	32.2	57.0	29.7	66.9
Sn	14.7	21.6	/	21.1	/	12.4
Pb	15.5	/	4.0	19.7	/	12.6
Fe	/	/	29.5	2.2	31.8	0.8
S	/	/	34.3	/	32.4	6.0
Si	/	/	/	/	3.7	1.4
K	/	/	/	/	0.7	/
Ca	/	/	/	/	1.7	/

　　根据现代技术对青铜兵器的分析统计，在春秋战国时代青铜兵器多采用铜锡铅三元合金[1]，并且含锡量基本都在14%～20%之间，以保证兵器的硬度和强度。相关技术早在《周礼·考工记》中就有记载，并有"六齐"之说。从附表二可看到1#样品的锡含量为14.7%，2#样品的锡含量为21.6%，5#样品的含锡量为12.4%，三件器物的合金配比大致在此范围内，但2#样品中未检测到铅的存在。

　　4#样品背面，选取一处位置略作处理，分析基体成分。检测数据表明，印章也含有较高的锡（见附表二）。

　　（二）表面装饰工艺分析

　　3#样品的表面主要呈漆黑色，局部泛金黄色。从墓葬出土青铜文物状况来看，黑色的物质与墓葬环境有关，可能是墓葬内的物质在青铜器文物表面形成的包裹层。这类现象在同时期其他地域的墓葬里也有实例。观察5#样品局部（附图三），局部也有黑色物质。但这层黑色物质，是在最表层，其下才是黄色的物质和金属胎体。

　　另外，观察3#、4－1#、4－2#样品（见附图一；附图四、五），器物表面上有一种黄色的物质。这种黄色物质，不同于铜合金的黄色。仔细观看附图五的黄色物质，直观感觉像是一种附着在金属表面的颜料。从发掘资料来看，在1号棺内出土的多件青铜器中，只有几件呈现这样的颜色，同时这种黄色物质，在出土后有脱落和变色的现象发生，变色的结果一般为蓝紫色。

附图三　5#样品局部

---

　　① 孙淑云、李延祥：《中国古代冶金技术专论》，中国科学文化出版社，2003年。

附图四　4 - 1#样品　　　　　　　　　　　　　　　附图五　4 - 2#样品

对 3#、4 - 2#样品的黄色区域进行扫描检测，结果中除含有铜、铅外，还存有大量的铁和硫。有资料显示①，铁在铜里面的溶解度只有 1% 左右，这两件样品表面检测结果含铁量远大于 1% ，都在 30% 左右，说明这些铁应该不是青铜器基体里面所含物质。与此同时，4 - 1#样品检测到的铁含量很低，这些铁可能是铜印章基体里面的夹杂物，或者是外来污染物，铜印章基体里面可能不含铁。那么，3#、4 - 2#样品所对应的两件青铜器表面的高铁，应该是附着在铜基体表面的外来物质。至于含量较高的硫，应该也类似于铁的存在原因，属于外源性物质。

5#样品表面，大面积呈金黄色，表面扫描检测结果中也是含有少量的铁、硫。这些铁、硫元素可能是铜基体里面夹杂的，或者表面污染造成的，也不排除其应用了类似于 3#、4#样品的表面处理技术。

四　结　论

本文共选取了 5 件商业街船棺葬遗址出土的青铜器文物，进行分析检测。除了 1#、2#样品取自两件器物的破损断口处以外，其余 3 个样品均用器物做无损分析。

（一）合金成分分析

从检测结果来看，1#、2#、5#这三件兵器，锡含量在 12.4% ~21.6% 之间，与春秋战国时代青铜兵器的合金比例数据相符合，也就是说，此合金技术相当成熟。4 - 1#样品检测的是印章背面基体，锡含量也高达 21.1% ，铅含量 19.7% ，这样的合金成分接近兵器合金特征，其强度应该较高。

---

① 苏荣誉、华觉明、李克敏等：《中国上古金属技术》，山东科学技术出版社，1995 年。

（二）表面装饰技术

值得一提的是，3#和4－2#样品，这两件器物表面都有一层类似于颜料的黄色物质。经分析检测，有黄色物质处的铁与硫两种元素含量很高。本文认为这是一种青铜表面装饰技术，使用材料应该为矿物颜料。这种现象在该遗址出土的其他几件器物中亦存在。

对于此观点可从以下几点来推测：

（1）同一具棺木里面出土的青铜器物，只有少数几件器物的外表面有这种黄色物质。

（2）对黄色物质进行检测，数据显示含有较高的铁和硫。但在其他部位，或者其他没有黄色涂层的器物表面，几乎没有铁和硫。

（3）该遗址棺木内的原始环境比较简单，没有铁和硫元素的来源。

（4）这种黄色材料，在器物出土后，有脱落和变色的现象发生。从这点来看黄色物质应该是铜基体之外的物质。

（5）同时期其他墓葬里面的出土青铜器也有类似现象。

对于这种黄色材料，目前从能谱数据只能判断出有较高含量的铁和硫，至于是哪种具体的矿物，由于分析手段的限制，还不能予以确定。不过从该涂层可变色为蓝紫色的现象上推断，可能为某种铁矿，或者多种矿物的混合物。由于此次的分析检测数据较少，对于这批器物确切的表面处理技术还不能做出判断，并有待于以后的深入探讨研究。

由于检测的样品数量有限，检测分析手段也只应用了扫描电镜和能谱分析，获得的数据不多，本文仅能做一些基本的研究和推测。关于商业街船棺葬遗址出土青铜器的制作技术和装饰工艺，还需要再进一步的深入分析研究。

附录九

成都商业街船棺葬微生物研究

肖璘　孙杰　白玉龙

（成都文物考古研究所）

一　引言

菌害问题，一直以来都是困扰大型木构件文物保存的一项难题。

木材以其在自然界中大量存在、易加工等特点，在我国古代得到了广泛应用。但作为一种生物材料，木材存在着天然的弱点，主要是易腐、易蛀和易燃。尤其是考古发掘出土的木质文物，由于在长期的地下埋藏过程中，被地下水及土壤中的有害物质侵蚀，纤维降解、有机质流失、强度下降，其一经发掘出土，饱水的木材便成为微生物滋生的温床。大量的微生物在木材上的生长，加剧了木材的降解，给木质文物的保存带来极大不便。

成都商业街船棺墓葬现场的木质文物，与同类型遗址相比，有其自身的特点。

（一）棺木等木质文物形体大、数量多

墓葬出土葬具共 17 具，均为整木凿成，体量大，多数遭盗掘破坏（附图一）。其中有 9 具船棺，即"船形棺"，8 具匣形棺。

9 具船棺中，有 4 具为大型船棺，最大的一具长 18.8、直径 1.5、高 1.12 米，其他三具大的长约 10.3～11.3、直径约 1.6～1.7、带盖高约 2 米；5 具为小型船棺，长约 4.4～4.85、直径约 0.8～1.0、高约 0.7～0.8 米。

8 具匣形棺，棺身和棺盖分别由一块整木加工而成，体积较船棺小，长约 2.33～3.3、宽约 0.77～0.95、高约 0.3～0.6 米。

（二）整木制作

遗址中的 17 具棺木，均由整木加工而成，保存下来的部分，既有早材、边材，又有晚材、心材，导致棺木各个部位的强度、耐久性都有

附图一　遗址全景

较大的差别。

在商业街船棺墓葬现场分别采集 1 号、2 号、10 号、11 号、13 号棺木及一垫木样品，委托四川省技术监督局林产品及家具质量监督检验站，对样品进行树种鉴定，检验结果（见附表一）显示：所有样品均为桢楠，拉丁学名 *Phoebe zhennan*，樟科 *Lauranceae*。

附表一　　　　　　　　　　　　　　　商业街船棺葬树种鉴定结果

编号	名称	鉴定结果
1 号	棺木	桢楠（拉丁学名 Phoebe zhennan，樟科 Lauraceae）
2 号	棺木	桢楠（拉丁学名 Phoebe zhennan，樟科 Lauraceae）
10 号	棺木	桢楠（拉丁学名 Phoebe zhennan，樟科 Lauraceae）
11 号	棺木	桢楠（拉丁学名 Phoebe zhennan，樟科 Lauraceae）
13 号	棺木	桢楠（拉丁学名 Phoebe zhennan，樟科 Lauraceae）
	垫木	桢楠（拉丁学名 Phoebe zhennan，樟科 Lauraceae）

随后，又在墓葬现场 8 号棺棺盖、3 号桩木以及地袱木上取样（附图二），委托南京林业大学木材科学研究所（中心），对这一部分样品进行树种鉴定。鉴定以宏观构造特征为基础，以包埋法处理的显微切片显微构造特征为补充和验证。

观察结果，3 号桩木样木的木材构造特征与 8 号棺盖样木同为桢楠。

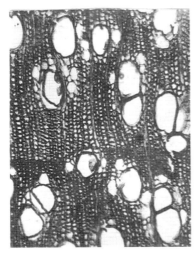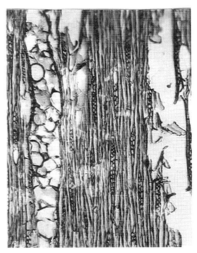

横切面　　　　　　　　　　　径切面　　　　　　　　　　　弦切面

附图二　8 号棺盖样木显微照片

（三）文物经多年水泡、侵蚀，已经变软，尤其是表层 0～6 厘米深度

在文物表面取样时，取样器在表面 0～6 厘米深度范围内，木质腐软，取样器很容易打进去，6 厘米以下木质坚硬，取样器难打进去。从取回的样品也可以明显看出（附图三），外层

附图三　已经腐软的木质文物

的结构疏松，打孔时压缩比大。

（四）现场环境温湿度年变化较大

四川地处西南内陆，地跨四川盆地、青藏高原、横断山脉、云贵高原和秦巴山地区的大地貌单元，气候类型多样，温暖潮湿多雨，全省降水量分布是东南多而西北少，大部分地区年降水量 800～1200 毫米，为全国多雨地区之一。

从商业街船棺墓葬发掘开始，我们就对现场的微气候环境进行了长期监测（附图四、五），结果发现，随季节的变化，船棺现场温度、湿度以及地下水位的变化十分明显，夏季高温潮湿、地下水位上升，船棺底部直接浸泡在水中，微生物滋生严重；而冬季地下水位、温湿度都有所下降，整个环境条件不适宜微生物的生长。

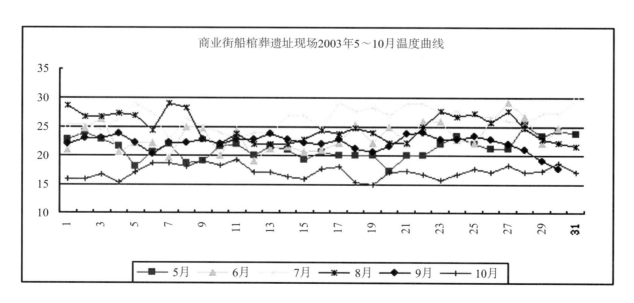

附图四　2003 年 5～10 月商业街船棺葬现场温度监测数据

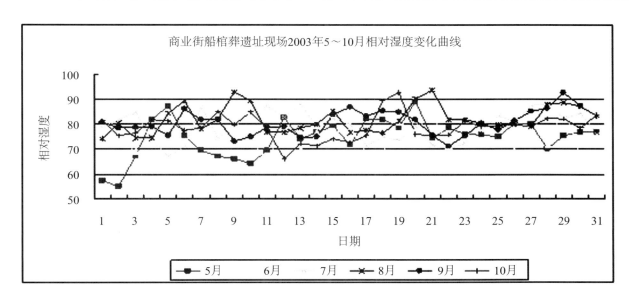

附图五　2003 年 5～10 月商业街船棺葬现场湿度监测数据

二　取样

在腐朽脆弱的木质文物上取样，不同于现代木材研究中在新鲜木材上取样。首先，就是要保证采样后文物的强度不受影响，因而不能采取破坏性取样的方法；其次，要确保文物的外观不受影响；第三，就是要确保取得的样品不会受到污染。基于以上几点的考虑，我们对取样的工具进行认真准备。最初使用锋利的刀片在文物的背面、边缘等不显眼的地方切取少量的样品，由于船棺体量大，切取的样品深度不够，后来改用小型打孔器取样，仍不能达到理想的深度，最后，经过反复研究摸索，我们自制了多种专用于在木质文物上取样的工具，既可以取到合乎标准的样品，又不会破坏文物的强度，也不会给文物的外观造成太大影响。

根据研究进行的不同阶段和要求，整个实验过程中进行多次采样，样品分布均匀。

棺木，生长过微生物，使用 PEG；

柱子，生长过微生物，使用 PEG；

垫木，使用 PEG；

垫木，用硅酸盐处理；

隔木，使用 PEG；

枕木，新清理出土，未使用 PEG；伞状菌；

遗址土壤样品。

三　分离培养

取回的样品，由内到外分层培养，每层 4 毫米，选用 PDA 培养基。

附表二   采样培养结果

样品编号	采样点	木材种类	分层	培养结果	备注
1	垫木，使用PEG	梓树	外8层内↓	1层：2种，乳黄色、灰色菌落； 2层：4种，白色、铁锈红色、乳黄色、洋红色菌落； 3层：2种，乳黄色、灰色菌落，同1层； 4层：4种，白色、铁锈红色、乳黄色、洋红色菌落，同2层； 5层：5种，白色、铁锈红色、乳黄色、洋红色、灰绿色菌落； 6层：4种，白色、铁锈红色、乳黄色、洋红色菌落，同2层； 7层：2种，乳黄色、灰色菌落，同1层； 8层：乳黄色、灰色、铁锈红色菌落。	
2	枕木未使用PEG		外6层内↓	1层：1种，乳黄色菌落； 2层：4种，灰白色、灰色、乳黄色、洋红色菌落； 3层：3种，灰白色、乳黄色、洋红色菌落； 4层：3种，灰白色、乳黄色、洋红色菌落； 5层：3种，灰白色、乳黄色、洋红色菌落； 6层：2种，灰绿色、乳黄色菌落。	
3	1号棺木，使用PEG	桢楠	外9层内↓	1层：4种，绿色、白色、乳黄色、洋红色菌落； 2层：2种，绿色、乳黄色菌落； 3层：2种，绿色、洋红色菌落； 4层：2种，绿色、洋红色菌落； 5层：2种，绿色、乳黄色菌落； 6层：2种，乳黄色、洋红色菌落； 7层：3种，绿色、乳黄色、洋红色菌落； 8层：4种，灰色、绿色、乳黄色、洋红色菌落； 9层：2种，绿色、乳黄色菌落。	乳白、乳黄、洋红菌表面光滑，有光泽；铁锈红色菌落溶解培养基，流淌；其余菌落有长短不一的绒毛状菌丝。
4	2号棺木，使用PEG	桢楠	外7层内↓	1层：2种，乳黄色、铁锈红色菌落； 2层：2种，乳黄色、洋红色菌落； 3层：2种，乳黄色、洋红色菌落； 4层：2种，乳黄色、洋红色菌落； 5层：2种，乳黄色、洋红色菌落； 6层：3种，乳黄色、洋红色、绿色菌落； 7层：4种，乳黄色、洋红色、绿色、铁锈红色菌落。	
5	8号棺木，使用PEG	桢楠	外8层内↓	1层：3种，乳白色、洋红色、灰色菌落； 2层：3种，乳白色、洋红色、灰色菌落； 3层：2种，灰绿色、乳黄色菌落； 4层：2种，乳白色、洋红色菌落； 5层：1种，乳白色菌落； 6层：2种，乳白色、灰色菌落； 7层：1种，乳白色菌落； 8层：2种，乳白色、洋红色菌落。	

多次采样的初步培养结果表明：

（1）在商业街船棺墓葬现场木质文物上滋生的微生物种类很多，从菌落特征初步判断，真菌、细菌和放线菌都有；

（2）微生物对木材的侵蚀，主要在木材的表面浅层。

四　菌害种类鉴定

层孔菌的营养菌丝和生殖菌丝形成子实体。子实体多年生，木质或木栓质，无柄，半圆形，菌肉淡褐色。

层孔菌子实体木栓质或木质切片观察（附图六）。

附图六　船棺葬现场的微生物

经过多次分离培养、纯化，通过染色，在显微镜下分类鉴定出，商业街船棺、独木棺遗址现场的微生物种类很多，除常见的（3种）以外，还有许多（附表三）。

附表三   **商业街船棺葬遗址微生物鉴定结果**

属 名			染色	分离地点	备注
真菌	镰刀菌属 Fusarium	串珠镰刀菌 F. moniliforme	苯胺蓝染色	枕木*	
		禾谷镰刀菌 F. gnaminenium	苯胺蓝染色	枕木*	
	丛梗孢属		苯胺蓝染色		
	曲霉属 Aspergillus	棕曲霉 A. achraceus	苯胺蓝染色	枕木*	
		黑曲霉 A. niger			
	青霉属 Penicillium	橘青霉 P. Citrinum Thom	苯胺蓝染色	土壤	
		常见青霉 P. Frequentans	苯胺蓝染色	土壤	
	头孢霉属 Cephalosporium		苯胺蓝染色	土壤*、枕木	
	单端孢霉属 Trichothecium		苯胺蓝染色	土壤*	
	地霉属 Geotrichum		苯胺蓝染色	棺木	
	根霉属 Rhizopus		苯胺蓝染色		
	木霉属 Trichoderma	绿色木霉 T. viride	苯胺蓝染色	土壤*、棺木、枕木	
	毛霉属 Mucor		苯胺蓝染色	垫木	
	葡萄状穗霉属 Stachybotrys		苯胺蓝染色	枕木*	
	交链孢属 Alternaria		苯胺蓝染色	枕木*	
	球束孢属		苯胺蓝染色	土壤*	
	鬼伞属 Coprinus		苯胺蓝染色	土壤	
	层孔菌				
细菌	假单孢菌属 Pseudomonas		革兰氏阴性		
	黄杆菌属 Flavobaterium		革兰氏阴性		
	变形杆菌属 Proteur		革兰氏阴性		
	纤维单孢菌 Cellulomonas		革兰氏阴性		
	长杆菌			PEG 液	
放线菌	诺卡氏菌属 Nocardia			棺木、枕木、垫木	
	小单孢菌属 Micromonospora				

（注：表中有 * 的未使用木材保护处理剂）

附录一〇

成都商业街船棺葬出土大型棺木
及其他文物的保护工作报告

王　毅　肖　璘　白玉龙

（成都文物考古研究所）

引　言

　　2000 年 8 月，成都文物考古研究所在成都市商业街基建工地上经过考古发掘，使一座古蜀国开明王朝晚期的大型船棺墓葬遗址重见天日。这个墓葬遗址距今 2400 年左右，其中出土了 17 具大型木棺和大量的漆木器，葬具下面铺垫枕木的丧葬方式为国内首见。这种用整木刳凿成的木棺葬具，体量之大为国内罕见，从而为研究古蜀国历史、文化及丧葬制度提供了极其重要的资料。2000 年，商业街船棺墓葬遗址被评为当年全国十大考古新发现之一，并被确定为国家重点文物保护单位，进行原址保护。

一　棺木、枕木概况

　　商业街船棺墓葬遗址内出土了 17 具棺木，其中最大的一具木棺长 18.8、直径 1.4 米。此外还有大量枕木、木桩以及漆木器、陶器等文物。棺木均用完整的树干刳凿而成，个别棺木外表有明显的树皮和树根部位的特征。棺木尺寸见附表一。

　　棺木出土后，我们立即对其表面进行清洗，经四川省林业科学院做木材树种鉴定证实，出土棺木均为桢楠木，枕木、木桩为楠木和其他种属。用探针等方法测定各部位的腐朽情况，发现多数枕木、木桩的质地较差，几乎糟朽至木材的心部，棺木表面的疏松腐朽层达 20～30 厘米，表面酥松腐朽层以内的木质结构较好，质地较为坚硬。在棺木表面稍用力挤压时，会有水渗出，经含水率测试，这些木质文物在出土时含水率高达 400% 以上，属于浸饱水木材。

　　从埋藏环境看，墓坑底部距现地表约 6 米，低于成都市常年地下水位线，四周土壤的 PH 值为 6，属弱酸性。棺木等木质文物在出土时是饱水状态。由于这个墓葬在历史上曾被盗掘，部分木质文物尤其是棺木盗洞口周围裂纹较为密集。从附表一棺木尺寸反映出，棺木由于体量大，不易移动，在发掘完毕后，被作为遗址的主体保留在原址，其他漆木器、陶器等文物均被取出，放入考古队文物库房。

附表一　　　　　　　　　　　　　　　　　棺木尺寸

器物名称	长度（厘米）	宽度（厘米）		高度（厘米）	
		树根	树尖	树根	树尖
1 号棺盖	1031	160	95	93	29
1 号棺身	1024	147		82	
2 号棺盖	1040	163	105	99	46
2 号棺身	1034	137		80	
8 号棺盖	433	82	61	53	24
8 号棺身	437	81	68	54	13
9 号棺盖	453	92	66	53	24
9 号棺身	454	87	77	59	30
10 号棺盖	484	75	61	51	21
10 号棺身	484	75	59	46	24
11 号棺盖	475	87	72	50	29
11 号棺身	460	89	64	58	19
12 号棺身	1133	171	132	104	
13 号棺身前段	835	131	109	113	35
13 号棺身后段	294	141	144	117	111
隔木	1368	90	91	36	18

（注：表中空白处，是因棺体一端伸向道路下面被掩埋住，现在无法测出）

系列分析测试工作表明，棺木经埋藏地下 2000 多年的演变，长期受地下水侵蚀及受到细菌和微生物的侵蚀，以及在弱酸的水分中降解，出土时已经严重腐朽和变质，内部结构大部分由水替代，成为浸饱水状态。经过大量的调研工作，借鉴瑞典华萨船的保护经验①，我们逐步摸索出一套适合商业街船棺保护的方法。

二　商业街船棺墓葬发掘现场的初步保护

商业街船棺墓葬的发掘时期为 2000 年 7 月底至 10 月底，整个发掘阶段木质文物经历了夏、秋季温湿度变化大的严重影响，当时由于场地狭窄、工期紧等诸多客观因素的制约，木质文物受野外环境变化的直接威胁较大，尽管当时我所对这批木质文物的保护不遗余力地采取了一系列措施，如用吸饱水的海绵或发湿的草垫包裹，在其上再盖上塑料薄膜布密封包好暴露在地面上的木棺及垫木，工地搭建临时工棚避免木器日晒雨淋等，但种种保湿措施远不

---

① 陆寿麟：《瑞典华萨船的打捞与保护（考察报告）》，《文物保护技术》（内部刊物），中国文物保护技术协会编，1987 年。

及夏天温、湿度变化之巨大，由于木质文物的水分必然要与空气中的水分寻求平衡，含水率高的棺木、枕木等一俟出土，打破了埋藏环境固有的平衡，它的水分总在趋于与外界空气中的水分达到平衡，还由于出土后有氧的作用，引发了微生物再次繁殖的过程。尽管采取了系列保湿措施，但也不敌自然的威力，出土木材还是不可避免地出现了失水干裂，首先是糟朽严重的枕木，继而是一些棺木表面逐渐出现横向、纵向裂纹。这就给我们提出了一个问题，必须尽快拿出一个方案，以解决木质文物在自然环境中失水过快的问题。

三　棺木、枕木的化学保护

（一）保护依据及方案制订

由于木材种属的不同，受出土环境的差异，以及被腐朽的程度不同，给脱水保护工作带来了很大难度。这些问题的主要方面，一是木质细胞壁已受损，二是吸附在受损木质细胞壁上的水表面张力的作用。当木材细胞腔在脱水过程中形成真空时，细胞壁在大气压力下产生收缩塌陷，从而引起木头的干裂、收缩和崩溃扭曲。为克服饱水木质文物在脱水过程中和干燥后出现的收缩、开裂，目前国内外曾有许多很好的处理方法，如醇醚法、高分子材料填充法、真空干燥法等。但是，对商业街工地如此体量大的饱水整木处理，目前国内外还无成熟方法可行。根据我们测试出的出土木材糟朽现状，在脱水过程中，若不及时用其他填充物置换木材细胞腔中原有的水分，出土木材一旦失水，细胞壁在大气压下产生塌缩，那么出土木材自然会产生开裂变形现象。经过大量调研工作，结合工地实际，我们借鉴瑞典华萨船的保护经验，在时间紧、棺木大以至于没有现成的设备做浸泡处理的情况下，我们决定采用聚乙二醇喷淋保湿加固处理[①]。

聚乙二醇（PEG）其分子式为 $HOCH_2[CH_2OCH_2]n(CH_2OH)$，平均分子量为200到6000，由乙二醇缩合而制得。分子量在600以下的，常温下为黏稠的液体；分子量在1000以上呈蜡状固体。它溶于水、乙醇和其他有机溶剂。机械强度随分子量的递增而加大。它无色无臭，蒸汽压低，与较多的化学试剂不起反应，不易腐烂，是一种比较稳定的水溶性高分子材料。

在用PEG处理饱水木材过程中，当溶质接触木材界面时，由于渗透作用，PEG分子即向该木材的细胞腔渗透，同时，随着温度升高，分子渗透会更加容易，其活性相应增强。当溶液浓度较稀时，渗透现象更加明显，PEG对木材渗透速度也因此加快。在所有渗透过程中，饱水木材细胞腔的水分子能沿着细胞边缘向木材表面膜层渗透，由此进入PEG渗透液。然后PEG与木材内渗出的水分子相混溶，该混合溶液再沿业已被穿透的膜层孔隙深入木材细胞腔。如此进进出出，循环反复，到一定程度时，进出的水分子就达到平衡，另外在处理上随时递增PEG浸透液的浓度和分子量，这样一来，木材细胞腔里面的水分被通过的混合液浸入进去的PEG所置换，从而维持了原细胞结构，PEG起到了支撑细胞壁的作用，从而使得木材不会

---

① 周健林：《用聚乙二醇来控制木质文物尺寸的变化》，《文物保护技术》（内部刊物），中国文物保护技术协会编，1987年。

因细胞腔的塌陷而致收缩变形。对糟朽的饱水木材脱水，我们可以利用 PEG 的渗透加固，适当控制 PEG 的分子量及浓度，置换出木材内部结构的水分。

（二）保护情况及效果

如前所述，鉴于商业街棺木在发掘后，尽管我们采取了系列保湿措施，但木材还是不可避免地出现了失水干裂的情况，我们从 2000 年 11 月底开始用 PEG 对棺木、枕木进行喷淋，利用船棺的凹槽部位做 PEG 浸泡处理，浸泡所用的溶液浓度与喷淋药液一致。每次喷淋后即用塑料布覆盖包裹。喷淋过程及效果见下表。

附表二　　　　　　　　　　　　　　喷淋 PEG 用量和保护效果说明

药品	浓度	次数	时间	保护效果
PEG600	2%	75	一个月	有效控制了木材表面的失水速率，表面强度有所增加
PEG600	4%	75	一个月	
PEG600	6%	160	三个月	棺木表面强度继续增加，木材开裂受到抑制，表面裂缝有所减小，外形尺寸稳定
PEG1000	6%	500	四个月	

从去年到今年，随着气候的变化，我们逐步调整 PEG 溶液的浓度和喷淋周期，比如在夏季，每天喷淋 PEG 6 次以上，以利用夏天的高温加强药物渗透效果；另一方面，对抗高温天气下木材失水过快的影响。

自 2000 年 11 月底至今，为了科学地监测棺木脱水保护过程中外形有无变化，我们对所有棺木的外观情况制定了一套监测方法，每只棺选择了三条裂缝进行定期监测，附表三为喷淋 PEG 前后各条裂缝宽度和深度的对照。从附表三看出，喷淋 PEG 后，由于前期低浓度低分子量的 PEG 的保湿溶胀作用，多数裂缝还有所减少，裂缝情况得到有效抑制。现在看来前期制定的棺木保护方案是行之有效的。

附表三　　　　　　　　　　　　　　　　　裂缝监测数据

器物名称	监测裂缝甲（厘米）				监测裂缝乙（厘米）				监测裂缝丙（厘米）			
	2000 年 11 月		2001 年 8 月		2000 年 11 月		2001 年 8 月		2000 年 11 月		2001 年 8 月	
	宽度	深度	宽度	深度	宽度	深度	宽度	深度	宽度	深度	宽度	深度
1 号棺盖	1.9	3.1	1.4	2.1	1.2	3.8	0.8	3.5	0.4	2.8	0.4	2.8
1 号棺身	1.7	7.1	0.5	3.1	0.8	1.0	0.8	1.5	0.7	3.0	0.2	3.5
2 号棺盖	2.3	5.1	0.2	1.3	1.1	2.1	0.8	1.5	0.3	1.1	0.4	2.6
2 号棺身	0.9	3.0	0.7	3.2	0.8	2.4	1.2	2.7	0.3	1.2	0.2	2.8
8 号棺盖	1.8	5.7	1.5	6.0	0.8	4.3	0.5	5.0	0.4	2.5	0.5	4.2
8 号棺身	1.2	2.3	1.0	2.7	1.2	2.3	0.7	2.0	0.3	1.1	0.4	4.0
9 号棺盖	1.5	6.7	0.3	1.8	0.7	2.7	0.5	3.1	0.2	2.6	0.2	0.8
9 号棺身	1.1	4.7	1.1	2.2	0.9	2.7	0.5	2.5	0.2	2.4	0.4	3.5

（续附表三）

10 号棺盖	1.8	3.4	1.8	2.8	0.6	0.8	0.3	0.7	0.2	0.4	0.2	0.5
10 号棺身	1.2	1.2	0.2	1.2	0.3	0.7	0.2	1.2	0.3	4.1	0.3	0.4
11 号棺盖	1.5	3.3	0.5	1.5	0.7	1.2	0.6	1.0	0.3	0.6	0.2	1.2
11 号棺身	0.9	1.5	0.6	1.5	0.7	2.3	1.1	2.5	0.3	2.1	0.4	3.2
12 号棺身	1.2	5.0	0.2	2.0	1.5	1.8	1.4	3.0	0.5	1.7	0.2	1.5
13 号棺身前段	2.1	5.5	1.4	5.1	1.1	1.5	0.8	1.9	0.2	2.9	0.2	2.7
13 号棺身后段	1.1	2.3	1.0	2.5	1.7	2.1	0.9	1.8	无			
14 号棺身	1.6	5.5	1.5	3.4	1.3	1.6	0.8	1.4	0.6	6.0	0.7	穿透
5 号棺	1.5	2.6	0.8	1.5	1.4	2.5	1.4	2.5	无			
隔木	2.2	3.4	0.9	2.1	1.3	2.5	1.0	2.0	0.3	2.5	0.3	1.7

此外，在方案选择之初，我们曾用发掘出的一块木板做自然干燥实验，结果是样品在自然干燥过程中，由于木材本身是表面酥松腐朽层的样品，故收缩很大，表面酥松腐朽层附着在结构较好的心材上，自然干燥后产生龟裂、剥落等严重后果。由此说明，对已糟朽的饱水木材，用自然干燥法是不行的，而应借助化学方法进行脱水干燥①。

（三）木材防腐情况

木材的结构和化学成分的改变受多种因素综合影响，有氧的作用，有微生物和细菌的作用以及在酸或碱的水中发生水解，比如细菌经常作用于木材表面膜层，使孔膜丧失殆尽，这样不仅使菌丝渗入内部，而且使氧气或酸性水分更容易地进入木质内部，而为更多的细菌作用于木材内部创造条件②。一般情况下，棺木在埋入地下初期有一个降解严重的过程，待适应了地下环境后，降解由于环境的平衡而渐缓。但是，木材出土后，固有的环境平衡一旦打破，降解的速率会加大，空气中的氧以及新的细菌、微生物侵入，会加剧降解的发生，降解曲线示意图见附图一。

从降解曲线看出，木材一经出土，它埋葬于地下原固有的平衡一旦打破，与空气接触后降解加剧，若不及时采取保护措施，其损害程度难以想象！因此商业街船棺出土后，我们不仅考虑到它的保湿、脱水问题，而且一直注意到它的防腐问题。

木材作为一种生物材料，很容易遭受到多种细菌、微生物的侵害，特别是在有氧、高温、高湿环境中。因此，我们无论选用喷淋或浸泡脱水方法，都必须考虑选用一种适合的木材防腐剂做木材防腐。所谓防腐剂是指那些能保护木材免受菌、虫等生物损害的化学药剂，一般都包括有杀菌或杀虫成分。防腐剂分无机和有机两大类。无机药剂主要是一些水溶性盐类。现多采用几种不同成分配制的复合型药剂，以改善性能，提高药效。针对商业街船棺工地情况，经实验确定，我们首选硼化物作为防腐剂。

---

① 张岚：《浸饱水漆木器脱水保存的原理及方法》，《上海博物馆文物保护科学论文集》，上海科学技术文献出版社，1996 年。
② 陈允适：《木结构防腐及化学加固》，中国林业出版社，1995 年。

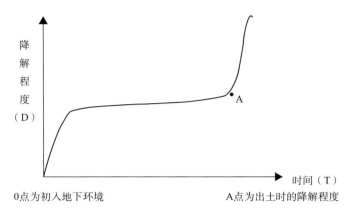

附图一　出土木材降解曲线

用硼化物作为防腐剂最早见于 1913 年沃尔曼发明的铬—硼防腐剂。1933 年硼化物作为木材防腐剂和阻燃剂获得专利。硼化物对人畜无毒，具有杀菌、杀虫（特别是木材蠹虫）的性能。硼化物还有一个特殊优势是与聚乙二醇（PEG）一起作湿材的保护剂，它的尺寸稳定性胜于五氯酚钠（五氯酚钠对木腐菌、霉菌有较好的毒效，但对人体黏膜和皮肤有刺激性，会引起强烈的喷嚏，近年来已被禁止使用）。但硼化物的缺点是木材透入性差，易流失，易风化结霜，对白蚁毒效较差。

目前商业街船棺墓葬保护主要采用喷淋及借助船棺凹槽浸泡 PEG 的办法，在对棺木的防腐处理上，我们则定期在喷淋和浸泡 PEG 溶液中加入复配硼化物防腐剂进行防腐保护。针对硼化物对白蚁毒效较差因素，我们在墓葬四周开沟挖槽，灌注广谱性杀虫剂"乐斯本"以防多种地下害虫及白蚁对船棺的侵害。经过一年多的监测，目前船棺及枕木状况良好，未见明显的木腐菌及白蚁等侵蚀。

四　商业街船棺葬保护取得的进展和当前应尽快解决的问题

商业街船棺葬自发掘保护一年多来，由于我们采取多种保护措施，如保湿、聚乙二醇加固处理、防腐处理等等，有效地控制了糟朽高含水率木质文物在自然环境中的变形变质问题，特别是木质文物表面糟朽部分强度明显增加，已裂缝部分通过聚乙二醇的渗透加固溶胀作用，裂缝得到一定收缩，在一定程度上控制了木质表面裂缝现象。木质文物未发现木腐菌等微生物的侵蚀，保护效果是突出的。但是我们也清醒地认识到如此大体量的木质文物脱水保护，一定不能操之过急，不宜采取任何加速处理办法。由于多种客观因素，目前船棺仍半置于地下，造成棺木上下失水速率不同，含水率不同，时间一长，弱酸性地下水会降解木质及滋生微生物，这种腐蚀的发生我们是无法控制的，亦难以观察，所以我们正向有关部门提出制定疏干、排水、隔水的工程方案，让待脱水的木质文物完全隔离地下水，以便进行下一步更有效的脱水保护。

后 记

　　《成都商业街船棺葬》发掘报告的整理编写工作，在国家文物局、四川省文物局、成都市文化局、成都市博物院的关心和支持下，历经数载，现得以完稿付梓，编者心里倍感欣慰。不由想起在2000年墓葬发掘期间，著名考古学家、中国考古学会副理事长俞伟超先生正值来蓉考察，他数次亲临现场指导发掘工作，并给予了在酷暑期间仍坚持在考古一线的发掘者莫大的关心和教诲。虽先生已故，但这些场景仍历历在目，始终不能忘怀，现以先生当年在蓉期间所写的一篇文章作为本报告的序言，藉此以表纪念之忱。正如先生所言，"历史古迹百年未见，千载难遇"，成都商业街船棺葬的发掘为研究古蜀国历史文化及丧葬制度等提供了极其重要的实物资料，它所蕴含的丰富的历史文化信息仍需我们做进一步的深入发掘和研究，因此从这个角度出发，本报告的出版也仅仅是个开始。由于编者的学识水平限制，报告中肯定存在不足或错漏之处，望专家和学者批评指正。

　　在本报告编写以前，成都文物考古研究所于发掘工作结束以后就对墓葬进行过初步整理，以简报的形式发表了《成都市商业街船棺、独木棺墓葬发掘简报》（《文物》2002年11期）和《成都市商业街船棺、独木棺墓葬发掘报告》（《2000成都考古发现》），并有了初步的研究成果，如《成都市商业街船棺、独木棺墓葬初析》（《四川文物》2001年3期）、《成都商业街船棺出土漆器及相关问题探讨》（《四川文物》2003年6期）。本报告的编写完全依据田野发掘原始记录等资料进行的，在整理过程中也参考了上述简报和相关认识。本报告中的器物编号沿用了发掘原始记录号，器物编号或名称同简报有出入的以本报告为准，简报中线图、器物描述中所公布的数据，在与实物核对后，更改部分也以本报告为准。报告中棺木和器物的分型未采用简报的标准，而是基于整个墓葬出土物重新分类定型的。

　　先后参加成都商业街船棺葬田野发掘和室内整理工作的有蒋成、颜劲松、陈云洪、刘雨茂、周志清、王仲雄、程远福、杨兵、陈洪等。考古领队蒋成、颜劲松、陈云洪、刘雨茂。参加现场和室内化学保护工作的有肖磷、白玉龙、孙杰、杨颖东、曾尚华、刘君、曾帆等。器物修复由党国松、张希锁完成。现场绘图由党国平完成，器物底图由曾霁、党国平、李福秀、逯德军绘制，本报告清绘由曾霁、党国平、逯德军完成，漆器彩图由曾霁、党国平完成。拓片由戴堂才、戴福尧完成。照片由李绪成、李升拍摄制作，部分现场照片由陈云洪拍摄。

　　本报告的编写分工如下：第一章第一节由蒋成执笔，第二节由颜劲松执笔，第三节由陈云洪执笔；第二章第一节由刘雨茂执笔，第二节由蒋成执笔；第三章第一、二节由陈云洪执笔，第三、四节由颜劲松执笔；第四章第一节至第四节由颜劲松执笔，第五节至第九节由蒋成执笔，第一〇节至第一四节由陈云洪执笔，第一五节至第一七节由刘雨茂执笔；第五章第一节由蒋成执笔，第二节由颜劲松、陈云洪执笔；第六章第一、二节由陈云洪、刘雨茂执笔，第三、四节由蒋成、颜劲松执笔。附录由颜劲松、陈云洪等收录。英文翻译由哈佛大学人类学系 Rowan K Flad 博士、台湾大学人类学系陈伯桢博士共同完成。日文翻译由四川大学历史文化学院考古学系李映福副教授完成。本报告先后由成都文物考古研究所王毅、蒋成、江章华、颜劲松、陈云洪统审定稿。

本报告有关出土人骨、动物骨骼、植物残体、棺木及垫木、青铜器的鉴定和分析报告由中国社会科学院考古研究所、北京大学考古文博学院实验室、北京大学加速器质谱实验室和第四纪年代测定实验室、吉林大学边疆考古研究中心人类学实验室、北京市农业科学院蔬菜研究所、中国农业科学院蔬菜花卉所、四川省技术监督局林产品及家具质量监督检验站、四川大学分析测试中心等单位协助完成。另外，在本报告的制图过程中得到四川省文物考古研究院周小兰女士、贵州省贵阳市黄茂先生的鼎力相助，在此对他们的辛勤工作和热情帮助表示衷心的感谢。

在本报告的整理编写中，还得到四川省文物局徐荣旋、王琼、何振华，北京大学考古文博学院孙华、吴小红，四川大学历史文化学院霍巍、李映福，四川省文物考古研究院唐飞、周科华，成都文物考古研究所王毅、江章华等领导及同仁的大力支持和帮助，他们对报告的编写提出了许多宝贵意见，在此谨致谢意。

编　者
2009 年 4 月

Abstract

The Shangyejie boat-coffin grave site is located at No. 58 Shangye Street, Qingyang District, Chengdu City, Sichuan Province, China. The latitude is N 30°40' and longitude is E 104°03'. The site was excavated by the Chengdu City Institute of Archaeology in 2000 – 2001 and comprises a large grave with finely constructed above-ground superstructure. It is highly possible that the grave, which dates to the early Warring States period (around 400 BCE), belonged to members of the ancient Shu royal family, or even to the kings themselves. Due to its importance, the grave was named one of the Ten Most Important New Archaeological Discoveries of China in 2000, and it was named one of the Fifth Batch of Important National Cultural Relics Units Needing Protection announced by the Central Government of the People's Republic in 2001. In order to preserve and protect this precious cultural relic, the People's Government of Sichuan Province and the Chengdu Municipal Government, with the permission of the State Administration of Cultural Heritage, have implemented an on-site protection project and established the Shangyejie Boat-Coffin Grave Site Museum.

The Shanyejie boat-coffin grave is magnificent in scale. It includes both an underground grave pit and above-ground superstructure. The grave is a vertical pit with multiple coffins. The pit is rectangular in shape: 30.5 meters in length, 20.3 meters in width, around 620 m^2 in area and 240° from north in orientation. The grave has suffered serious tomb robbing and other forms of destruction starting no later than the early Han period. Seventeen coffins remained in the pit, although the estimated total number is over thirty-two prior to destruction. All existing coffins are directly carved from ebony tree trunks and divided by coffin covers and containers. The coffins are parallel in orientation with each other and with the grave pit and were placed in the pit at the same time. Fifteen lines of wooden supports were placed under the coffins and one large rectangular plank was placed in the southern central part of the grave pit, dividing the tomb into two parts. Large coffins are placed in the rear portion of the pit (north of the rectangular wooden plank) and only several small coffins were preserved in the front part (south of the plank). In terms of coffin form, we can divide them into boat-coffins and box-coffins. There are nine boat-coffins, four of which are large. The largest boat-coffin is 18.8 meters in length and 1.45 meters wide. Eight box-coffins were discovered. These may have been used for sacrificial or attendant burials based on the coffin forms, burial objects and burial contexts.

The total length of the above-ground structure is around 38.5 meters and the width is 20.5 meters. It can be divided into two parts. Only some trenches and portions of wooden structures remained around the grave pit. The structures are hypothesized to have had ritual functions and to have been related with the origin of Chinese imperial burial system.

A large quantity of burial goods was unearthed from the Shangyejie boat-coffins. These objects include hundreds of bronze, ceramics, lacquer and bamboo artifacts. Ceramics include vats, pots, fu, dou, pointed bottom zhan and lids. Vats are comparatively more frequent than other vessels and many plant remains and animal bones were discovered inside ceramic vessels. Compared to other artifacts, bronze artifacts are relatively rare, and include spears, ge, jin, peeling knives, and seals. Lacquers were decorated with bright colors, complex decorations and various motifs that are rarely seen on fine works from the Warring States period. According to their functional character, the lacquers can be classified as furniture, objects for everyday use, musical instruments and weapon accessories. Furniture and utilitarian artifacts are the majority. These include beds, tables, small tables, chopping blocks, dou, boxes, gui, umbrellas, and various combs. Recognizable instruments are drums, yu, drum sticks and bell (chime stone) frameworks. Weapon accessories include ge and spear poles. Furthermore, woven bamboo artifacts, such as mats, various types of basketry, and pads, are very common.

The Warring States period bronze culture in the Chengdu Plain inherited early Shu traditions, including influence from the Sanxingdui and Shi'erqiao Cultures, and reached a high peak with continuous integrations and innovations under new historical conditions. According to historical traditions, in the early Warring States period, the ninth generation of the Kaiming royal line of Shu moved the capital to Chengdu. The twelfth generation was subsequently extinguished by Qin in 316 BCE. During these four generations of the Warring States period, Chengdu was the capital of the Kaiming Dynasty. The Shangyejie boat-coffin grave is the first large Warring States period grave discovered in the heart of ancient Chengdu. It is highly possible that the grave belongs to the royal family of the ancient Kaiming Dynasty of Shu, or even to the kings themselves. The grave is extremely significant and special. Its characteristics and abundant unearthed materials, including its unique burial system, well-ordered surface structure, copious burial goods, delicate lacquers, and numerous painted or incised symbols on coffins and lacquer objects, all offer us important information to explore the history, culture and burial system of the ancient Ba and Shu people.

This report can be divided into six chapters which together describe the geographical situation, the historical context and evolution of the site, the excavation and protection of burials, the description of the grave, descriptions of the burial goods, descriptions of the coffins, and the chronology of the grave, its general characteristics and related issues. Furthermore, we also have included analytical reports and conservation research related to the human skeletons, animal bones, paleobotanical remains, coffins and support planks and bronze artifacts in appendix. The laboratory work and report writing have been done by Jiang Cheng, Yan Jinsong, Chen Yunhong and Liu Yumao in the Chengdu City Institute of Archaeology.

日文提要

　　成都商業街船棺葬は中国四川省成都市青羊区商業街 58 号に所在し、地理位置は北緯 30°65′、東経 104°10′にある。これは2000 年から2001 年に、成都文物考古研究所により発掘された大型墓葬であり、墓葬の上にはさらに地面建築が分布し、その構造も非常に趣向が凝らされるものである。この墓葬の年代は紀元前 400 年あまりで、戦国早期の古蜀国開明王朝の王族あるいは蜀王本人の家族墓地である可能性が極めて大きい。その重要性に基づき、2000 年度の「中国十大考古新発見」に評価され、2001 年には国務院により第五次全国重点文物保護単位として指定された。そして、この貴重な文化遺産を有効に保護するため、国家文物局の批准を経て、四川省政府、成都市政府は現地保護の計画を確定し、商業街船棺葬遺址博物館が成立することとなった。

　　商業街船棺葬の規模は大きく、地下には墓坑があり、そして地面には建築物があったと見られる。墓葬は多棺合葬の竪穴土坑墓であり、墓坑平面は長方形で、長さ30．5m、幅 20．3mで、面積は620 平方 mであり、方向は240 度となっている。墓葬は少なくとも前漢の初め頃には大規模に盗掘′破壊されており、現存する葬具は17 組のみであり、若し破壊にあっていなければ、葬具の総数は32 組以上であると推測されている。葬具はすべて楠木（学名 Phoebe zhennan、樟科 Lauraceae）を刳り抜いて成形されており、棺蓋と棺体の両部分が組み合わさる。方向は墓坑と一致し、並行に並べられて墓坑に配置される。また全ての葬具は一度に順次墓坑内に置かれたものである。棺木の下には約 15 列の「枕木」が整然と並べられている。この他、墓坑中央南寄りのところに大型長方形の方柱が置かれ、その木を境にして、墓坑が前後二つの部分に分けられる。墓坑の後半部すなわち方柱より北に大型葬具が置かれ、前半部すなわち方柱の南に小型葬具数組のみが置かれる。形態上の差異から見ると、棺木は船形棺と箱形棺の二種に分けられる。船形棺は9 基であり、その中の4 基が大型船棺で、最大のものは長 18．8m、直径 1．48mに達する。箱形棺は8 基あり、副葬品と棺木の形状や規格、また埋葬状況により、殉葬墓あるいは陪葬墓であると考えられる。

　　墓葬上に建てられた地面建築は、総長約38．5m、幅約20．5mであり、前後二つの部分に分けられる。現状では主に墓坑を取り巻くような形で、一定の分布状況と規律のある基槽と木質建築部材が残る。その建築は祭祀のために用いられたと考えられ、古代陵寝制度の起源と関わりがあるものであろう。

　　商業街船棺葬では大量の副葬品が出土し、青銅器・陶器・漆器・竹器等の重要な文物が百をもって数えられる。陶器の種類には、甕・罐・釜・豆・尖底盞・蓋などがあり、そのうち甕の数量が他器種に比べて多く、甕中には糧食残骸、果実の種子および動物骨が少なからず残存していた。青銅器は相対的に少なく、器種としては矛・戈・斤・削刀及び印章などがある。副葬品の中でとくに貴重なのは漆器であり、色彩は鮮明で、模様も綺麗であり、種類も多く、中国戦国時代の漆器の中でもまれに見る精品である。また漆器の用途により、家具・生活用具・楽器・兵器部品などに分けられ、そのうち大部分は、床・案・几・俎・豆・盒・篋・傘・梳・奩などの家具と生活用具であり、楽器では鼓・竽・鼓槌・編鐘（磬）架があり、兵器部品では戈柲・矛杆が見られる。また、この他副葬品でよく見られるものに、竹で編んだ席・笆・筐・簍がある。

　　成都平原の青銅器文化は戦国時代に至り、三星堆文化・十二橋文化などの早期蜀文化の伝統を受け継いで、新しい歴史時期と条件の下に不断の融合と刷新を続け、ひとつのピークを迎えた。そして輝かしい成就を得て、戦国時代の中国西南地域に金字塔を打ち立てたのである。歴史書の記載によれば、戦国早期に開明王九世が成都へ都を遷し、十二世の時、紀元前316年に秦により滅ぼされており、四代の王の間、成都は戦国時代開明蜀国の都であった。成都市商業街に位置する船棺墓葬は、はじめて成都城市の中心部すなわち古代成都少城の範囲内で発見された戦国時代の大型墓葬であり、その墓葬は戦国早期の古蜀国開明王朝の王族あるいは蜀王本人の家族墓地である可能性が極めて大きく、その意義は尋常ならざるものがある。そして、独特の葬制形態と整然と配置された地面建築、大量豊富な副葬品、精美な漆木器、葬具と漆器に施された多くの彩絵ないし彫刻された符号、といった墓中で出土した豊富な資料は、古代巴蜀の歴史文化、葬送制度などの究明に極めて重要な実物資料を我々に提供することとなった。

　　本報告書は六章節に分けられ、地理位置、歴史沿革、墓葬の発掘と保護、墓葬概況、副葬品概況、各葬具の記述、および墓葬の年代と性質、関連問題の検討といった方面から、商業街船棺墓葬の資料に対し詳細かつ科学的に整理・報告を行っている。また書中では、墓葬から出土した人骨・動物骨・植物遺存体・棺木・枕木・青銅器等に対して行った、各種鑑定分析と関連の文物保存処理の研究報告も収録している。なお、資料整理と報告書の編集は、成都文物考古研究所の蒋成、顔勁松、陳雲洪、劉雨茂ら研究員により共同で完成に至っている。

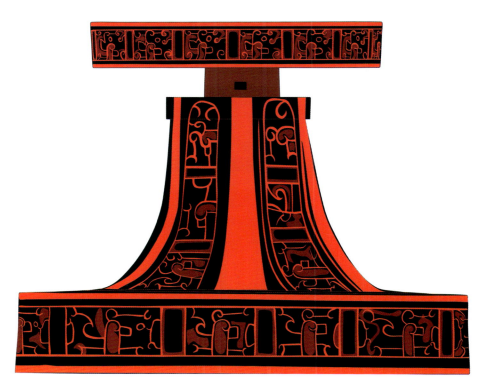

彩图一　1号棺出土A型漆案复原图（1号棺：18、38、41）

彩图二—1　1号、2号棺出土漆几俯视复原图（1号棺：39；2号棺：21、32）

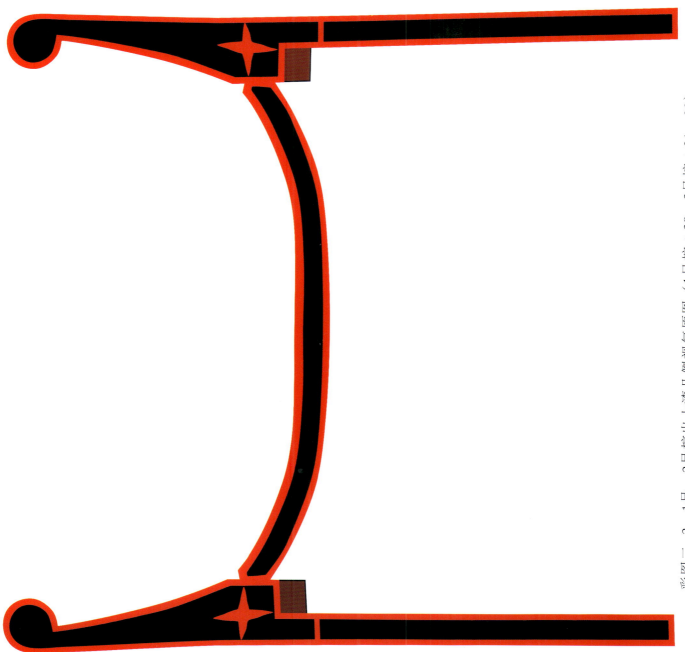

彩图二一2 1号、2号棺出土漆几侧视复原图 (1号棺：39；2号棺：21、32)

彩图三一1　1号棺出土A型漆器座俯视复原图（1号棺：40）

彩图三-2　1号棺出土A型漆器座正视复原图（1号棺：40）

彩图四　2号棺出土漆盒复原图（2号棺：28、51）

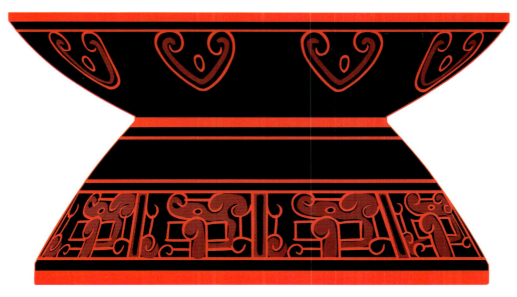

彩图五　2号棺出土漆豆复原图（2号棺：30）

彩图六　2号棺出土漆篮复原图（2号棺：23、39）

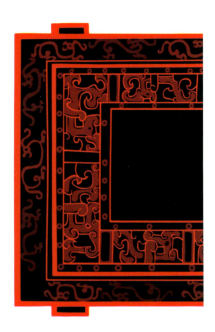

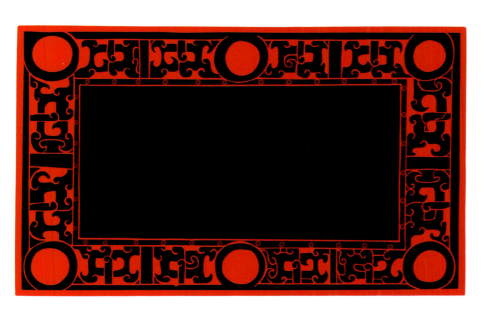

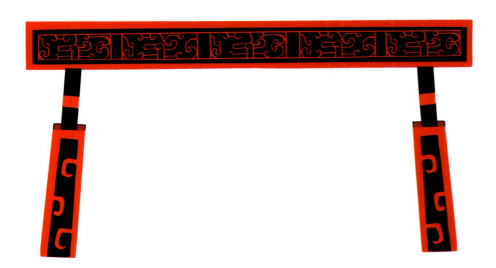

彩图八　2号棺出土C型漆案复原图（2号棺：19；9号棺：14）

彩图九-1　2号棺出土漆几足外侧复原图（2号棺：21）

彩图九-2　2号棺出土漆几足内侧复原图（2号棺：21）

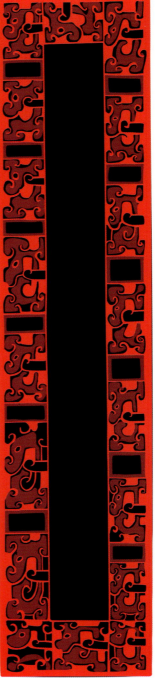

彩图一〇　2号棺出土A型漆俎复原图（2号棺：36）

彩图一一　2号棺出土A型漆俎复原图（2号棺：49）

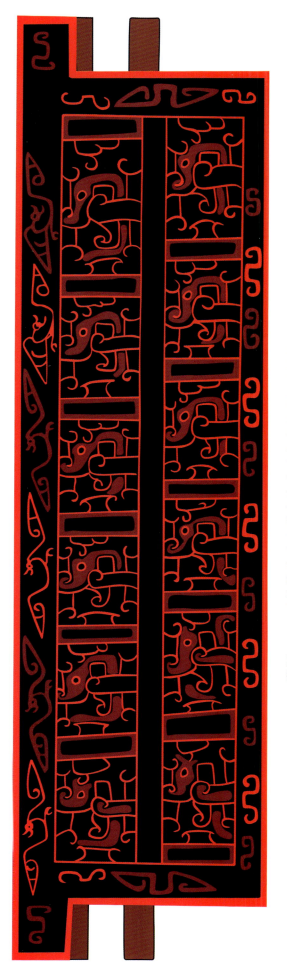

彩图一二　2号棺出土A型漆床床头板复原图（2号棺：20）

彩图一三　2号棺出土A型漆床床侧板复原图（2号棺：5）

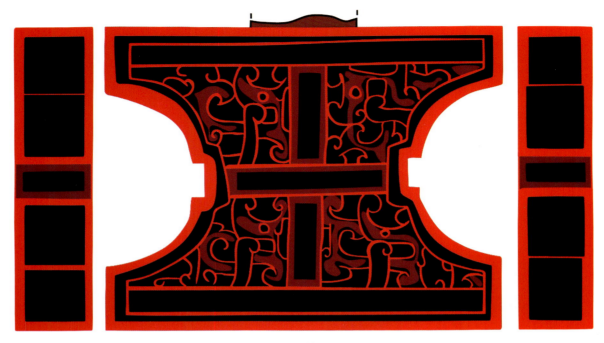

1.2号棺：1

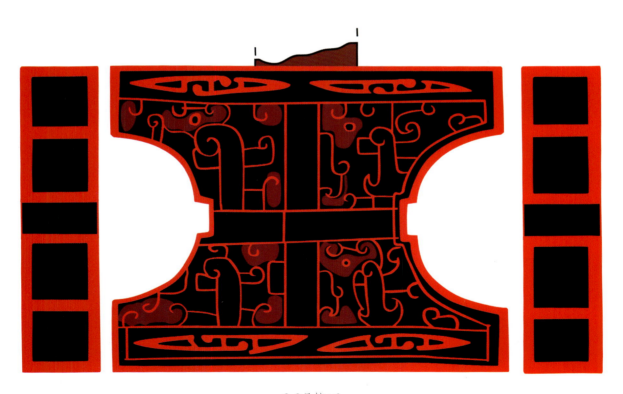

2.2号棺：6

彩图一四-1　2号棺出土A型漆床床足复原图之一

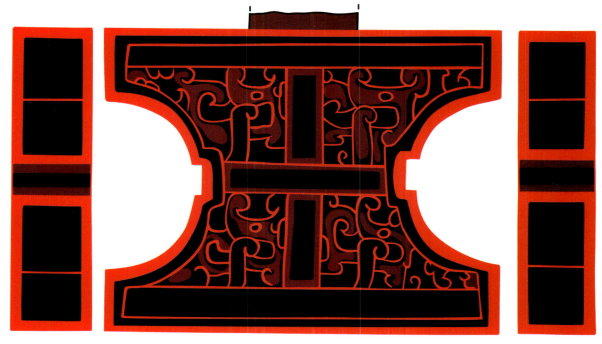

1.2号棺：7

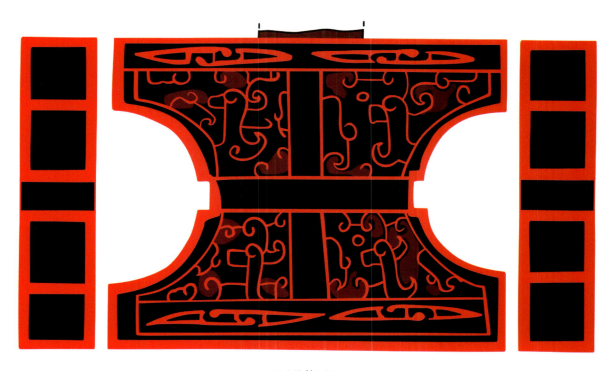

2.2号棺：8

彩图一四−2　　2号棺出土A型漆床床足复原图之二

彩图一五-1　2号棺出土虎形漆器构件复原图之一（2号棺：24）

彩图一五-2　2号棺出土虎形漆器构件复原图之二（2号棺：24）

彩图一六　8号棺出土漆篦复原图（8号棺：30）

彩图一七　11号棺出土漆器足复原图（11号棺：12）

彩图一八　11号棺出土B型漆器座复原图（11号棺：30）

彩版一　墓葬发掘场景（由东向西）

1. 拍摄远景

2. 拍摄近景

彩版二　墓葬拍摄场景

1. 视察工地场景之一

2. 视察工地场景之二

彩版三　国家文物局领导视察工地

1. 视察工地场景之一

2. 视察工地场景之二

彩版四　国家文物局专家视察工地

彩版五　墓葬全景（由西北向东南）

彩版六　墓葬全景（由西南向东北）

1. 枕木刻划符号

2. 方木刻划符号

彩版七　棺木刻划符号

彩版八　墓上建筑的前部

1. 1号柱础

2. 3号柱础发掘场景

彩版九　墓上建筑的柱础

1. 1号棺近景

2. 1号棺开棺后场景

彩版一○　1号棺发掘场景

1. A型瓮（1号棺：5）

2. A型器盖（1号棺：23）、A型瓮（1号棺：46）

3. A型器盖（1号棺：6）、A型瓮（1号棺：4）

彩版一一　1号棺出土陶器

1. B型器盖（1号棺：1）、A型平底罐（1号棺：43）

2. B型器盖（1号棺：20）、A型平底罐（1号棺：45）

3. B型器盖（1号棺：8）、A型平底罐（1号棺：3）

4. B型器盖（1号棺：24）、A型平底罐（1号棺：44）

5. B型器盖（1号棺：21）、A型平底罐（1号棺：7）

6. B型器盖（1号棺：2）、B型平底罐（1号棺：19）

彩版一二　1号棺出土陶器

1. 尖底盏（1号棺：22）

2. 尖底盏（1号棺：9）

3. 尖底盏（1号棺：11）

4. 尖底盏（1号棺：10）

5. A型器盖（1号棺：29）

6. A型器盖（1号棺：48）

彩版一三　1号棺出土陶器

1. 斤（1号棺：27）

2. A型戈（1号棺：50）

3. A型戈（1号棺：51）

4. B型戈（1号棺盗洞：1）

彩版一四　1号棺出土铜器

1. 钺（1号棺盗洞：2）

2. 矛（1号棺：49）

3. 削刀（1号棺：52）

彩版一五　1号棺出土铜器

1. 1号棺:35

2. 1号棺:54

彩版一六　1号棺出土铜饰件

1. A型（1号棺：31）

2. A型（1号棺：36）

3. B型（1号棺：55）

彩版一八　1号棺出土漆鼓（1号棺：37）

1. 案面板（1号棺：38）

2. 案足（1号棺：41）

彩版一九　1号棺出土A型漆案

彩版二〇　1号棺出土漆几面（由左至右1号棺：39）

彩版二一　1号棺出土A型漆器座（1号棺：40）

彩版二二　1号棺出土矛杆（从左至右;1号棺：60、58、62）

1. 开棺场景

2. 开棺后场景

彩版二三　2号棺开棺场景

1. A型瓮（2号棺：27）

2. A型瓮（2号棺：41）

3. A型盖（2号棺：42）、A型瓮（2号棺：43）

4. A型盖（2号棺：37）、A型瓮（2号棺：40）

彩版二四　2号棺出土陶器

1. A型盖（2号棺：46）、A型瓮（2号棺：38）

2. A型盖（2号棺：44）、A型瓮（2号棺：87）

3. A型盖（2号棺：31）、A型瓮（2号棺：52）

4. A型盖（2号棺：48）、A型瓮（2号棺：53）

彩版二六　2号棺出土铜器（2号棺：71）

彩版二七　2号棺出土木梳（2号棺：61）

彩版二八　2号棺出土漆盒俯视（2号棺：28）

彩版二九　2号棺出土漆盒盒身（2号棺：28）

彩版三〇　2号棺出土漆豆正视（2号棺：30）

彩版三一　2号棺出土漆豆俯视（2号棺：30）

彩版三二　2号棺出土漆奁（2号棺：23）

1. 案面板（2号棺：9）

2. 案足（2号棺：13）

彩版三三　2号棺出土B型漆案

彩版三四　2号棺出土漆几足（2号棺：21）

1. 2号棺：36

2. 2号棺：49

彩版三五　2号棺出土A型漆俎

彩版三六　2号棺出土A型漆床床侧板（2号棺：3）

1. 2号棺：6

2. 2号棺：7

彩版三七　2号棺出土A型滚床床足

1.床尾板（2号棺：62）

2.床侧板（2号棺：60）

彩版二八　2号棺出土B型漆床构件

1. 床撑（2号棺：10）

2. 床立柱（2号棺：55）

3. 床立柱（2号棺：56）

彩版三九　2号棺出土B型漆床构件

彩版四〇　2号棺出土C型漆器座（2号棺：26）

1. 虎形构件侧视

2. 虎形构件之虎头

彩版四一　2号棺出土虎形漆器杂件（2号棺：24）

1. C型陶器盖（3号棺：3）

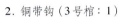

2. 铜带钩（3号棺：1）

3. 陶尖底盏（4号棺：1）

4. 陶尖底盏（4号棺：2）

1. 4号棺：3

2. 4号棺：4

3. 4号棺：5

4. 4号棺：6

5. 4号棺：7

6. 4号棺：8

彩版四三　4号棺出土陶尖底盏

1. 尖底盏（5号棺：6）

2. 尖底盏（5号棺：5）

3. 尖底盏（5号棺：3）

4. 圈足豆（5号棺：2）

彩版四四　5号棺出土陶器

1. A型圜底釜（5号棺：9）

2. B型圜底釜（5号棺：4）

3. B型圜底釜（5号棺：8）

4. C型器盖（5号棺：1）

彩版四六　墓葬局部近景（由北向南）

1. 开棺后场景

2. 棺木刻划符号之一

3. 棺木刻划符号之二

彩版四七　8号棺开棺后场景及棺木刻划符号

1. A型盖（8号棺：3）、A型瓮（8号棺：4）

2. A型盖（8号棺：2）、A型瓮（8号棺：1）

彩版四八　8号棺出土陶器

彩版四九　8号棺出土俎形漆器（8号棺：5）

彩版五〇　8号棺出土木梳（8号棺：7）

彩版五一　8号棺出土漆案足（8号棺：25、6）

1. 伞盖弓 (8号棺：15、16、17、18)

2. 杂件 (8号棺：24)

3. 杂件 (8号棺：26)

彩版五二　8号棺出土漆器

1. 开棺场景

2. 棺木刻划符号

3. A型盖（9号棺:18）、A型瓮（9号棺:1）

彩版五三　9号棺开棺场景、棺木刻划符号及出土陶器

彩版五四 十 刑涂组 （9号棺：7）

1. 棺木刻划符号

2. 圈足豆 (10号棺:2)

彩版五五　10号棺棺木刻划符号及出土陶器

彩版五六　11号棺开棺场景

彩版五七　11号棺开棺后场景

1. A型盖（11号棺：8）、A型瓮（11号棺：6）

2. A型盖（11号棺：33）、A型瓮（11号棺：13）

3. A型盖（11号棺：25）、A型瓮（11号棺：26）

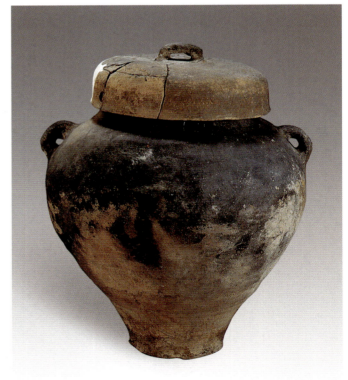

4. A型盖（11号棺：32）、A型瓮（11号棺：31）

彩版五八　11号棺出土陶器

1. A型盖（11号棺：34）、A型瓮（11号棺：16）　　　　2. A型盖（11号棺：22）、A型瓮（11号棺：23）

3. A型盖（11号棺：9）、A型瓮（11号棺：10）　　　　4. A型盖（11号棺：35）、A型瓮（11号棺：7）

彩版五九　11号棺出土陶器

1. A型盖（11号棺：15）、A型瓮（11号棺：18）

2. A型盖（11号棺：36）、A型瓮（11号棺：11）

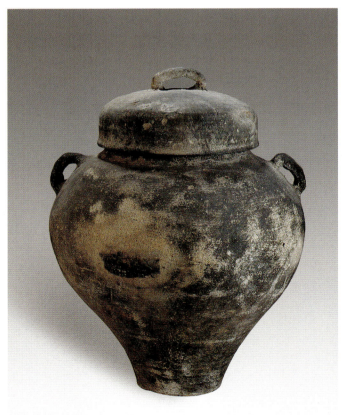

3. A型盖（11号棺：28）、A型瓮（11号棺：29）

4. B型圜底釜（11号棺：17）

5. C型器盖（11号棺：14）

彩版六〇　11号棺出土陶器

1. B型案面板 (11号棺：2)

2. 器足 (11号棺：12)

彩版六一 11号棺出土漆器

1. 11号棺：5

2. 11号棺：30

彩版六二　11号棺出土B型漆器座

1. 床头板（11号棺：3）

2. 床尾板（11号棺：21）

彩版六三　11号棺出土A型漆床构件

彩版六四　12号棺近景

1. 棺木刻划符号

2. 角器（12号棺：7）

彩版六五　12号棺棺木刻划符号及出土器物

1. 全景

2. 局部

彩版六六　13号棺近景及局部

1. A型盖（14号棺：1）、A型瓮（14号棺：2）

2. A型盖（14号棺：4）、A型瓮（14号棺：3）

1. 开棺后场景

2. 尖底盏 (16号棺:1)

3. 尖底盏 (16号棺:2)

彩版六八　16号棺开棺后场景及出土陶器